南京师范大学
国家"211工程"三期重点学科建设项目
"语言科技创新及工作平台建设"

《语言科技文库》

总主编　李葆嘉

计算语言学研究系列　　陈小荷主编
语义语法学研究系列　　李葆嘉主编
汉语方言学研究系列　　刘俐李主编
古代汉语学研究系列　　黄　征主编
语言教学与研究系列　　肖奚强主编
语言新专题研究系列　　倪传斌主编

现代汉语介词习得研究

周文华 著

世界图书出版公司
北京·广州·上海·西安

图书在版编目(CIP)数据

现代汉语介词习得研究/周文华著.—北京：世界图书出版公司北京公司, 2011.11
　　ISBN 978-7-5100-3990-4

Ⅰ.①现… Ⅱ.①周… Ⅲ.①汉语—介词—研究—现代 Ⅳ.① H146.2

中国版本图书馆 CIP 数据核字（2011）第 200210 号

现代汉语介词习得研究

著　　　者：	周文华
责 任 编 辑：	陈晓辉
出　　　版：	世界图书出版公司北京公司
出　版　人：	张跃明
发　　　行：	世界图书出版公司北京公司
	（地址：北京朝内大街 137 号　邮编：100010　电话：64077922）
销　　　售：	各地新华书店和外文书店
印　　　刷：	三河市国英印务有限公司
开　　　本：	711mm×1245mm　1/24
印　　　张：	14.5
字　　　数：	325 千
版　　　次：	2011 年 11 月第 1 版　2011 年 11 月第 1 次印刷

ISBN 978-7-5100-3990-4/H・1254　　　　　定　价：36.00 元

版权所有　　翻印必究

《语言科技文库》总序

李葆嘉

当代语言学已经进入了一个科学与技术的互补时代,信息处理水平成为衡量国家现代化水平的重要标志之一。知识世界的载体是语符系统,信息处理的根本对象是语言信息处理。与计算机的出现使得语言符号有可能成为数据处理对象相似,神经科学实验仪器设备的应用,使得在大脑神经层面探讨语言机制成为可能。这些无疑都引导语言研究走向科技化,"语言科技新思维"(李葆嘉 2001)应运而生。所谓"语言科学"包括理论语言学、描写语言学、历史语言学、应用语言学等分支学科,所谓"语言技术"指语言研究的现代技术手段,包括语言信息处理、语音实验分析,以及语言的神经、心理和行为实验分析的技术手段等。就语言信息处理而言,又可以分为语料库研制技术、知识库研制技术、知识挖掘和抽取技术、句法信息处理技术、词汇信息处理技术、语音信息处理技术、语义信息处理技术、语用信息处理技术等。

2001年5月,南京师范大学文学院创办了史无前例的"语言科学及技术系",率先迈出了从传统文科教育范型向现代科技教育范型转变的步伐。"十五"期间,南京师大"211工程"重点学科建设项目"语言信息处理与分领域语言研究的现代化"(陈小荷教授主持),以基础平台建设、资源建设和理论探索等为主,迈出了语言科技研究的一大步。

"十一五"期间,南京师大文学院、外国语学院和国际文化教育学院联袂申报"211工程"三期重点学科建设项目。该项目以"语言科技"为引导,以"多学科交叉、跨院系整合、开放型营运"为理念,建设具有前瞻性、原创性、成长性的语言科技高级工作平台。以典型课题的工作原理为核心,进行资源开发和系统研制,拓展语音科技、二语习得的神经机制研究、言语能力受损儿童的语言能力研究等新方向。同时造就新一代学术领军人物和培养一批高层次复合型人才，以期形成一支高水平的交叉学科团队。该项目设计，体现了工作平台建设、理论创新、应用研究、人才培养、团队建设的学科发展一体化思路。其旨趣在于，加速语言研究从传统文科范型向现代科技范型的转变，以引领21世纪语言科技的新潮流。

作为新兴交叉学科项目，通过教育部组织的专家匿名评审，"语言科技创新及工作平台建设"（2008～2011）获批，总投入1 000万元。总体而言，这一"语言科技创新"团队，分支学科齐全，专业知识互补。涵盖了理论语言学、计算语言学、语义科技、语音科技、实验方言学、历史语言学、神经语言学、二语习得研究、话语行为语言学等领域。这一期间，项目组成员获批的国家级基金项目达20多项。该项目理念之前瞻、实力之雄厚、工程之浩大、经费之保障，为学界瞩目。

2008年秋，本项目以南京师范大学语言科技研究所为实施单位正式启动。主要有三大任务：建设一个领先性的语言信息科技实验室、建立一个独创性的语言科技工作平台、撰著一套有特色的语言科技文库。

从实验室方案设计到设备招标采购，再到实验室用房改造，经过8个月的努力，2009年12月，语言信息科技实验室建成，为语言研究从传统范型向科技范型的转变提供了基本保障。该实验室划分为实验工作区、科研工作区和管理服务区。实验工作区建有语音实验与计算室、神经认知实验与计算室、课堂话语实录室三个专门实验室。科研工作区建有语义科技工作室、语音科技工作室、方言实验工作室、知识工程工作室Ⅰ（先秦词汇）、知识工程工作室Ⅱ（中古词汇）、知识工程工作室Ⅲ（敦煌俗语言文字）、语言习得神经机制工作室、语言习得中介机制工作室，以及参研工作室。管理区服务包括办公室、管理室、编辑室和交流室。出席"语言科技高层论坛暨语言信息科技实验室落成仪式"（2009年12月14日）的专家认为，该实验室体现了语言学跨学科研究的当代性和先进性，具有整体性、科技型、开放型三个特点，处于全国领先地位，是"语言科技新思维"的又一体现。同时认为，该实验室的科研工作涵盖了四个二级学科、四个博士学位点，有稳定明确的研究方向，有合理的设计规划和很好的科研基础；整体设计合理，功能齐备。以教育部重点实验室建设标准衡量，很多方面超过了指标。

语言科技工作平台是基于工作原理（课题定位—理论方法—技术路线—关键技术—评估方式）而建设的高级平台。一方面，从语言信息、语言知识和语言机制三个层面，围绕典型课题进行设备配置、资源建设和软件开发；一方面，将典型课题研究与工作平台建设融为一体，依据典型课题建设的子平台应具有解决同类课题的功能。

建设语言科技工作平台的目标是要实现语言研究手段的技术化和模型化，总体设计包括三个二级平台和八个子系统。

一、语言信息工作平台 1. 语义科技工作系统（李葆嘉教授主持）：基于词汇语义－句法语义的一体化研究思路，开发"人－机交互语义标注工具"，研制"深度语义标注信息库"；研制"幼儿（2～6）日常话语跟踪语料库"，完成幼儿语义系统和话语行为分析研究。2. 语音科技工作系统（顾文涛教授主持）：研制"多语言、多语境、多语用的语音语料库"，基于声学信号分析、感知实验和数学建模，完善语音韵律理论与相关技术应用。3. 方言实验工作系统（刘俐李教授主持）：完成"网络版汉语方言有声语料库"，拟定系统的可操作性语音、词汇、语法实验模型和研究方法，进一步完善新兴交叉学科"实验方言学"。

二、语言知识工作平台 1. 先秦词汇统计与知识检索系统（陈小荷教授主持）：研制"先秦文献语料库"、"专名知识库"、"汉语词汇档案库"等，开发先秦文献自动分词算法、古籍版本异文自动发现算法、同指专名检索软件工具等，完成"先秦汉语词汇统计与知识检索"。2. 中古词汇统计与知识检索系统（董志翘教授主持）：研制"中古文献语料库"、"专名知识库"、"中古汉语词汇档案库"等，开发中古文献自动分词和标注工具等，完成"中古汉语词汇统计与知识检索"。3. 敦煌俗语言文字统计与检索系统（黄征教授主持）：研制"敦煌文献资料库"、"敦煌文献俗词语档案库"，开发相应工具，完成"敦煌文献资料与知识检索"。

三、语言机制工作平台 1. 二语习得的神经机制研究系统（倪传斌教授主持)：研制"英语受蚀词汇库"等，基于行为学、脑成像和脑电三维度模型，进行中国人英语习得与磨蚀的神经机制研究，完成"基于神经机制的英语个性化学习分析系统"。2. 二语习得的中介机制研究系统（肖奚强教授主持）：研制"留学生汉语口语中介语语料库"，基于中介语理论、对比分析理论、偏误分析理论以及二语习得影响因素等，完成"留学生汉语习得的中介机制研究"。

这一工作平台，既是科技研究平台，也是人才培养平台，即一个现代化的科学研究和人才培养工作体系。

作为本项目的文本成果，《语言科技文库》包括计算语言学研究、语义语法学研究、汉语方言学研究、古代汉语学研究、语言教学与研究、语言新专题研究六个系列。其总体特征为：领域的开拓性、理论的原创性、选题的新颖性、方法的交叉性、考据的精审性、成果的应用性。在研究过程中，除了数据采集分析、资源建设和软件开发，更重要的还是要有新思路、新理论和新材料。陈小荷提出的先秦文献信息处理新方法，从先秦典籍注疏文献中挖掘出用于自动分词和词义消歧的知识，再注入已开发的古汉语分词和词性标注工具中去，所取得的先秦古籍版本异文自动发现、先秦词汇知识自动挖掘等成果均具开拓性。李葆嘉提出的语义语法学理论和话语行为理论，基于研制专用语料库或语义信息库和技术手段，开拓了语义网络建构、深度语义分析和话语行为研究等新的领域。刘俐李建构的实验方言学理论和方法，为方言学向现代科技方法的转型研究提供了新路，并取得了一系列新成果。黄征多年来从事敦煌文献及其俗词语文字研究，古代汉语学研究系列中的敦煌文献校录整理，以及敦煌写本字词考释、以古佚和疑伪经为中心的敦煌佛典词语和俗字研究、两汉声母系统研究等新见迭出。肖奚强基于汉语中介语语料库的二语习得研究，在对外汉语教学研究界已经产生了影响。钱玉莲的汉语介词与相应英语形式比较研究等专著各有亮色。倪传斌依据语言测试和认知实验等数据，从行为学、生理学和语言学三个层面分析影响中国英语学习者外语磨蚀的相关因素。刘宇红基于隐喻的理论探讨，对各类隐喻形式的结构、特性和解读规律进行了多视角的深入探讨。

《语言科技文库》所收论著，由作者在 2008 年 12 月申报选题，

2011年始逐步完稿。系列主编审读了书稿，主要就其学术价值、章节安排、内容关联、行文表述、图表绘制等方面，提出审阅意见。此后，作者们对书稿又进行了修改和润色。《语言科技文库》的作者，大多数是具有博士学位的年轻教师。对于我们这些20世纪80年代走进语言学研究领域的而言，出版论著可能已不足为道。然而，对于年轻学者而言，其论著的出版既是几年来研究的结晶，也是对其继续探索的促进。换而言之，"211工程"重点学科建设的目的之一，就是为年轻教师搭建一个可持续发展的科研和教学平台。学科带头人的主要任务之一就是提携后进。

尽管从根本上来说，科学或学术研究是一种个人的探索行为，然而复杂问题的研究，无疑需要群体协作。"学科建设"或团队合作模式，是20世纪90年代后期出现的一个新概念。这种模式涉及总体规划、多方协调，是需要付出精力和心血的。2008年，通过投票方式推举我担任该项目总负责时，就意识到自己成了一个"劳动班委"。2009年，前往安徽大学拜访黄德宽教授时，曾谈到"学科负责人的任务就是规划设计，争取项目经费和提供科研设备设施"，得到黄教授的赞许。2010年，申报江苏省高校哲学社会科学重点研究基地时，评审专家柳士镇教授提问的"作为一个交叉学科项目，各学科之间的协调是怎么考虑的，有什么做法"，可谓一语中的。作为后学，深知交叉研究之艰、学科整合之难。相关学科之间的整合协调需要借助行政机制，但凭借行政方式并非就能完成。当时的回答是，目前做到的是建成了一个可以合作研究的场所，至于学科之间的进一步沟通合作应有较长过程。有一点很明确，只有通过交叉项目，相应学科才能渗透，合作者才能逐步磨合。我们只是在一步步探索。

十一五期间的"211工程"建设项目即将完成，但是学科建设的任务并没有结束。2010年，"语言信息科技研究中心"被评审为江苏省高等学校哲学社会科学重点研究基地，为"语言科技"这一交叉领域注入了新的建设活力。重点研究基地建设，除了"跨院系整合、多学科交叉、开放型运行"理念，需要凸显"合作性攻关"。围绕交叉性项目，实施计算语言学、语音科技、神经语言学、语义科技等力量的联合攻关计划。只有通过全面开放以及和与国内外同行的合作交流，才有望建成具有影响的语言科技研究、人才培养和学术交流基地。

十年前，我（2001）曾写道："语言科技"的内涵是以理论研究为指导，以描写研究为基础，以应用研究为枢纽，促使语言研究向计算机应用、认知科学和现代教育技术领域等延伸，沟通文理工相关学科以实现语言研究过程及其成果的技术化。"语言科技"的外延为语言工程科技、语言教育科技和语言研究科技。其中，"语言研究科技"是将语言研究活动与资源建设、软件开发相结合，其目标是实现语言学自身的科技化。还应包含语言实验、数据处理这些实验语音学、神经语言学研究的科技手段。

虽然语言学家不可能也不必要都转向语言计算或实验研究，尽管描写、考据和内省始终是最基本的方法，但是具有一定的语言科技意识却非常必要。语言学家只有了解有哪些可供利用的资源、软件或仪器，才能提高其研究深度、精度和效率。语言学家也只有了解到信息处理的语言研究需求，才有可能为之提供可资应用或参考的基础成果。"语言科技"是 21 世纪语言学研究的潮流。

此为出版缘起。是为总序。

2011 年 8 月谨识于南都

肖　序

自从上个世纪70年代初美国学者塞林格（Selinker）指出中介语是一个独立的语言系统，具有自身的系统性以来，很多学者都致力于中介语的研究。但迄今为止，国内外除了对少量的语素、部分语音、词汇和语法作过偏误分析或中介语状况研究以外，尚未有人对一定数量的语料进行穷尽性的统计分析，以全面描述、解释中介语的语音、词汇或语法方面的系统性。所以时至今日中介语的系统性仍然是一种假设而缺乏实证研究的支持，这是一个富有挑战性并应该持续性研究的课题。

第二语言习得研究在国内已二十多年的历史，其研究方法也从内省型（主要指学习策略研究）、零散举例型向基于中介语语料库的实证型转变。建立较大规模的中介语语料库，并在此基础之上进行分国别的学习者习得状况的考察是中介语研究的总的趋势。在这一趋势下，全面地统计分析各学习阶段的中介语中各个语言要素的状况，描写、解释不同语言的中介语系统，检验完善中介语理论，为语言教学与测试提供参考是本学科前沿的基础性的研究工作。

周文华博士的这部专著在检验、完善中介语的系统性和中介语研究理论方面做了一项非常有益的基础工作。这是国内第一部基于中介语语料库的现代汉语介词系统习得研究专著，从研究的理论依据、方法到研究手段，都有着比较鲜明的特点。

第一，全书的理论基础扎实，自始至终围绕着三个平面的语法理论，以及第二语言习得理论中的偏误分析理论、中介语理论、习得顺序假说、输入与输出假说展开教学语法和外国学生习得状况的研究。

第二，全书的研究系统性较强。首先是研究内容系统，全书研究了整个现代汉语介词系统所有的介词及其义项的教学语法和中介语状况。其次是研究对象全面，全书的研究对象包括初、中、高三个学习阶段的外国学生所产生的汉语中介语,这也保证了中介语考察的系统性。

第三,顺应二语习得研究方法的发展趋势,采用基于语料库的方法进行研究。所依据的语料来源十分丰富,不仅有较大规模的中介语语料库,相应规模的汉语母语者语料库,还有三个年级对外汉语教材的课文语料库。这些语料库为本书的习得研究提供了多角度的数据支持。

第四,中介语的考察思路清晰,方法得当。当下,考察中介语的习得顺序多采用使用频率、正确率、偏误率、正确使用相对频率、习得区间等标准,有的研究使用单一标准,有的研究使用多个标准,所得结论往往互有出入。本书的研究立足于中介语的动态考察,首先使用初现率的标准找到各介词出现的学习阶段,然后通过使用频率和正确率的结合考察,得出外国学生各介词的难度等级,参照汉语母语者的使用频率调整介词的习得顺序。

第五,应用价值较高。无论是在教学语法方面,还是外国学生习得状况方面,本书都有一些有价值的发现。比如,大部分近义介词的互换有很多限制条件,尤其是一些汉语母语者习焉不察的限制条件,往往是外国学生学习的难点。通过本书的梳理,理清了很多近义介词的互换规律,这对于教学无疑是很有帮助的。不同类介词的使用规律不同,它们的难度也就有所不同,本书的考察找出了不同类别介词的难度等级,为教材编写和课堂教学提供了有益的参考。

当然,本书也存在一些不足和值得进一步研究的问题。本书是基于普遍语法的中介语研究,虽然大部分语法项目在各种语言中存在普遍规律,不同国别的学生在习得时存在普遍规律,但其中也必定会有一些语法项目是存在国别差异的,如果能够在本书的基础之上进一步展开分国别的汉语介词习得研究,也许可以弥补本书的缺憾。

周文华博士自2004年跟我读硕以来,已经在第二语言习得研究领域默默耕耘了六七个年头。他作为主要成员参加了我所主持的江苏省哲社基金项目、国家社科基金项目、211工程二期、三期项目的研究工作,为这些项目的圆满完成贡献了他的勤劳和智慧。他是我们团队中最为勤勉、最有定力、最具组织协调能力的一个。他在短短几年内就站在了第二语言习得研究的前沿,发表了多篇重要论文,并为学界奉献出这部高质量的专著。我相信凭借他的聪明才智、勤奋精神和咬定青山不放松的毅力,周文华博士一定能够在第二语言习得研究和汉语国际教育研究方面取得更加突出的成绩。

肖奚强
2011-7-13 于随园

前　言

一、缘起

　　首先，作为相对封闭的虚词类的现代汉语介词虽然数量不多，但在句法中却起着非常重要的作用："用错了一个实词，通常只限于实词本身；而用错了一个虚词，则往往会影响整个组合的关系或全句语气，它的使用可谓是牵一发而动全身。"（徐枢，1997）一直以来，介词都是学者们关注的重点，他们从不同角度对介词进行了分类和研究，成果也颇为丰富。但这些成果如何运用到对外汉语教学中却很少有学者探讨。一个很明显的现象就是现代汉语介词的教学语法研究远不如本体语法研究得那么深入、详细。对外汉语教师缺乏可以直接运用到教学中的现代汉语介词研究成果。

　　其次，纵观对外汉语界关于现代汉语介词的习得研究，成果只集中在少数介词，而对大多数的介词缺乏研究。因此，现代汉语介词的习得研究尚缺乏系统性。另外，学界在介词的偏误分析方面开展的研究比较多，以中介语语料为依托的介词习得研究却很少。这样就很难了解外国学生习得现代汉语介词的全貌。因此，基于一定中介语语料的现代汉语介词习得研究显得很有必要。

　　第三，对外汉语教学大纲和教材关于现代汉语介词的设置有待商榷①：首先，三套权威对外汉语教材和考试大纲共同收录的介词只有"把、被、比、朝、从、当、对、给、跟、和、叫、往、向、在、按、趁、将、就、距离、顺、随、沿、以、由、由于、于、与、自、自从、打"等30个。而且，它们在三套大纲中的等级分布也不平衡。那么，这30个介词是否是日常交际中需求量最高的、学生最需

---

①　具体数据请见附录。

要掌握的？它们的分级排序顺序应该是怎样的？这些都缺乏实证性研究。其次，从选取的三套一、二、三年级对外汉语教材生词表的介词收录情况来看，对外汉语教材生词表中的介词数量少于大纲，而且各级教材中都有一些重复的介词设置。这说明编者对介词的选取和编排顺序有不同的意见，而这些不一致的编排显然不利于教学。需要通过系统研究找到一个合理的分类与排序标准，为大纲的制定和教材的编写提供借鉴。

基于以上三点，本书拟在前贤研究的基础上，对中介语中的现代汉语介词进行全面、系统的考察，以发现现代汉语介词的习得顺序及习得过程中的偏误规律，为大纲的制定、教材的编写和课堂教学提供参考。

二、研究内容、方法及技术路线

（一）研究内容

本书的研究包括以下内容：

1. 介词的分类

学界对于介词的分类有很多观点，从教学的角度出发，我们按照刘月华等（2001）的分类标准，把现代汉语介词分为"时间介词、空间介词、对象介词、依据介词、缘由介词"五类，并分别在不同章节中加以讨论。

2. 各类介词的数量及句法功能考察

在以往学者研究的基础上，结合语料考察的结果，确定每类介词中的具体介词。然后结合语料例证，从对外汉语教学的角度，分析归纳各介词的句法规则，以及近义介词之间的互换规则。

3. 介词的习得考察

通过对分级的中介语语料的考察，利用使用频率、初现率、正确率等标准分析各类介词（包括同一个介词的不同用法）的难度等级和习得顺序，同时考察外国学生习得过程中的偏误及其形成原因。

4. 教学建议

最后，反观大纲和教材的编排顺序，根据以上习得考察的结果对不同介词的教学编排提出建议。

(二) 研究方法①

本书将主要采取以下四种研究方法：

1. 语料库的研究方法

本书利用汉语母语者语料库、中介语语料库和对外汉语教材语料库三种语料库，考察不同介词的使用情况。并着重对中介语语料库中现代汉语介词的使用情况进行详细的考察，揭示其习得难度和习得顺序。

2. 统计与数据分析的方法

这是处理语料时所运用的最基本的方法。主要包括对汉语母语者语料、中介语语料、对外汉语教材语料中各介词的分布情况进行统计，对中介语语料中正确用例和偏误用例在各学时等级上的出现情况进行统计，对各类偏误类型进行统计等。

3. 比较法

这也是本书所运用的最基本的研究方法之一。主要包括外国学生使用情况和汉语母语者使用情况之间的比较；初、中、高三级学生各介词的使用情况的比较；外国学生实际的习得顺序与大纲和教材中排序的比较；外国学生使用情况和教材输入情况的比较。

4. 描写、分析和解释相结合的方法

这一研究方法的目的在于尽可能全面系统地描写、分析、解释外国学生习得各类介词的中介语系统。主要包括根据不同的偏误类型来分析各类偏误的分布和变化情况，并对偏误（或回避）的原因作出一定的解释；描述习得过程并对其中出现的现象进行合理的分析和解释；探讨习得顺序并对习得顺序的成因进行一定的解释。

(三) 技术路线

本书对教学语法中的介词的学习难度与分级排序研究是循着以下的技术路线展开的：

1. 根据以往的研究和语料考察确立各类介词的具体数量，梳理汉语介词的相关使用规则。

2. 对一定数量的分级的中介语语料进行统计，分析对比各级中

---

① 本书的研究方法和技术路线主要是在肖奚强（2005）、肖奚强等（2008，2009）的基础上展开的。

的正误用例的比例，得出一定的习得难度和顺序。

3. 统计一定数量的汉语母语者语料并对比分析中介语的使用情况与汉语母语者的使用情况。此条的加入目的在于了解学生对该语言点是使用过量还是使用不足，特别是借此发现学生的回避现象，以此修正第 2 条所得之习得难度的偏差。同时，我们还要统计初、中、高各级教材的输入情况并与中介语进行对比分析，以发现教学输入与中介语输出的差异。

中介语的研究不仅可以帮助了解第二语言的习得状况和规律，而且还应该为教学提供有益的参考。因此，在以上研究的基础上，我们还做了第四项工作：

4. 反观教学大纲和教材的编排是否与习得状况相一致，进而提出教学的分级和排序建议。

三、理论背景和相关术语界定

（一）理论背景

本书主要是以现代汉语三个平面的语法理论和第二语言习得理论为指导，对汉语介词进行学习难度和分级排序研究。

1. 三个平面的语法理论

本书对介词的选取、语义分类和句法分析首先是建立在三个平面的语法理论基础之上的。在这种理论的指导下，梳理、借鉴、吸收和修正汉语本体的研究成果，以确定所研究的介词的性质、范围和分类，并归纳其语法、语义和语用特征。

2. 第二语言习得理论

本书在选取介词、分析学习难度和研究分级排序时，同时依据第二语言习得理论，主要是第二语言习得理论中的偏误分析与中介语理论、"内在大纲"与习得顺序理论等。

偏误分析理论认为学生的语言偏误是观察学生二语习得状况的一个"窗口"。而中介语理论则认为学生所产生的中介语既包括正确部分（符合目的语语法的部分），也包括偏误部分（不符合目的语语法的部分），中介语可以更全面地反映学生的习得状况。习得理论认为习得者有大致相同的"内在大纲"和习得顺序，该顺序不受母语背景、性别、第二语言水平等因素的影响。Ellis（1994）还指出，如果教学顺序与学生的"内在大纲"相一致，会促进学生的习得，从而加快学生的习得速度。本书综合运用上述理论展开研究。

（二）相关术语界定

与本书密切相关的术语主要有"习得顺序"、"习得难度"、"初现率"和"习得标准"。以下对这四个术语作出界定。

1. 习得顺序

习得顺序是指第二语言学习者对某一语法项目掌握的先后顺序，这一顺序体现第二语言习得的内在发展规律。习得顺序带有一定的普遍性。然而实际语言项目的习得顺序并不是一个简单的序列，而是以区间的形式体现出来的。同一区间内的语言项目的习得顺序可能会因某种原因而有所变化，这就体现出一种习得等级。同一习得等级内的语言项目难度相当，差不多在同一阶段习得。二语学习者按照习得等级，由低到高地习得，其发展过程不可改变。由此可见，"习得等级"是对"习得顺序"进行的再抽象，是"习得顺序"所允许的变化和调整范围。

2. 习得难度

习得难度是指学习者掌握某一语法项目的难易程度。习得顺序与习得难度有密切的关联：一般习得难度低的项目先习得，习得难度高的项目后习得。与习得顺序一样，习得难度也不是一个简单的序列，而是以区间的形式体现出一种难度等级。同一难度等级内的语言项目难度差别不大。"难度等级"与"习得等级"有很高的相关性。

3. 初现率

"初现率标准"是以某一个语言项目在中介语中第一次"有系统"的和非"公式化"的出现和使用作为参数来确定这个语言项目习得过程的开始（Meisel, Clahsen and Pienemann, 1981; Pienemann, 1984; Larsen-Freeman & Long, 1991）。[①] 其操作标准一般为非"公式化"的语言项目出现3例以上。初现率标准作为一种习得衡量标准，不是为了发现某个语法结构什么时候习得成功，而是旨在确定习得的起始（Pienemann, 1984, 1998）。达到初现率标准的

---

① 转引自张燕吟（2003）。

语言项目才能进行习得研究。

4. 习得标准

本书的习得标准采用施家炜（1998）的判断标准，以正确率 0.8 为界。语言项目的正确率超过 0.8 的判定为已习得，正确率低于 0.8 的判定为未习得。习得标准只是作为统计时一个比较容易操作的衡量标准。具体的语言项目的习得难度还需要根据其他一些因素进行适当的调整。

四、语料来源

本书的语料有三个来源：一是汉语母语者语料，选自王朔的《看上去很美》、《编辑部的故事》，海岩的《玉观音》，贾平凹的《废都》，王小波的《天长地久》，共计约 150 万字。利用汉语母语者语料主要是考察不同介词以及同一介词不同用法的使用频率，这个频率反映汉语母语者的使用情况。

二是中介语语料，选自南京师范大学中介语偏误信息标注语料库，分为初、中、高三级，每级 50 万字，共计约 150 万字。这个语料库来源于不同国别、不同学习阶段学生的作文语料。因为作文语料是篇章性的，具有一定的上下文情境，可以真实地反映中介语的面貌。语料库按学界公认的"遗漏、误加、误代和错序"四种偏误类型标注了不同层面的偏误信息，利用这个语料库可以最大限度地检索出介词的遗漏和与介词有关的误代偏误，可以比较准确地了解外国学生中介语偏误的全貌，这是其他非偏误信息语料库所无法达到的。此中介语语料库的学生主要来源于"韩国、日本、美国、英国、澳大利亚、俄罗斯、老挝、泰国、越南、法国、意大利"等 60 多个国家。目前我们对于中介语语料库的利用是基于普遍语法的思想，并结合许多学者的研究成果[1]，认为各国语言都有普遍的语法规则，各国学生在大部分语言项目的习得顺序方面都没有明显差异。

三是通行对外汉语教材课文语料，来源于杨寄洲主编的一年级

---

[1] Elllis（1994）综述的许多学者关于英语语素习得顺序的研究都表明母语对于学生的习得顺序没有影响。赵德麟（1985）的研究得出母语对外国学生学习汉语没有影响。肖奚强等（2008，2009）中的一些研究也得出相同的结论。

教材《汉语教程》(北京语言大学出版社,1999)、陈灼主编的二年级教材《桥梁》(北京语言大学出版社,1996)和姜德梧主编的《高级汉语教程》(北京语言学院出版社,1990)的课文。其中初级教材11.2万字,中级教材12.7万字,高级教材29.1万字,共计约53万字。教材课文语料库中的使用频率主要反映考察项目在教学中的输入量,这个输入量是最低教学输入量,因为对于像介词这样的虚词,教师在教学过程中一定会有针对性地进行强化练习,从而教学中真正的输入量一定远远大于我们通过教材语料考察出的频率。

目　录

第一章　研究背景综述 …………………………………………… 1
　　第一节　现代汉语介词的本体研究综述 ………………………… 1
　　第二节　现代汉语介词的教学研究综述 ………………………… 9
第二章　时间介词习得考察 ……………………………………… 14
　　第一节　时间介词的界定及句法功能考察 ……………………… 14
　　第二节　时间介词的频率考察 …………………………………… 25
　　第三节　时间介词习得情况考察 ………………………………… 27
　　第四节　时间介词偏误分析 ……………………………………… 41
　　第五节　分级排序及教学建议 …………………………………… 52
第三章　空间介词习得考察 ……………………………………… 54
　　第一节　空间介词的界定及句法功能考察 ……………………… 54
　　第二节　空间介词的频率考察 …………………………………… 73
　　第三节　空间介词习得情况考察 ………………………………… 75
　　第四节　空间介词偏误分析 ……………………………………… 94
　　第五节　分级排序及教学建议 …………………………………… 109
第四章　对象介词习得考察 ……………………………………… 112
　　第一节　对象介词的界定及句法功能考察 ……………………… 113
　　第二节　对象介词的频率考察 …………………………………… 144
　　第三节　对象介词习得情况考察 ………………………………… 147
　　第四节　对象介词偏误分析 ……………………………………… 191
　　第五节　分级排序及教学建议 …………………………………… 227
第五章　依据介词习得考察 ……………………………………… 230
　　第一节　依据介词的界定及句法功能考察 ……………………… 232
　　第二节　依据介词的频率考察 …………………………………… 241
　　第三节　依据介词习得情况考察 ………………………………… 244
　　第四节　依据介词偏误分析 ……………………………………… 261

  第五节 分级排序与教学建议 …………………… 269
第六章 缘由介词习得考察 …………………………… 272
  第一节 缘由介词的界定及句法功能考察 ………… 272
  第二节 缘由介词的频率考察 ……………………… 280
  第三节 缘由介词习得情况考察 …………………… 282
  第四节 缘由介词偏误分析 ………………………… 294
  第五节 分级排序与教学建议 ……………………… 302
结论 ……………………………………………………………… 304
附录 ……………………………………………………………… 314
参考文献 ………………………………………………………… 316
后记 ……………………………………………………………… 328

第一章 研究背景综述

第一节 现代汉语介词的本体研究综述

现代汉语介词作为一个词类来研究是从《马氏文通》开始的,至今已有100多年的历史。其研究经历了从汉语介词的定义、名称的争议以及语法功能的讨论,到分类和数量的不断探讨,继而向着更系统、更精细的方向发展三个主要阶段。为了更好地开展本书的介词教学语法及习得研究,首先要对现代汉语介词本体研究的各方面作一简单的综述,了解现代汉语介词研究发展的基本轨迹。

一、介词的定义、名称及语法功能问题

马建忠的《马氏文通》(1898)把介词叫做介字,并指出了介字的语法功能:"介字云者,犹为实字之介绍耳。"马氏对介字的立说虽是沿袭了西方语言的说法,但也不是完全模仿西方语言。因为他同时也指出汉语"介字用法,与外动字大较相似。故外动字有用如介字者。反是而介字用如动字者,亦有之。"这些特点是西方语言所没有的。

章士钊的《中等国文典》(1907)正式把介字叫做"介词",也第一次把介词分为前置介词和后置介词。虽然他所谓的后置介词指的是"之",与现在的观点不同。但是他把汉语介词分为前置介词和后置介词,对后世的研究是有一定影响的,也是很具有类型学意义的。

黎锦熙的《新著国语文法》(1924)把介词和连词都列在关系词之下讨论,给介词下的定义是"介词是用来介绍名词或代名词到动词或述说的形容词上去,以表示它们的时间、地位、方法、原因种种关系的。"并指出"介词大都由动词转成"。把"的"看做"用

得最多的特别介词,是用来介绍'名词'或'代名词'到旁的名词(或代名词)上去的。"他对介词的定义及语法功能的解释是这一时期最完整、准确的。

但上世纪50年代以前也有许多学者不承认有介词这一词类,如:吕叔湘的《中国文法要略》(1941)就未列介词这一词类,只在关系词中列举了部分介词。王力的《中国现代语法》(1943)也没有列介词这一项,而是在连接词中讨论了一类由动词变来的连接词,如"与、和、于、以"等,这一类就是现在所说的介词。

随着语法研究的深入,人们认识到介词的一些特殊性,虽还不承认介词这一词类,但也不是完全忽视介词的存在。如:高名凯的《汉语语法论》(1948)主张把介词叫做"半动词"或"准动词"。吕叔湘、朱德熙的《语法修辞讲话》(1951)把介词叫做副动词。包括后来丁声树等的《现代汉语语法讲话》(1961)还将介词称为次动词。

一直到50年代末,"大家对于前置介词的存在,意见已经接近,如1956年高等学校和师范学院两个会议决定的《现代汉语教学大纲》、人民教育出版社的初级中学课本《汉语》第三册,都把介词列为词类之一了。"(黎锦熙、刘世儒,1957)这从吕叔湘和朱德熙两位先生的著作中可以看到明显的变化:吕叔湘在《中国文法要略》(1941)中未列介词这一词类,只在关系词中列举了部分介词。后来在和朱德熙先生合著的《语法修辞讲话》(1951)中把介词叫做副动词。到《汉语语法分析问题》(1979)中就出现了介词这一词类,并认为介词是连接名词于别的词的,名词的变格决定于介词。到了《现代汉语八百词》(1980),吕先生已经完全接受了介词的观点,并在书中收录了63个介词;朱德熙的《语法讲义》(1982)也把介词作为一个词类列出,并指出纯粹的介词只能用在连谓结构里,不能单独作谓语,这样的介词不多。现代汉语中的介词都是从动词演变来的,所以大部分介词都还保留着动词的功能。

结合了诸多语法学者的观点,《暂拟汉语教学语法系统》阐明介词的用途"是用在一个名词或代词前边,构成一个介词结构,作状语、补语或带'的'的定语,表示处所、时间、方向、方式、对象等关系。"(张志公,1956)《暂拟汉语教学语法系统》的建立实现了教学语法中介词体系的统一,也使本体研究中的介词观点趋于一致,为人们进一步研究介词打下了基础。此后的各种大学语文教材(如胡裕树,1981;黄伯荣、廖序东,1981;张静,1988)都以此为蓝本介绍现代汉语介词。

可以说,人们对介词的认识是一步一步地加深的。现在,人们对介词的名称、定义和语法功能等问题有了一个统一的认识,不再存在五六十年代以前的争议问题了。

二、介词的数量和分类问题

1. 现代汉语介词的数量

《马氏文通》(1898)中共列了"之、于、以、与、为"五个介词。《新著国语法》(1924)列举了70多个介词。郭翼舟根据"暂拟系统"编著的《副词、介词、连词》(1957)举例说明了35个介词。《现代汉语八百词》(1980)共收入介词63个(其中包括表义相同的"除、除去、除开、除了")。北大中文系语言专业55、57级同学编写的《现代汉语虚词例释》(1982)共收入介词93个。赵淑华(1996)列举了90个介词。张斌主编(2001)共收入介词69个。郭锐(2002)认为有95个介词。陈昌来(2002)认为现代汉语介词的总数在150个左右。可见,各家的观点差别是很大的。姚红(2006)就对比了比较有影响的四本语法专著和虚词词典,发现他们都认可的介词只有43个。

究竟有多少介词的确是个复杂的问题。到目前为止,学界也没有一个统一的认识。因为在语言的发展历程中,介词始终是处于语法化过程中的,现代汉语介词与动词、连词,甚至名词,都有着难以分割的关系,实难把它们完全分割开。这是导致现代汉语介词数量不定的主要原因。作为研究者,尤其是教学语法的研究者,应该关注动词——介词——连词的语法化过程,但不能把范围扩得过大。对于介词的确立,还应该按照金昌吉(1996)论述的核心功能和一般功能来操作,不要把出现几例貌似介词用法的词就当成介词,以免把汉语词类研究复杂化,造成研究的困难、学生学习的困难。只有当介词的用法成为主导用法时,才应该认定它是介词。

2. 现代汉语介词的分类

多数的语法书和教材在讲到介词的时候都会对介词进行分类。各家分类的角度不同，其结果也会有所不同。黎锦熙先生是对现代汉语介词研究得比较详细、系统的学者，他在《新著国语文法》(1924)中，把介词分为四大类15种。到《汉语介词的新体系》(1957)时进一步把时地介词、因缘介词和方法介词归并为一般介词，按介词的用途归纳为四个方面，再分配为16组，初步建立了汉语介词的分类体系。此后从介词语义功能角度进行的介词分类多没有突破黎氏的分类，只是把一些小类合并或在名称上有所变化。如赵淑华（1996）把介词分为：时间，处所、方向，原由、目的，方式，关涉，条件、依据，对象，比较，排除，协同，距离，所经和话题等13类，也没有超出黎氏的分类范围。

金昌吉的《汉语介词和介词短语》（1996b）从三个角度对介词进行分类，他根据介词的功能把介词分为中心介词和一般介词；根据介词短语的功能把介词分为只能作状语，能作状语和句首修饰语，能作状语、句首修饰语、谓词后补语和能作状语、句首修饰语、定语4类。根据介词的音节把介词分为单音节和双音节两类。在按介词的功能分类时，他区分介词的核心功能和一般功能，在分类的时候可以说是求同存异，和认知语言学的家族像似性原则类似，是比较可行的方法。

傅雨贤、周小兵（1997）按介词所介引成分的意义类别把介词分为施事介词、受事介词、工具介词、对象介词、时空介词、方式依据介词、排除介词和原因目的介词等8类。同时，他们也注意到往往一个介词会跨几个类，是因为一个介词有多个不同义项造成的。他们另外按形式把介词分成：只能在谓语前作状语的介词；既能在谓语前当状语，又能在主语前当全句修饰语的介词；既能在主语前当全句修饰语，又能在谓语前当状语，或在谓语后当补语的介词；既能在主语前当全句修饰语，又能在谓语前当状语，或在主宾语前当定语的介词等4类。

刘月华等（2001）按介词的语义功能把介词分为：表示空间、表示时间、表示对象、表示依据、表示缘由和表示其他方面等6类。

陈昌来（2002）从语义格的角度把介词分为主事介词、客事介词、与事介词、境事介词、凭事介词、因事介词、关事介词和比事介词 8 类。这种分类，使每一类的名称有了统一性，不会出现像施事与对象、排除等名称定义角度不同带来的问题，虽然比较可取，但是这些名称比较抽象，在教学中可能会增加学生学习的负担。

齐沪扬（2006）把介词分为：表时间、空间，表关涉对象，表原因、目的，表凭借、依据，表施事、受事和表排除等 6 类。这一分类与刘月华等（2001）的分类近似，只是在一些类上的分离合并不同而已。他所突出的是把施事、受事和表排除的介词分离出来了。这几类介词的确比较特殊，现在人们通常都是把它们作为一个特殊的句式标记来研究，而且成果也比较丰富。对于这一部分介词，本书不把它们列入考察范围，不再做重复之举。

纵观学者们对介词的分类，除了从句法形式的角度进行分类没有争议之外，从语义功能的角度进行分类，人们在类的分离和合并方面还是有一定分歧的。但是从句法形式的角度分类，每类中的介词语义功能繁杂，对教学的帮助不大。比较有实用价值的分类是从语义角度进行分类。从本体研究的角度看，陈昌来（2002）的分类比较可取，但在教学中应用不太合适。从对外汉语教学角度看，刘月华等（2001）的分类简单明了，且可以包括教学大纲中所列的全部介词。所以本书的介词分类将采用刘月华等（2001）的分类方式，把介词分为"时间、空间、对象、依据、缘由"等 5 类。至于刘文提到的其他类中的介词，一种是作为特殊句法标记的，如"把、被、除了"等，肖奚强等（2009）已经作过比较详尽的习得考察，本书不再做重复之举，它们的习得情况可参看肖奚强等（2009）；一种是可以归入前 5 类用法中的，比如"趁"等，我们进行了归并。

三、介词的深化研究

在介词的名称、定义、分类、数量和语法特征讨论的同时，现代汉语的介词也向着更深入的方向发展，体现在以下几个方面：

1. 介词的语法化问题

因为现代汉语介词多数是从动词发展而来的，所以介词的语法化问题一直是学者们关注的重点，有些虽然没有直接运用语法化的理论，但都会对介词的来源作一些说明。在介词的语法化研究方面，张赪(2002)做得比较出色,她在书中系统、详细地描述了不同类型介词在不同历史时期的演变规律。另外还有一些学者深入研究了某一类或某一个介词的语法化问题,如吴福祥(2003)讨论了伴随介词的语法化过程,发现了"伴随动词>伴随介词>并列连词"语法化链和"伴随介词>工具介词>方式介词"演变模式,两者的认知动因不同,前者由转喻操作而诱发,后者为隐喻操作所促动。另外,马贝加(1999),马贝加、徐晓萍(2003),周芍、邵敬敏(2006)等也对单个介词的语法化进行了研究。这些研究对于认识介词的发展过程起着非常重要的作用。但是,很多古代动词向现代介词的发展过程中,都"尚未完全演化完成,未能完全独立,仍留有动词的残影"(李纳、Thompson, 1983)。对现有的介词的语法化现象要保持比较清醒的认识,尊重语言事实,从而对介词的划界尽量能做到客观的判断。现代汉语介词的语法化问题的研究还将会一直持续下去,并对现代汉语中部分介词的认定起到很重要的作用。

2. 对框式介词(介词框架)的研究

刘丹青(2002)从类型学的角度讨论了汉语中的框式介词,即在名词短语前后由前置词和后置词一起构成的介词结构。刘文认为框式介词在汉语中是一种重要的句法现象,构成了汉语的重要类型特征,但大部分框式介词都属于临时性句法组合,而未必是固定的词项。刘文对框式介词的存在动因、层次结构与语义进行了分析。他还从类型学的角度论证了汉语介词并非只是前置词,也有后置词。他对后置介词和框式介词的研究不仅有重要的理论意义,而且在对外汉语教学及计算机信息处理领域还有重要的应用价值。

陈昌来(2003)称刘文的框式介词为介词框架,陈文对不同类型的介词框架进行了句法、语义和语用三个方面的分析,尤其是对框架中前置成分和后置成分的隐现进行了详细描述,了解两种不同类型介词框架的介词隐现规律。在介词框架研究方面,许多博士、硕士做了大量的工作,如付琨(2004)进行了"介词框架'PpAu来说'研究",朱峰(2006)进行了"介词框架'除了……以外'考察",孙剑(2007)进行了"介词框架'在X前'的考察",李宗宏(2007)进行了"汉语介词框架'在/当X时/时候'共时、历时考察",杨丹毅(2007)进行了"'对于'类介词框架及相关研究",

段佳佳(2007)做了"在N的V下"介词框架考察。海常慧(2007)进行了"介词框架'在X里'研究"。这些介词框架的研究对外国学生的教学是很有帮助的。

3. 介词的隐现问题研究

刘丹青(2002)认为,汉语中的介词框架是一种重要的句法现象的观点为介词框架以及介词的隐现问题研究提供了一个很好的理论前提。介词的隐现分为三种情况:一是必须出现;二是可隐可现,意思不变;三是隐现之后,意思上有所变化。

关于单个介词的隐现问题,大部分学者都讨论了"在"的隐现,如储泽祥(1996)、张宏胜(1996)、邓永红(1998)等的研究。肖治野(2003)讨论了"从……到……"结构中"从"的隐现情况。陈信春(2001)在书中对21个介词结构中介词的隐现问题进行了详细的讨论,是到目前为止这方面研究最多、最详细的。陈昌来(2003)也对介词框架中成分的隐现问题进行了总体性的考察。刘兵(2005)根据格语法、配价语法理论探讨了介词的隐现问题。另外,姚红(2006)也对现代汉语中凭事类、境事类和对象类介词中的若干介词的隐现问题进行了研究,并从音节、句法和语义三个角度分析了介词隐现的制约因素。

4. 介词相关句式的研究

从现代汉语介词的研究之初,人们就很重视介词相关句式的研究,因此以介词构成的句式的研究得到了很大的发展,如"把"字句、"被"字句等等。"这种对句式的研究是值得提倡的。一方面,它有助于解决实际问题,另一方面,像介词这样的虚词的意义、作用和特征只有在一定的环境里,才能更好地认识。"(郭熙,1986a)除了以上几种特殊句式以外,还有其他介词构成的结构或句式研究,如:如宋秀令(1980)、邢福义(1980)、崔应贤(1981)、李晋荃(1982)、李芳杰(1983)、王元祥(1991)、白荃(1992)对"从……到……"结构的研究,张爱民(1982)对"从+处所"结构的考察,周小兵(1983)对"从"字句的研究,吕文华(1982)、白荃(1998)、李卫中(2004)对"由"字结构的研究,刘大为(1997)、孙德金(1998)、陈伟琳(1999a,1999b)对"为"字结构的研究,王还(1957、1980)、王艾录(1982)、范继淹(1986)、张赪（1997）、邓永红（1998）、俞咏梅（1999）、王一平（1999）对"在"字相关结构的研究，傅雨贤（1981）、徐枢（1984）、李琳莹（1999）、赵玉娟（2007）对"对于"或"对"字相关结构的研究，殷志平（1987）、邵敬敏（1990）对"比"字句的研究，沈家煊（1999）对"在"字句和"给"字句的研究，延俊荣（2004）、王凤敏（2005）对"给"字句式的研究，聂鸿英（2007）对"由"字句和"被"字句的比较研究等。这部分研究为对外汉语介词奠定了很好的句法基础。

5. 个别介词的深入研究和近义介词的对比研究

个别介词的深入研究除了上面作为特殊句式标记的考察以外，多集中在一些典型介词的具体用法考察，如：施关淦（1981）关于"给"的词性和相关语法现象的考察，孟庆海（1983）对"向"的细致考察，王建勤（1992）对"对于"的话语功能考察，芜崧（2002）对"以"的用法探讨，刘海燕、朱霖（2004）对"为了"的考察，何薇、杨晶淑（2006）对"跟"的考察等。

近义介词的比较研究也有很多，但多集中在少数几组典型的近义介词，如：梅立崇（1981）、范干良（1990）、金昌吉（1995）、张俐（2001）、肖任飞和陈青松（2006）、刘培玉（2007）对"向、往、朝"及其相关介词的考察，周小兵（1986）对"自从"和"从"以及李晓琪（1994）、黄瓒辉（2001）对"给、为、替"的考察，岑玉珍（1998）对"对于"与"对"的区别，张双亭（1999）对"打从"和"从打"的区别与比较等，方绪军（2004）对"V 向和 V 往"的考察，欧慧英（2005）对"从"和"由"的比较，万莹（2006）对"朝"和"朝着"的考察。此外，还有王西亚（2002）也对六组近义介词进行了详细的描述和分析。

在介词研究的深入发展阶段，值得一提的还有一些相关的硕、博士论文，除了以上提到的一些关于介词框架的研究，还有刘兵（2003）、杨丽姣（2005）等，这些研究对于介词研究的系统化和细致化都有着一定的推进作用。目前对于现代汉语介词的研究可以说是遍地开花、百家争鸣，然而由于介词的界定和数量问题一直没有解决，现代汉语介词的系统研究还是不够的。同时，汉语介词本体的研究如何运用到对外汉语教学当中，也很少有学者涉及。

第二节 现代汉语介词的教学研究综述

国内现代汉语介词的教学研究起步是比较晚的，仅在近十年才有比较多的成果出现，可以分为分国别的研究和不分国别的研究。

一、不分国别的介词教学研究

李琳莹（1999）从分析外国留学生使用"对"时出现的偏误入手，对介词"对"的各相关义项及其语用差异进行了比较细致的考察。

赵葵欣（2000）根据在 HSK 甲、乙、丙级词汇大纲中出现的 40 个介词为基础，去除特殊的"把、被、比"，合并"从、从……到、从……起"，共考察了 14 个介词的使用情况，最后把研究主要集中在使用频率很高的"在、跟、对、和、给、从、为了"等 7 个介词上。赵文把以上介词分为时空、范围和施受三类进行考察，得出不同语义类型中学生的使用和偏误情况。文章最后指出，由于她们的调查是结合教学进行的尝试性研究，样本偏小，所以未区分学习者的母语；下一步拟利用"汉语中介语语料库"考察母语为英语（介词为前置词）和日语（介词为后置词）的留学生在较长时间内使用这几个介词的情况，以验证文章中的看法和规律。但到目前为止，始终没有看到这方面的文章发表。可见分国别的习得考察不是一蹴而就的。

邢意和（2005）的《对外汉语教学中介词教学》注意到了对外汉语教学中介词的偏误现象，虽从教学的角度对介词进行了分类，但分类比较粗浅，研究的介词数量也不太多，没有把分类与偏误分析结合起来，而是混在一起进行偏误分析，介词的偏误归类和原因分析也不太到位。所以我们还是不清楚各类介词的偏误趋向是什么，对教学的帮助有限。

杨永（2007）对留学生介词"给"的偏误进行了比较全面的分析，归纳了 9 种偏误，总结了 5 条引起偏误的原因。让我们对外国学生"给"的偏误有了一定的认识。但他的研究只局限于"给"的偏误分析，没有涉及中介语中"给"的正确用例情况。

张静静（2008）分析了跟介词"从"有关的偏误，张文首先从教学角度对"从"的用法进行了梳理，指出了"从"字使用的不同句法限制。然后分析了介词"从"偏误的类型和成因，根据出现偏误的学生国别，指出母语负迁移是偏误产生的一个重要原因。

此外，许多学者都对由几个介词构成的特殊句式进行过习得考察。其中研究比较深入的是"除（了）、把、被、比"等介词构成的特殊句。本书不再对这些介词进行详细的习得考察，大家可以参照他们的研究：

肖奚强（2005）对"除了"构成的句式进行了习得情况考察，其研究是对学生中介语状况的全面考察，不仅分析偏误用例和原因，而且考察了学生对不同句式的使用频率，总结出外国学生对不同句式的习得顺序，对教学有较好的参考价值。

陈珺、周小兵（2005）对比较句语法项目的选取和排序进行过研究，把"比"构成的特殊句式研究得比较深入，同时对与"比"相关的介词也有一些涉及。不过其研究所用语料有些小，且各学习等级的语料也不平衡，其结论还有待进一步验证。

李英、邓小宁（2005）做过"把"字句语法项目的选取与排序研究，不过她们分析所用的中介语语料较少。肖奚强、黄自然（2009）又在较大规模的中介语语料库的统计基本上考察了外国学生"把"字句的习得情况，把"把"字构成的句式分成5类13种句式，考察了外国学生对这13种"把"字句的习得顺序，还考察了学生在习得过程中的偏误情况。对外国学生"把"字句的习得有了比较客观、准确的描写。

周文华、肖奚强（2009）在中介语语料库的统计基本上考察了外国学生"被"字句的习得情况，把"被"字构成的句式分成6类，考察了外国学生对这6种"被"字句的习得顺序，还考察了学生在习得过程中的偏误情况。对外国学生"被"字句的习得有了比较客观、准确的描写。

从所查到的文献来看，除了几个常用介词的相关结构习得研究有些文章探讨以外，更多的介词并没有相关的习得研究。而且除了肖奚强（2005）、李英和邓小宁（2005）、肖奚强和黄自然（2009）、周文华和肖奚强（2009）是中介语的习得顺序的考察以外，其他的研究多局限于偏误分析，不能了解外国学生中介语的状况。

二、分国别的介词教学研究

韩容洙（1998）指出，在韩国语里，词在句中的关系是由各种各样的词尾来表示的，介词表示的语法关系几乎都可以对译成韩国语的格助词或动词。韩语中的一个助动词或动词可以对译成多个介词，一个汉语介词也可以对译为多个助动词或动词，因此介词的使用很容易混淆。要想解决这个问题，就要从结构、搭配、音节和意义四个方面入手，尤其是结构和搭配很重要。

肖奚强（2000）在讨论韩国学生汉语语法偏误时指出："离合词常常带有关涉对象，这些对象该由什么样的介词引导，不同的离合词有不同的要求，其中大有讲究，不能一概而论。……一些动词（短语）与何种介词短语合用很有个性，我们却强调全体动词与介词短语组合的共性，这于教学与研究究竟有多少帮助，很值得深思。"

丁安琪、沈兰（2001）利用模拟实际交际场景的对话问答的方式调查分析韩国学生口语中使用"在"的情况。分析"在"不同语义项的使用偏误情况，并对"在"的教学提出一些建议。

李建慧（2001）考察了越南留学生常用介词"在、从、对、为、向、跟、给"的偏误情况，分析其偏误成因，但没有从双语对比的角度进行偏误原因的分析，只是描述了越南学生的偏误情况。

崔希亮（2003）以中介语语料为来源，考察日、韩学生对 8 组介词的使用情况，并以本族人和欧美学生的使用情况作比较。考察日韩学生的使用频率和偏误率，并解释偏误原因。通过细致的统计分析，最后得出以下结论：（1）母语的类型学特征对学习者学习目的语过程有明显的迁移作用；（2）日韩学生的使用量基本持平，但远低于欧美学生；（3）日韩学生的偏误表现大体一致，个别项目上有差别；（4）日韩学生介词学习的难度顺序基本一致，在具体项目的排序上有差别；（5）总结出日韩介词偏误的 7 种类型。

崔希亮（2005）以 20 个介词为研究对象，考察欧美学生的中介语介词，发现欧美学生的使用频次高于本族人和日韩学生，与崔希亮（2003）的结论一致。由于汉语语法的结构方式在很多方面有别于印欧语系的语言，所以欧美学生在学习介词的过程中所遇到的问题往往不单纯是介词本身的问题，还有搭配问题、结构不完整问题、结构错位问题、语序问题（介词结构在主要动词之前作状语还是在主要动词之后作补语）、副词的位置问题、否定词语位置问题等等。崔先生指出运用容器隐喻图式（container schema）和路径隐喻图式（path schema）是解决大部介词与空间方位关系的有效方法，提倡在教学中加以运用，这或许在教学中会走一些捷径。

汪灵灵（2005）对日本学生使用介词"对"和"给"的偏误情况进行分析，对比两种语言在相关词语使用上的差异，发现日本学生介词偏误既受母语负迁移的影响，也受到目的语知识理解不准确的影响，另外还受学生学习策略的影响。但对这几种影响的程度和变化没有进行一步的探讨。

崔立斌（2006）利用教学中收集到的66个偏误用例分析了韩国留学生漏用介词、多用介词、错用介词和语序错误等4种偏误。对比分析了韩国学生出错较多的5个常用介词跟韩语相关助词的异同，指出韩语母语影响、韩国学生没有掌握好汉语介词的结构和语义特点是出错的主要原因。

吴成焕（2006）利用吉林大学中高级韩国留学生的口语、书面试题、作文等语料，考察使用中的偏误情况，考察了介词的混用、多余、省略和错位。并从韩汉语介词对比的角度解释了偏误产生的原因，进而提出教学建议。

林齐倩、金明淑（2007）从韩汉对比的角度，对韩国学生"向、往"的使用情况进行考察，分析干扰韩国学生掌握使用介词"向、往"的原因，并从本体和对比两个角度对"向、往"作出较为细致的比较，找出韩国学生这两个介词使用偏误的产生原因。

白荃、岑玉珍（2007）对母语为英语的学生使用汉语介词"对"的偏误分析，利用日常教学收集到的84个误例进行偏误分析，分析了8种偏误类型。并总结了7个偏误原因，对偏误的分析和原因解释很详细，但这只是学生习得汉语介词的一个方面，外国学生的中介语表现情况在她们的研究中没有得到体现。

相对于介词本体研究来说，介词的习得研究显得非常薄弱，是亟待加强的。纵观近年来的对外汉语介词教学研究，可以发现分国别的习得研究已成为各位学者关注的焦点，因为介词是很有语序类型学特征的词类,汉语、英语、韩语的介词类型各不相同,体现在第二语言习得中可能是会有一定的差异的。进行分国别的习得情况考察是有必要的,但目前介词的分国别研究都有所欠缺:有的研究,如汪灵灵(2005)、吴成焕(2006)和林齐倩、金明淑(2007)等,有一些双语对比的研究,但缺少中介语语料的支持,对于双语对比的结果无法进行中介语表征的验证。有的研究,如崔希亮(2003)和崔希亮(2005)等,虽有较大规模中介语语料的支持,也是针对不同国别学生的习得情况考察,但遗憾的是没有双语的对比研究,对于中介语表征无法进行双语对比的原因分析。而且崔先生的研究中不同国别学生的中介语语料也不平衡,也没有对中介语进行分级考察。因此,其研究所得出的学习难度顺序只能是一个粗略的顺序,并不能反映具体介词在不同学习阶段的表现情况。进行分国别的习得研究是今后研究的一个方向,但它需要各种研究条件都具备,这样的研究才完整,其结果才可信。

另外,目前的汉语介词教学研究还存在这样一个明显的不足,那就是多数的研究只进行偏误分析,没有考察学生完整的习得过程。Schachter(1974)指出,单从错误数量上并不能看出学生掌握某一结构的能力,因为有些学生可能回避使用某种结构,他们使用的数量偏少,产生的偏误也就相对较少;如果他们大量使用某种结构,可能出现的偏误就会较多。所以,只关注学生的偏误,而不关注学生习得了什么,这样的研究是片面的。在教学中也不能仅盯着学生犯了哪些错误,而应该看学生掌握了什么,这样才能对教学有所促进。从以往的研究也可以发现,很多研究使用的用例都是教学过程中收集的偏误用例,而不是来源于中介语语料库,这是目前介词习得研究的另一个不足。真正的习得研究应该是从学生的中介语表征出发,考察学生的所有正误用例。这样才能得到学生不同语言项目的习得顺序,对教学才是有益的。

纵观仅有的介词习得研究,多集中在少数典型的介词,很少有针对一类介词的总体考察,这使得介词习得研究显得很零乱。而且个别的介词习得研究也只是进行偏误分析,考察得很不全面。所以,目前的介词习得研究系统性不高,深入性也不够。

第二章 时间介词习得考察

"'时间'是运动着的物质世界的存在方式之一,是动作行为发生进行的时间,是句子构成的基本要素之一。"(陈昌来,2002)因此,人们的语言表达离不开时间。用来引导句中表达时间成分的介词就是时间介词,它是介词系统中重要的、不可缺少的一类。虽然很多学者在讨论介词时都会涉及到它,但到目前为止还鲜有学者对时间介词单独进行过考察。因为"时间系统和空间系统是有很强的相似之处和对应关系的,时间介词和处所介词也有很强的对应关系。"(陈昌来,2002),所以一些学者常把表时间的介词与表空间的介词放在一起讨论,称其为时空介词。本章考察时间介词的习得情况,对于其中涉及空间介词的用法留到下一章讨论。

第一节 时间介词的界定及句法功能考察

一、时间介词的界定

作为一个重要介词类别的时间介词到底包括哪些,它们的句法特征是什么?学者们的观点并不太一致,研究得也不太全面。目前对时间介词有过系统研究的只有刘月华和陈昌来两位学者。刘月华等(2001)列举的时间介词有"从、自、自从、由、打、在、当、于"等8个,数量不多,但都是日常交际中使用的典型时间介词。陈昌来(2002)在境事介词中列出时间介词一类,指出:"时间从其在语义结构中的功能来看,可以大体分为时段和时点两种。时间介词就是介引时段和时点的介词。"并据此把时间介词分为时段介词和时点介词两类,其中时段介词有"当"和"在"两个,时点介词有"从、从打、打、打从、待、待到、当(当……时)、当着(当着……时)、到、等到、等、赶、赶到、及、及至、距、距离、离、临、临到、起、俟、由、于、在、正当（正当……时）、至、自、自从、自打"等30个。陈文对时间介词的划分标准是最宽泛的。他所列的时间介词中有些词作为介词的典型性还有一定的争议性，比如"等、起、赶、俟"等。结合两位学者对时间介词的列举，参照三套大纲和教材中所列的介词以及语料的考察，本章对时间介词的界定作出以下梳理：

1. 刘文所列的8个时间介词都在大纲和教材中出现了，因此刘文的考察与对外汉语教学最接近，是面向对外汉语教学的时间介词分类的基础。

2. 对于学者们讨论的"由"的确是可以表示时间的。但在本书考察的语料中没有出现一例，这似乎是不正常的现象。不过分析一下"由"的用法，就会发现"由"表时间时只能构成"由……到……"或"由……起"等介词框架，而这些介词框架与"从"构成的介词框架无丝毫不同，完全可用"从"来替代"由"。因此，"由"表时间的用法在实际语料中出现得很少，甚至不出现，直至消亡，也就不足为奇了。这从另一个侧面说明，对于对外汉语教学来说，只靠内省的方式确定语言项的设置是不全面的，还是要利用自然语言语料库考察一下自省得出的语言项目是否在日常交际中广泛使用。这样才能选取日常交际中鲜活的语言，才会对学生的学习有利。

3. "临"在陈文中是被列入时间介词的，刘文中并未列入，大纲中也没有列入，说明学者们对"临"的归类存在一定的分歧。语料考察发现，"临"在使用中语义虚化，用法也符合介词的标准，使用频率也不是很低。因此，应该把"临"列入时间介词进行考察。

4. 在考察的三套大纲中都有介词"趁"，但刘、陈两位学者都没有把它列入时间介词。考察了一下语料，发现在语料中还是有一定数量的用例的，而且在学生的中介语语料中也出现了用例。因此，也应该把"趁"列入时间介词进行考察。

5. 陈文列举的"自从"与"自打"无意义和用法上的区别（详见下文），在语料统计中"自从"多于"自打"，中介语中没有"自打"的用例，可能是由于"自打"更加口语化的原因。因此，在本章的用例统计中把"自从"和"自打"归在一起考察，以数量最多的"自从"为代表。

6. 陈文列举了"距"、"离"、"距离"三个时间介词,刘文没有。通过语料考察来看,这三个介词的确都可以引导时间成分,因此可以归入时间介词。但它们三个也无意义和用法上的区别(详见下文)。在本章的语料统计中只发现少量"距"的用例,三种语料中均未发现"距离"的用例,这说明三套大纲都把"距离"列入常用介词是不合适的。本章的用例统计中把"距"、"离"和"距离"三个介词归在一起考察,以数量最多的"离"为代表。

综合学者们的研究、大纲的设置以及语料的考察,我们认为可以列入考察的典型的时间介词有"当、在$_1$①、于$_1$、从$_1$、自$_1$、自从、打$_1$、离$_1$、临、趁"等10个。

二、时间介词的句法功能考察

这十个介词虽同属时间介词一类,表义类似,但并不完全相同。"从$_1$、自$_1$、自从、打$_1$"等四个表示动作发生的时间起点,存在一定的互换关系;"当、在$_1$、于$_1$"表示动作发生的时间,可以是时间点,也可以是时间段。"当"和"在$_1$"、"在$_1$"和"于$_1$"有一定的互换关系,而"当"和"于$_1$"没有互换关系;另外三个时间介词表义都各有特色,也不存在互换关系。

(一)当

第一,"当"作为时间介词,其典型用法是与"时、的时候"构成介词框架。能置于介词框架中的成分多是谓词性结构或小句,如:

(1)我们知道人的大脑是从核心部分往外发育的,一层一层发育成功的,【当】衰老的时候是从大脑外表皮层向里,向脑丘体慢慢衰老的。

(2)爱情是美好的,爱情里的人自然也是美好的,【当】爱情真正降临时,一个人想坏也坏不出来了,要是人人都拥有一点爱呢?

---

① 介词"在"除介引时间成分以外,还可介引其他成分,所以本章把介引时间成分的"在"标记为"在$_1$",以下出现第二种用法时标记为"在$_2$"。其他的多义介词类同。

第二,"当"除了跟"时、的时候"构成介词框架以外,还可以跟"后、以后、之后"等词构成介词框架,能置于介词框架中的成分多是谓词性结构或小句,如:

(3) 原来市长为了进一步以文化搭台让经济唱戏,【当】得知北京动物园赠送了西京动物园三只大熊猫的消息后,忽然灵机一动,设想能否举办一个古城文化节,而且也想好了这个节的节徽就是大熊猫。

(4) 所以,【当】安心为毛杰包扎好伤口以后并没有急着要走,她坐下来看毛杰的照相册,还喝了毛杰为她沏的一杯据说是可以安神压惊的牛奶,而且,当她最后终于起身告辞要走毛杰坚持要送她回家的时候,她没有拒绝。

第二,"当"不可以直接加时间名词构成介词短语,若要加时间名词,"当"前通常要加"每、正"等副词,如:

(5) 每【当】这时,我都要死一次,尽管是在梦中,也死得惟妙惟肖,像真正的死亡一样。

(6) 正【当】我聚精会神俯身辨认每一个坐在黑暗里的瘦小男人,燕生捅了我一下,他神情紧张地咂咂嘴,向前走去。

当然,"每、正"等副词也可与其他类型的介词短语或"当……时/的时候"介词框架联用,如:

(7) 从此,每【当】见到我,她总是低着头,静静地走过。

(8) 正【当】我兴致勃勃鼓捣个没完时,发现她正看着我笑。

第四,当含"当"的小句中既没有"当……时/的时候/后/以后/之后"等介词框架,也没有"每、正"等词时,与"当"构成介词短语的小句中应有表示动作完成的结果补语或趋向补语,如:

(9) 【当】她看到我,我做了个鬼脸。

(10) 【当】我走向阮琳想让她劝劝司徒聪"别在意",她这么对我说。

第五,当含"当"的小句均不符合上述的条件时,后一小句多数要加"就、便、才"等副词,如:

(11) 【当】楼层过高或死者超重他就会要求死者家属加钱,有时什么也不为,就为死者家属看上去阔绰或干脆是因为那天没有竞争者,他便一再坦然伸手。

(12)【当】他转身，便看到一部分校园，那是一所很大的红砖堆砌的院落：一排排一模一样的红砖平房。

(13)【当】他再次坐在小学低年级的课堂里才发现受过砍山熏陶的自己中文程度已有多深，什么老师的胡说的课本的欺人之谈都是小偷进了街坊院熟门熟路飞行员碰见玩鹰的不是一档次吃月饼掉了一地渣儿都是我剩的。

从以上分析可以看出，"当"的使用条件是比较复杂的：要么构成介词框架，要么句中有其他副词与之呼应，且"当"构成的介词短语只能位于谓词之前。"当"的复杂用法对于学生来说有一定难度，在教学中如果不给学生讲清楚，学生就很有可能产生偏误。

(二) 在$_1$

第一，时间介词"在$_1$"可以直接加时间名词构成介词短语，表示动作发生的时间，这是"在$_1$"与"当"很重要的一点区别，如：

(14) 那位将军【在】"文革"期间权重一时，曾在他接近退休时让他重新穿上了军装，安排了一个副师职的位置。

(15) 电车在街边车站停下，几乎下空了，又【在】顷刻间塞满，摇摇晃晃开走，满街仍是熙熙攘攘的人群。

第二，除了直接加时间名词以外，"在$_1$"还可以像"当"一样构成介词框架，与"在$_1$"构成介词框架的词有很多，主要有"在……（之/以）前、在……（之/以）后、在……时/的时候"等三类。进入介词框架的可以是谓词性成分或小句，如：

(16) 我们认为有必要【在】大规模开展业务以前总结一下前一段的工作，澄清一些是非混乱的问题。

(17) 毛杰这个案子【在】毛家战斗结束之后，基本上算是告破了。

(18) 那白床单的这头一颗圆圆的东西，【在】平板车推下三级低低的台阶时，一下子滚到车板那边，一下子又滚到车板这边，似布袋里装着的西瓜。

第三，"在$_1$"还可以跟"的+时间词语"构成介词框架，进入这个介词框架的只能是小句，如：

(19) 但此时，【在】他就要和安心决裂的这个时刻，他无意中看到的这个电视节目偏偏是在谈基因！

(20) 就【在】他目光偏离的刹那，毛杰整个身体扑过来，双手平伸，抓起了桌上的那支手枪！

第四，"在₁"构成的介词短语可以置于动词之后。但具有这样用法的动词并不多，"单音节动词主要有'生、死、定、处、改、放、排'，双音节动词主要有'出生、诞生、发生、出现、布置、安排、确定、固定'等"（吕叔湘，1980）。具体用例如：

(21) 这事情发生【在】安心离开广屏的当天上午，在市人大当副主任的那位铁军父亲生前的至交，打了一个电话给铁军的母亲，说有件事要找她谈一下。

(22) 我翻阅着整个相簿，发现这个人只出现【在】我们的少年时代，成年后便不露面了，所有的人都以各种姿态出现过，唯独没有他。

"在₁"和"当"在表义和用法上既有相似之处，也有不同之处。相似之处是它们都可以表示时点和时段两种时间（陈昌来，2002），都可与"……（之/以）后、……时/的时候"构成介词框架。不同之处是"当"可与"每、正"、"就、都、才"等副词联用，而"在₁"不可以；"在₁"可与"……（之/以）前、……的+时间词语"构成介词框架，而"当"不可以。另外，"在₁"介词短语可以置于谓语动词之后，而"当"介词短语不可以。

（三）于₁

第一，"于₁"只能跟表时间的名词构成介词短语，没有加其他成分构成介词短语的形式，也不能构成介词框架。时间介词"于₁"受古汉语的影响，多数是用在动词之后，如：

(23) 清虚庵始建【于】唐朝，相传那时殿堂广大，尼僧众多，香火旺盛倒胜过孚璜寺的。

(24) 只是庄老师不能生【于】古时，也不能寿【于】将来。

"于₁"的这一用法跟"在₁"类似，所适用的动词也不多。上文所举"在₁"所适用的单双音节动词"于₁"也适用。但受"于₁"古汉语用法的影响，它也有独特之处，一些"于₁"适用的单音节动词"在₁"并不适用。比如例（24）中的"寿于"就不能改为"寿在"。

第二，也有少数"于₁"加时间名词构成的介词短语可以置于动词前，意思和用法相当于"在₁"，如：

(25) 原来知了在树上交配，产下卵来掉在树下土里，长成后就【于】晚上爬出来到树根部，开始生出翅膀，然后裂脱皮壳而飞出蝉来。

(26) 张璐【于】一九八四年经家庭介绍与一年轻军官结婚，婚后仍住在父母家里尚未生育。

以上两例中的"于"都可替换成"在"，语义不变。"于$_1$"介词短语置于动词之前是很正规的用法，多见于正式文体，口语中比较少见。

（四）从$_1$

"从$_1$"是表示时间起点的介词的典型代表，它的句法特点主要有：

第一，"从$_1$"可以直接加表时间的名词性成分构成介词短语，如：

(27) 也愧对子孙，人家将来要查的，到底这优良传统是【从】哪朝哪代失传的？

(28) 钟宁找刘明浩打听我交往女孩儿的情况，【从】尿布时代问起，一直问到了安心。

第二，"从$_1$"还可与"……开始/起、……以后/之后"等构成介词框架，能置于介词框架中的成分可以是表时间的名词性成分、谓词性成分或小句，如：

(29) ……，【从】三点钟开始大家就分批出发去火车站。

(30) 【从】记事起我们就不住在一起。

(31) 我把车开到香江花园，【从】我爸让车刮了以后我就又搬回这里住了。

第三，"从$_1$"还可以构成"从……（一直）到……"介词框架，进入框架中的成分多是表时间的名词性成分或谓词性成分，尤其是"到"之后的成分，如：

(32) 【从】那时到现在，形势并没有起很大的变化么，不是喊文学要走向世界么，不玩文学，诺贝尔文学奖会发给中国人？

(33) 【从】写完到交上去，方枪枪都被一种陌生的情绪所控制，有点像骄傲，但没有看不起人。

"从$_1$"在长期的使用过程逐步形成了"从今往后"这种表示时间的固定格式,有成词的趋向。

(五) 自$_1$

第一,"自$_1$"可以直接加表时间的名词构成介词短语,如:

(34) 俗话说"【自】古华山一条路"。
(35) 这和我一个来【自】童年,萦绕已久的不快印象倒是吻合:我不懂为什么每次照相总有一个不知打哪儿冒出来的女人缠着我非要跟我合影,还动手动脚的,怎么拒绝都不行。

此时,"自"介词短语有两种用法,一种是置于动词之前,如例(34)。一种是"自$_1$"介词短语放于动词之后,如例(35)。能有这种用法的动词基本只局限于"来",而且语料中的用例很少。不过这是"自$_1$"区别于其他表时间起点的介词的独特用法。

第二,"自$_1$"还可以跟动词性成分构成介词短语,如:

(36) 跟啥人学啥人,【自】交识了她们,你是越来越变了,你拿镜子瞧瞧你这打扮,你瞧瞧你是什么样?
(37) 庄之蝶说:我心里很乱很苦的,宛儿,【自】认识了你,我就想着要与你结婚,但事情实在不是那么容易,我不是年轻人,不是一般人……。

第三,"自$_1$"可以构成"自$_1$……起"、"自$_1$……(之/以)后"介词框架,进入介词框架中的成分可以是表时间的名词性成分、谓词性成分或小句,如:

(38) 【自】一九七七年起,到某文学出版社做临时工收发,一九七八年在某电影厂当夜间警卫。
(39) 这帮年轻人【自】吃了那次之后,精神大振,到处宣传狗尿苔的味道如何香嫩、滑爽……。
(40) 这优越是一种感觉,是晨昏起居无不受到关怀呵护的娇惯和安逸,这种娇惯和安逸是【自】她多年以前离家练道求学和工作之后,就很少享受的。

此外,"自$_1$"不可以像"从$_1$"那样与"……到……"构成介词框架。

(六) 自从

"自从"的用法与"自"差不多,从语料考察来看,除了"自从"不能置于动词之后以外,其他用例中的"自从"和"自$_1$"都可互换使用,没有什么区别。因此,上述例(34~40),除例(34)、(35)以外,其他各例中的"自$_1$"都可换为"自从"。语料中"自从"的用例如:

(41)【自从】认识了她,我的生活发生了重大变化。
(42)陈北燕【自从】得肝炎吃激素变成个胖子之后,在保育院很受歧视,除了她姐有时跟她说说话,没人跟她玩,经常自己很寂寞地独自靠墙坐在小椅子上。
(43)【自从】她的体重达到140磅那天起,一个女人生涯的主要刺激就在于发现比她更胖的女人。

以上用例分别是"自从"直接加小句、构成"自从……之后"、"自从……起"介词框架。其中的"自从"均可换成"自$_1$"而意思不变。此外,"自从"也不能跟"……到……"构成介词框架。

(七)打$_1$

表时间的介词"打$_1$"在语料中的用例非常少,可能是由于"打$_1$"是一个十分口语化的词,在书面语中使用较少。而且用法也比较局限,只能加表具体时间的名词性成分构成介词短语,如:

(44)她【打】三天前就天天把这副脸冲着我。
(45)我特别理解你,我也是【打】那时候过来的,满脑子英雄壮举,至今看见坏人行凶想跑就是迈不开步,冲上去就后悔。

"打$_1$"的这种用法与"从$_1$、自$_1$、自从"的用法相同,完全可用它们替代。

另外,一些"打$_1$"构成的介词短语,在语言的长期使用中慢慢地简化成为一个固定的结构,比如"打小时候"凝固成"打小"。同样,在日常交际中也会遇到"从小"这样的说法,跟"打小"完全一样。这在现代汉语中是比较普遍的一个现象。

(八)离$_1$

时间介词"离$_1$"与"距$_1$"和"距离$_1$"在表义和用法上完全一样,在本章考察的三种语料中出现最多的都是"离$_1$",说明在实际使用中无论是汉语母语者还是外国学生都趋向于使用"离$_1$"而不是另外两个时间介词。因此,本章的分析以"离$_1$"为代表,其中包括少量的"距₁"和"距离₁"的用例。

时间介词"离₁"的用法比较简单，只能跟表时间的名词构成介词短语。"离₁"构成的介词短语在句中只能位于谓语动词之前作状语，且谓语动词之前常用"还、尚、只"等副词，如：

(46) 我记得这是家菜市场，心下纳闷【离】春节尚有二月余，为何此刻便通宵抢购年货。

(47) 她看表，十一点了，【离】第二天早上六点只有七个小时的时间，她不知道附近多远能找到便宜些的旅馆。

以上两例中的"离"换成"距"和"距离"后意思不变：

(46′) 我记得这是家菜市场，心下纳闷【距/距离】春节尚有二月余，为何此刻便通宵抢购年货。

(47′) 她看表，十一点了，【距/距离】第二天早上六点只有七个小时的时间，她不知道附近多远能找到便宜些的旅馆。

在受限的语料中，只出现3例含"距₁"的用例，没有出现一例含"距离₁"的用例。"距"有一个比较特殊的用法，即与单音节词"今"构成"距今"，这实际上已经凝固化为一个词。汉语母语者语料中没有出现，教材中倒是出现一例：

(48) 大昭寺门前有一块劝人种牛痘的石碑，据记载，这块碑石是清朝乾隆二十九年所立，【距】今已有二百多年。（中级汉语教程）

(九) 临

第一，时间介词"临"常与"前、时、的时候"等构成介词框架，进入介词框架中的成分只能是谓词性成分，不能是表时间的名词性成分，如：

(49) 您不趁【临】死前传点坏招儿现身说法还一个劲儿赶着大家闭眼往悬崖下跳——您也太玩世不恭了，古大爷。

(50) 【临】走时又发现没有了龚靖元的那幅字。

(51) 这是送客的意思，我马上站起来，说了声谢谢就出了门，【临】出门前那女的又叫住了我。

第二，"临"也只能直接跟加动词构成介词短语，如：

(52) 【临】去的那日晚上，赵京五去叫孟云房，孟云房不在家，夏捷说不是为官司的事去白玉珠那儿吗？

(53) 上次我在阿灿家,她那茶叶是江苏阳羡茶场买来的,味道真是美,喝了就连叶子也吃了,【临】走还抓了一撮在口里干嚼,几天口里都有香气的。

例(52)是"临"介词短语作定语。例(53)也可在"走"后加"时"构成介词框架。同样,例(50)也可以去掉"时"变成像例(53)这样的用法。

(十) 趁

第一,时间介词"趁"常与"之际、的时候"等构成介词框架,像"临"构成的介词框架一样,"趁"构成的介词框架中也只能加小句,不能加名词性成分,如:

(54) 钱康【趁】李缅宁分神之际已渐占上风,面呈得意。
(55) 后来我就琢磨开了:为啥这小娘儿们戌是【趁】丽珠不在家的时候来?

第二,时间介词"趁"也可以直接加谓词性成分或小句构成时间介词短语作状语,如:

(56) 我早想抱外孙,他却说【趁】年轻多玩玩,要个小孩多累赘,花言巧语,死活不肯让我女儿怀上,这不是瞥着将来一脚蹬了她,无牵无挂纳个小娼妇的坏?
(57) 黑子答应一声,【趁】人不注意,溜出院门贴墙根儿慢慢走了几步,撒丫子跑起来。

第三,时间介词"趁"后可以加"着",用法与"趁"差不多,如:

(58) 最好【趁】着年轻再拿个全省冠军或者进入全国的前十名什么的,到老了把金牌拿出来看看,对自己是个安慰,对后代是个炫耀。
(59) 那就【趁】着劲儿没过写吧。

从以上分析可以看出,这10个时间介词的句法构成各有特点,即使是近义的介词之间也不能等同互换。所以,在教学中应注意它们的句法构成讲解,以区别近义介词之间的用法。

第二节 时间介词的频率考察

本节考察时间介词在三种语料——汉语母语者语料（150万）、中介语语料（150万）和对外汉语教材语料（约53万）中的频率分布，进而初步了解外国学生的使用与汉语母语者有何异同，以及教材的出现频率与外国学生的使用频率有何异同，为下文的习得考察奠定一个频率基础。三种语料中时间介词的使用频次和使用频率情况请见表2.1：

表 2.1

	汉语母语者使用情况		外国学生使用情况		教材出现情况	
	使用频次	使用频率	使用频次	使用频率	出现频次	出现频率
当	190	1.267	139	0.927	169	3.189
在$_1$	602	4.013	572	3.813	285	5.377
于$_1$	27	0.180	44	0.293	7	0.132
从$_1$	213	1.420	673	4.487	92	1.736
自$_1$	16	0.107	21	0.140	7	0.132
自从	12	0.080	19	0.127	28	0.528
打$_1$	11	0.073	2	0.013	9	0.170
离$_1$	5	0.033	5	0.033	8	0.151
临	29	0.193	36	0.240	24	0.453
趁	22	0.147	29	0.193	18	0.340
总计	1 127	7.513	1 540	10.267	647	12.208

注：汉语母语者及外国学生使用频率=使用频次/语料总量（150万），教材出现频率=输入频次/语料总量（53万），表中的频率都是万分位的。

从时间介词的使用总频率上来看，教材的出现频率最高，外国学生的使用频率次之，汉语母语者使用频率最低。看一下不同介词的使用频率对比情况就会发现，除了个别使用超量或严重不足的介词，外国学生与汉语母语者的差别相对于教材的差别要小得多。这说明中介语是向目的语靠近的，教材的编排与中介语和目的语的情况不太一致，有待改善。

把表 2.1 中的频率转化成图 2.1，可以很清楚地看到每个时间介词在三种不同语料的使用频率高低分布情况：

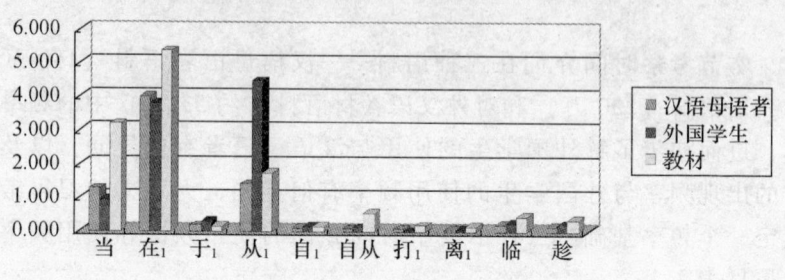

图 2.1

从图 2.1 可以看出，"当、在$_1$、从$_1$"三个时间介词的使用频率是最突出的，远远高于其他七个时间介词，这在三种语料中都是一样的。但它们在三种语料中的具体情况却不一致：汉语母语者倾向于使用"在$_1$"，然后是"从$_1$"和"当"。"从$_1$"和"当"的使用频率相差不大，而"在$_1$"的使用频率要远高于它们。外国学生倾向于使用"从$_1$"和"在$_1$"，然后是"当"，而且外国学生对"从$_1$"的使用可以说是绝对超量——远高于汉语母语者和教材。教材中出现最多的是"在$_1$"，然后是"当"，最后是"从$_1$"，而且"在$_1$"和"当"的出现频率都远远高于汉语母语者和教材。另外七个时间介词使用频率都不高，而且变化都不是非常大。下面把三种语料中各时间介词的出现频率按高低排序：

汉语母语者使用频率高低顺序为：在$_1$ > 从$_1$ > 当 > 临 > 于$_1$ > 趁 > 自$_1$ > 自从 > 打 > 离$_1$。

外国学生使用频率高低顺序为：从$_1$ > 在$_1$ > 当 > 于$_1$ > 临 > 趁 > 自$_1$ > 自从 > 离$_1$ > 打。

教材出现频率高低顺序为：在$_1$ > 当 > 从$_1$ > 自从 > 临 > 趁 > 打 > 离$_1$ > 自$_1$、于$_1$。

可以看出，三种语料中频率的排序各不相同，尤其是教材中的输入频率与汉语母语者和外国学生的使用频率差别较大。但是可以看出，外国学生与汉语母语者的使用情况有一定的趋同性，再次证明中介语是向目的语靠近的。

第三节　时间介词习得情况考察

一、初级阶段习得情况考察

首先看一下不同时间介词在初级阶段中介语语料库和教材中的出现频次和频率，请看表2.2：

表 2.2

	初级学生使用情况		初级教材出现情况	
	总频次	频率	出现频次	频率
当	33	0.660	60	5.357
在$_1$	127	2.540	61	5.446
于$_1$	2	0.040	2	0.179
从$_1$	249	4.980	25	2.232
自$_1$	/	/	/	/
自从	4	0.080	4	0.357
打$_1$	2	0.040	/	/
离$_1$	1	0.020	2	0.179
临	17	0.340	7	0.625
趁	4	0.080	2	0.179
总计	439	8.780	163	14.554

注：外国学生使用频率＝总频次/初级阶段语料总量（50万），教材出现频率＝出现频次/初级课本总量（11.2万），表中频率均是万分位的。

从表2.2可以看出，初级阶段外国学生使用频率要远低于教材的出现频率。但使用频率最高的三个时间介词中，外国学生"从$_1$"的使用频率高于教材出现频率。而且教材中没有出现用例的"打$_1$"，在中介语中也出现了。在10个时间介词中，"自$_1$"在初级阶段没有出现，"打$_1$、于$_1$、离$_1$"等三个出现次数在2例以下，达到不到"初现率标准（emergence criterion）"。所以，无法进行讨论。另有两个时间介词"自从"和"趁"出现 4 例,要看学生的用例是否是"公式化"的模仿用例,如果是"公式化"的模仿用例,则也没有达到"初现率标准",也不具有分析的价值。因此,从表 2.2 可以断定达到"初现率标准"的只有"当、在₁、从₁、临"四个时间介词。

初级阶段各时间介词的正确率情况,请看表 2.3:

表 2.3

	总频次	正确频次	正确率
当	33	28	0.848
在₁	127	108	0.850
于₁	2	2	1.000
从₁	249	167	0.671
自₁	/	/	/
自从	4	3	0.750
打₁	2	1	0.500
离	1	1	1.000
临	17	14	0.824
趁	4	4	1.000
总计	439	328	0.747

注:正确率=正确频次/总频次,表中的正确率是百分位的。

从表 2.3 可以看出初级阶段时间介词的总体正确率是 0.747,总体上未达到 0.8 的习得标准。在 10 个介词中达到习得标准的只有六个。其中有三个时间介词"趁、离₁、于₁"的正确率是百分之百,但它们的使用频率都很低,最多的只有 2 例,未达到"初现率标准"。其正确率可能存在很大的偶然性,它们是否在初级阶段就已被习得还需要有更多的证据来证明。另外三个时间介词"当、在₁、临"的正确率在 0.8 以上,超过了习得标准,而且它们的使用频率也不低,说明它们在初级阶段就已被习得。

(一) 当

"当"在初级阶段共出现 33 例,出现频率是 0.66,远低于汉语母语者和教材。这说明外国学生对"当"的使用不足,有回避的可能。不过从 0.848 的正确率来看,"当"的难度不高。"当"在初级阶

段出现的用例类别主要有:
1. 大部分都是"当……时/的时候"介词框架,如:
(60)【当】我是大学生的时候,学习中文。(初级　日本)
(61)要是每一个人可以这样想的话,【当】他们遇到坏事的时后(候)就会有期望,不会那么难对(过)。(初级　加拿大)①

2. 含"当……之后"介词框架的只有两例:
(62)【当】我高学校毕业之后,就在公司工作了六年了。(初级　韩国)
(63)【当】老师知道这件事后,毫不犹豫地带我去南京中医院,他帮我找医院最好医生,仔细的告诉医生我的生病情况。(初级　韩国)

3. 还有一部分是含副词"每"的用例,但多数也同时含有介词框架"当……时/的时候",或后一小句含副词"就、都"等,如:
(64)每【当】我想起来她时,我感激地对她说不出来。(初级　韩国)
(65)每【当】回忆起这件往事,我都无比后悔,后悔没有问他的名字。(初级　德国)

(二) 在$_1$

"在$_1$"在初级阶段出现 123 例,出现频率是 2.46,也远低于汉语母语者和教材。不过正确率是 0.878,说明"在$_1$"的难度也不高。初级阶段出现的用例类别主要有:
1. 加具体时间名词构成介词短语作状语,如:
(66)【在】80 年代后期自行车的数量很多。(初级　毛里求斯)
(67)【在】八点上午他去 shitang chifan。(初级　越南)

2. 出现"在……之前/之后"等介词框架,如:
(68)【在】中国学习以后我想我的汉语更好所以我一天可以在中国工作。(初级　俄罗斯)
(69)【在】我来中国之前,妈妈担心我到中国饮食不习惯。(初级　韩国)

---

① 本书对于学生的用例基本保持原样,只对其中有碍理解的错别字用括号注出。

（三）从₁

"从₁"在初级阶段出现247例，频率远高于汉语母语者和教材，说明学生十分偏好于使用"从₁"，但初级阶段"从₁"的正确率只有0.676，说明学生对"从₁"的使用还存在一些问题。学生的用例情况如下：

1. 学生使用最多的是"从……到……"介词框架，其中最多的又是框架中加具体时间名词的情况，如：

（70）晚上【从】七点到八点我做了作业。（初级　尼泊尔）

（71）【从】小时候到现在我一直认为人要互相帮助。（初级　蒙古）

只出现1例非时间名词的用例：

（72）我为什么要学中文，这个问题【从】我开始学中文到现在人们常常问我。（初级　泰国）

2. 其次是使用"从……起、以后"等介词框架的用例，如：

（73）对我来说，我是一个幸福的人，因为有自己的目表以【从】我来了中国以后才开始意识到。（初级　阿塞拜疆）

（74）【从】那时起，一直不太健康。（初级　韩国）

3. 直接加表时间的名词构成介词作状语的用例不太多，只有少数几例，如：

（75）旱季节【从】十月开始，雨季是五月到十一月这时雨下得很大不常刮风打雷，天霜，阴天。（初级　老挝）

（76）【从】那时候这位先生从来不想了鞋子和别的好看的衣服。（初级　俄罗斯）

（四）自从

"自从"在初级阶段只出现4例，频率非常低，从用例分析看，"自从"出现的句法环境并不单一，不是"公式化"的使用，故达到了"初现率标准"。不过"自从"在初级阶段出现的频率如此低，且正确率也只有0.75，证明学生在初级阶段并未习得"自从"。学生的用例如：

（77）【自从】我是一个小孩子以来，我母亲对亚洲很感兴趣。（初级　德国）

（78）去哪儿都骑自行车去，【自从】90年代后期开始社会有很

大的变化，卖摩托车生意出现了很多，大多数是从口国进来的。（初级　老挝）

（五）临

"临"在初级阶段出现17例，比教材的输入频率低。但相对于三种语料中"临"的总体出现频率来说是比较高的，而且其正确率是0.824，说明学生在初级阶段就习得了时间介词"临"。学生的用例多是含"临……时/的时候"的介词框架，如：

(79)【临】来上大学的时候我包爸爸妈妈然后哭走来。（初级　老挝）

(80)【临】离开时我们很忙看朋友看亲人。（初级　法国）

（六）趁

"趁"在初级阶段也只出现4例，频率远低于汉语母语者和外国学生"趁"的总体频率。虽然其正确率是百分之百，我们也认为初级阶段学生并未完全习得时间介词"趁"。因为学生用例只出现"趁这个机会"和"趁放假"这两种介词短语，有"公式化"的使用倾向：

(81) 所以【趁】这个机会我努力学习。（初级　韩国）

(82) 阿理除学习以外他喜欢［游］行，他【趁】放假去各种的地方。（初级　坦桑尼亚）

剩下的"于$_1$"和"打$_1$"在初级阶段只出现2例，"离$_1$"在初级阶段只出现1例。出现频率如此之低，说明学生根本没有形成使用它们的习惯。考察它们的正确率也就没有意义了。

综上所述，学生在初级阶段习得的时间介词有"当"、"在$_1$"和"临"。"从$_1$"的使用频率很高，但正确率不高，说明学生的使用存在很多问题。"自从"和"趁"初现了，但学生未完全习得。"于$_1$"、"打$_1$"、"离$_1$"和"自$_1$"出现频率非常低或根本没有出现，达不到初现率的标准，无法对其习得状况进行分析。

二、中级阶段习得情况考察

中级阶段外国学生时间介词的使用频率和中级阶段教材的出现频率情况，请看表2.4：

表 2.4

	外国学生使用情况		教材出现情况	
	总频次	频率	出现频次	频率
当	49	0.980	44	3.465
在$_1$	204	4.080	78	6.142
于$_1$	10	0.200	2	0.157
从$_1$	218	4.360	23	1.811
自$_1$	17	0.340	3	0.236
自从	13	0.260	7	0.551
打$_1$	/	/	1	0.079
离$_1$	2	0.040	4	0.315
临	11	0.220	10	0.787
趁	16	0.320	6	0.472
总计	540	10.800	178	14.016

注：外国学生使用频率＝总频次/中级阶段语料总量（50万），教材出现频率＝出现频次/中级课本总量（12.7万），表中的频率均是万分位的。

从表 2.4 和表 2.2 中外国学生和教材时间介词出现频率的对比可以看出，中级阶段教材出现频率与初级阶段相差不大，但外国学生的使用频率有了明显的上升，但仍不如教材高。在初级阶段出现 2 例的"打$_1$"在中级阶段没有出现，在初级阶段出现 1 例的"离$_1$"在中级阶段也只出现 2 例，都达不到初现率标准。其他介词的数量都有了不同程度的提高，说明中级阶段外国学生的使用情况好于初级阶段。

中级阶段各时间介词的正确率情况，请看表 2.5：

表 2.5

	总频次	正确频次	正确率
当	49	45	0.918
在$_1$	204	192	0.941
于$_1$	10	9	0.900
从$_1$	218	175	0.803
自$_1$	17	13	0.765

续表

	总频次	正确频次	正确率
自从	13	11	0.846
打₁	/	/	/
离₁	2	2	1.000
临	11	10	0.909
趁	16	16	1.000
总计	540	473	0.876

注：正确率=正确频次/总频次，是百分位的。

从表2.5可以看出，中级阶段各时间介词的正确率对比初级阶段都有了比较明显的改善。首先，中级阶段的总体正确率提高到了0.876，而且除了没有出现用例的"打₁"以外，只有一个介词"自₁"的正确率在0.8以下。这说明另外8个介词的使用对外国学生来说没有难度。

（一）当

"当"在中级阶段出现49例，频率较初级阶段有所提高。正确率也由初级的0.848提高到中级的0.918。这说明外国学生是稳步习得时间介词"当"的，在中级阶段"当"的习得进入稳定期。学生的用例形式也较初级丰富，请看例句：

（83）烧的时候把"雪人"放在一个用木头助成的"架子"上，火越烧越高，【当】火点燃了这颗炸弹时"雪人"就会爆炸。（中级　瑞士）

（84）【当】我看到花的时候就可以哭起来。（中级　圭亚那）

（二）在₁

"在₁"在中级阶段出现204例，比初级阶段增加了很多，而且正确率也从初级阶段的0.85提高到中级的0.941。这说明学生的习得状况也非常好，中级阶段进入稳定期。学生的用例如：

（85）【在】物质文明不断发展的今天，人们的想观念又是什么呢？（中级　俄罗斯）

（86）但【在】我临行之前，妈妈她却哭了。（中级　斯里兰卡）

（三）于₁

"于₁"在初级阶段只出现 2 例，未达到初现率标准，虽然正确率是 1 也不能算习得了。而"于₁"在中级阶段出现 10 例，比初级阶段提高了 4 倍。"于₁"在中级阶段的正确率也达到了 0.9，说明外国学生在中级阶段完全习得了"于₁"。学生的用例既有"于"介词短语在谓语动词之后的，也有在谓语动词之前的，如：

(87) 我城市叫 Ulaanbaatar，建【于】一七八九年，被列为最早成立的一座大城市。（中级　蒙古）

(88) 我计划【于】十二月去爬黄山。（中级　日本）

（四）从₁

"从₁"在中级阶段出现 218 例，频率跟初级差不多，说明"从₁"的使用比较稳定。其正确率也从初级的 0.671 提高到了中级的 0.803。这样的正确率和使用频率说明到了中级阶段学生基本习得了"从₁"。请看学生用例：

(89) 走在新街口，父子庙的街道上一边观赏两旁的新美建筑一边可以欣赏着【从】古代留下来的遗迹的风味。（中级　越南）

(90)【从】那时起再开始困难的生活，但奶奶不抱怨他，就是责备自己。（中级　韩国）

（五）自₁

"自₁"在初级阶段没有出现用例，到在中级阶段才出现了 17 例，而且中级阶段"自₁"的正确率不是太高，只有 0.765。这说明"自₁"到中级阶段只能算是初现了，学生并未完全习得它，在使用中还存在一些问题。学生的用例中以"自……以来"的为最多，说明学生的使用还有"公式化"的影子。学生的用例如：

(91)【自】1989 年年底以来，我妈妈真的是一个人带了孩子。（中级　加拿大）

(92) 它【自】十三世纪至十四世纪被侵占国的手艺们建成。（中级　蒙古）

（六）自从

"自从"在中级阶段出现 13 例，比初级阶段高出 2 倍，出现频率稍高于平均水平，正确率也有所提高，达到了 0.846。这说明"自

"从"在中级阶段达到了习得水平。学生的用例也多是使用各种介词框架，如：

（93）【自从】来中国以来，我对中国的少数民族很感兴趣。（中级　德国）

（94）【自从】那天起我不常施舍，这件事给我留下了不好的影响。（中级　意大利）

（七）临

"临"在中级阶段出现11例。其使用频率仍稍高于汉语母语者。而且中级阶段的正确率达到了0.909，比初级阶段有了很大的提高。这些都说明"临"到中级阶段已经达到较高的习得水平，学生的使用基本没有什么问题。学生的用例如：

（95）但在我【临】行之前，妈妈她却哭了。（中级　斯里兰卡）

（96）马上出发，爸爸摇摇手，【临】出发时特别嘱咐了我们几句话："你们好好学，听妈的话，我很快会回来。"（中级　韩国）

（八）趁

"趁"在中级阶段出现16例，是初级阶段的4倍，而且正确率是1，这说明在中级阶段学生对"趁"的使用已经没有问题了。正确用例如：

（97）以前我已经想去会安了可我从来没有机会去，那天是我在大学认识的一个会安朋友生日，我【趁】那个机会去一趟。（中级　越南）

（98）【趁】着寒假前半段时间我回国了。（中级　日本）

剩下的"离$_1$"在初级阶段出现1例，到中级阶段也只出现2例。用例仍然很少，但正确率仍为1。由于频率太低，所以正确率的意义就不大了，无法据此判定学生习得了"离$_1$"。只能说"离$_1$"的难度可能不高。"打$_1$"在中级阶段没有出现用例，教材中却出现用例了。这种情况与初级正好相反。这说明教学的确对学生的习得顺序没有决定性的影响。

三、高级阶段习得情况考察

先看一下高级阶段外国学生和教材的出现频率，见表2.6：

表 2.6

	外国学生使用情况		教材出现情况	
	总频次	频率	出现频次	频率
当	57	1.140	65	2.234
在$_1$	241	4.820	146	5.017
于$_1$	32	0.640	3	0.103
从$_1$	206	4.120	44	1.512
自	4	0.080	4	0.137
自从	2	0.040	17	0.584
打$_1$	/	/	8	0.275
离$_1$	2	0.040	2	0.069
临	8	0.160	7	0.241
趁	9	0.180	10	0.344
总计	561	11.220	306	10.515

注：外国学生使用频率＝总频次/高级阶段语料总量（50万），教材出现频率＝出现频次/高级课本总量（29.1万），表中的频率均是万分位的。

从表 2.6 可以看出，高级阶段外国学生的使用频率跟教材的出现频率差不多，甚至比教材的出现频率还高一点，说明外国学生对时间介词的使用到高级阶段非常丰富了。不过"打$_1$"在高级阶段仍然没有出现用例，虽然教材中出现了8例。所以是否应该把"打$_1$"列入教学、考试大纲是值得商榷的。另外一些介词，如"自从"又降到2例，"离$_1$"仍然是2例，说明它们在中介语中的出现率的确很低，需不需要在教学中教授它们也值得思考。

高级阶段各时间介词的正确率情况，请看表 2.7：

表 2.7

	总频次	正确频次	正确率
当	57	52	0.912
在$_1$	241	233	0.967
于$_1$	32	31	0.969
从$_1$	206	182	0.883
自$_1$	4	3	0.750

续表

	总频次	正确频次	正确率
自从	2	1	0.500
打$_1$	/	/	/
离$_1$	2	2	1.000
临	8	8	1.000
趁	9	9	1.000
总计	561	521	0.929

注：正确率＝正确频次／总频次，是百分位的。

从总体来看，高级阶段时间介词的正确率比中级又有了提升，可以说达到了比较理想的水平。除出现用例非常少的时间介词"自$_1$、自从、打$_1$"，其他时间介词的正确率都在0.88以上。这说明到高级阶段外国学生对时间介词已经掌握得非常好了。

高级阶段时间介词的使用情况大体可以分为三种情况：

（一）当、在$_1$、从$_1$、于$_1$

"当、在$_1$、从$_1$"三个时间介词到了高级阶段已经没有什么太大的变化了，基本上跟中级阶段差不多，也就是说这三个时间介词的使用到了中级阶段就基本上稳定下来了。在高级阶段出现变化最大的是"于$_1$"。"于$_1$"到高级阶段猛增到32例，远高于汉语母语者的使用和教材的输入，而且正确率很高，达到0.969。这说明"于$_1$"虽是古汉语遗留下来的介词，但它对外国学生来说并不是习得的难点，经过一阶段的学习之后就完全达到了习得的程度。

（二）自$_1$、自从、临、趁

这四个时间介词经过中级阶段的使用数量激增之后，在高级阶段的使用数量都有不同程度的减少。分为两种情况：一是"自$_1$"和"自从"，它们的使用数量下降很多，正确率也有所下降，说明学生对这两个时间介词的使用有问题。结合各种语料频率的对比和上文句法功能分析，可以发现"自$_1$"和"自从"使用频率都不高，且在句法上有"从$_1$"可以替代它们。所以外国学生对这两个时间介词的使用不多，更多的是用"从$_1$"。二是"临"和"趁"，虽然它们的使用数量有所下降，但正确率有增无减，学生对这两个时间介词的使用没有问题,说明它们在高级阶段都进入了平稳期。

剩下的"离$_1$"、"打$_1$"与中级阶段的习得情况完全一样。"打$_1$"仍然没有出现用例。所以说"打$_1$"应该属于未习得的介词。"离$_1$"在高级虽然仍然只出现两例,也没达到初现率标准,但正确率仍然是1,说明"离$_1$"的难度的确不高。

四、三阶段习得情况纵向对比分析

为了更清楚地看到不同时间介词在三个学习阶段使用情况的动态变化,请看表2.8使用频率和正确率分布表:

表 2.8

		使用频率			正确率		
	汉语母语者	初级学生	中级学生	高级学生	初级学生	中级学生	高级学生
当	1.267	0.660	0.980	1.140	0.848	0.918	0.912
在$_1$	4.013	2.540	4.080	4.820	0.850	0.941	0.967
于$_1$	0.180	0.040	0.200	0.640	1.000	0.900	0.969
从$_1$	1.420	4.980	4.360	4.120	0.671	0.803	0.883
自$_1$	0.107	/	0.340	0.080	/	0.765	0.750
自从	0.080	0.080	0.260	0.040	0.750	0.846	0.500
打$_1$	0.073	0.040	/	/	0.500	/	/
离$_1$	0.033	0.020	0.040	0.040	1.000	1.000	1.000
临	0.193	0.340	0.220	0.160	0.824	0.909	1.000
趁	0.147	0.080	0.320	0.180	1.000	1.000	1.000
总计	7.513	8.780	10.800	11.220	0.747	0.876	0.929

表2.8清楚地反映出外国学生在三个学习阶段不同时间介词的使用频率和正确率的动态变化。外国学生时间介词的总体使用频率和正确率都是呈递增趋势的,这说明学生对时间介词的习得是稳步提高的。

初级阶段外国学生使用时间介词的频率高低顺序为:从$_1$ > 在$_1$ > 当 > 临 > 趁、自从 > 于$_1$、离$_1$ > 打 > 自$_1$。

中级阶段外国学生使用时间介词的频率高低顺序为:从$_1$ > 在$_1$

>当>自₁>趁>自从>临>于₁>离₁>打，较初级有了一些变化。

高级阶段外国学生使用时间介词的频率高低顺序为：在₁>从₁>当>于₁>趁>临>自₁>自从>离₁>打。

可以看出，三个阶段学生的使用频率变化是比较有规律的：①"从₁、在₁、当"一直都是频率最高的三个。②"趁"和"临"在三个阶段的顺序变化也不大，一直处于中间位置。"离1"的使用频率虽然很低，但三个学习阶段也没什么变化。③"自₁、自从"在三个阶段频率的顺序有较大变化，原因在于它们与"从₁"的用法有交叉，在初级阶段学生不使用"自₁"，少量使用"自从"；到了中级阶段，了解了"自₁"和"自从"的用法以后，出现一个使用的高峰期，使用量猛增；高级阶段以后对这两个介词的使用减少，趋于理性化。④"打₁"一直是使用最少的时间介词。

为了清楚地看到各时间介词在各学习阶段正确率的变化趋势，把上表中的正确率转换成图2.2：

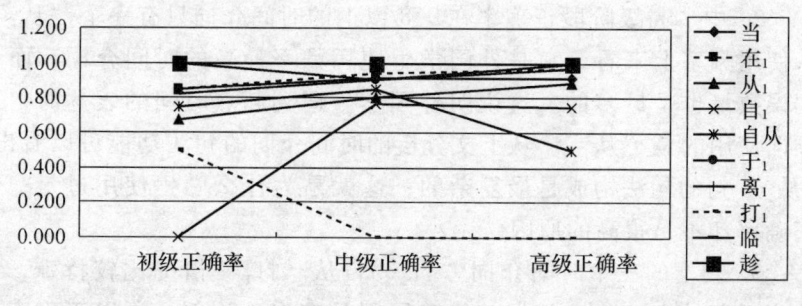

图2.2

从各级时间介词总体用例的正确率来看，初级正确率是0.758，中级正确率是0.879，高级正确率是0.932，呈递增趋势，而且初级阶段的正确率也不是很低。这说明从总体来讲时间介词不是学生学习的难点，相对来说是比较容易的。具体时间介词的习得情况大体可以分为三种：

1. 三个学习阶段正确率都在0.8以上的时间介词有6个，它们分别是"当、在₁、于₁、离₁、临、趁"。其中"离₁"和"趁"在三个学习阶段的正确率都是1，说明这两个时间介词对学生来说没有难度。前面分学习阶段讨论时，因"离₁"在每一个学习阶段的使用数量都达不到初现率标准,所以把它归入未习得的范围。但对比一下外国学生与汉语母语者的使用频率,就会发现它们的频率差不多,说明"离$_1$"原本在语言交际中使用的频率就不高,学生自然使用得也就不多。"趁"在三个学习阶段的使用频率都不太低。因此,可以确定"离$_1$"和"趁"是最容易的两个时间介词。

"于$_1$"是一个古汉语遗留下来的用法比较特殊的时间介词,它的正确率也不低,似乎有点奇怪。而且从使用频率看,外国学生的使用频率是最高的,虽然比汉语母语者和教材的频率高得不多。这或许是受教学的影响,因其用法比较特殊,所以教师在教学时往往比较重视,并加以强调和练习。不过"于$_1$"的用法虽然特殊,但并不复杂,而且在用法上有其独特性,不会与其他词的用法混淆,这或许也是一个原因。

另外三个时间介词"当、在$_1$、临"的正确率都在0.8以上,且逐级提高,而且使用频率都比较高,属正常习得的语法项目。

2. 中、高级阶段正确率在0.8以上的时间介词只有一个"从$_1$"。从使用频率上来看,它是外国学生使用频率最高的时间介词,而且偏误数量也是最多的。这说明外国学生遇到起点时间的表达时,最倾向使用的是"从$_1$"。从上文分析的时间介词的句法功能可以看出,"从$_1$"句的句法构成是最复杂的,这就是为什么学生使用过量,但正确率却不是很高的原因。

3. 剩下的三个时间介词"自$_1$、自从、打$_1$"情况比较特殊,正确率反复较大。"自$_1$"在初级阶段因没有出现用例,所以正确率为零。中、高级出现了用例,但正确率都没有达到0.8,而且高级阶段的正确率比中级阶段还低一点,说明"自$_1$"对学生来说比较难。"自从"虽然在初级阶段就出现用例了,正确率只有0.750,到中级阶段升为0.846,但高级阶段又降为0.5。这说明"自从"也是比较难的语言项目。"打$_1$"只在初级阶段出现用例,而且正确率仅为0.5,结合前文的频率分析,"打$_1$"的频率很低,说明外国学生根本没有习得时间介词"打$_1$"。这三个时间介词的用法都跟"从$_1$"等无异,汉语母语者的使用频率也不高,所以可以考虑把时间介词"打$_1$"从教学大纲和教材中删除,另外两个介词也不需要作为教学的重点内容教授。

综上所述，中介语中所体现的时间介词的难度等级和习得顺序大致可以分为：

1. 难度较低，在初级阶段习得的时间介词有：当、在$_1$、临、趁、离$_1$。
2. 难度中等，在中级阶段习得的时间介词有：从$_1$、于$_1$。
3. 难度较高，未习得的时间介词有：自$_1$、打$_1$、自从。

第四节 时间介词偏误分析

本节分析一下时间介词中各学习阶段的习得过程中出现的偏误情况，请看表 2.9：

表 2.9

	初级偏误情况		中级偏误情况		高级偏误情况		总计
	偏误数	比例	偏误数	比例	偏误数	比例	
当	5	0.045	4	0.060	5	0.125	14
在$_1$	19	0.171	12	0.179	8	0.200	39
于$_1$	/	/	1	0.015	1	0.025	2
从$_1$	82	0.739	43	0.642	24	0.600	149
自$_1$	/	/	4	0.060	1	0.025	5
自从	1	0.009	2	0.030	1	0.025	4
打$_1$	1	0.009	/	/	/	/	1
离$_1$	/	/	/	/	/	/	/
临	3	0.027	1	0.015	/	/	4
趁	/	/	/	/	/	/	/
合计	111	1.000	67	1.000	40	1.000	218

注：比例＝偏误数/某一阶段偏误合计数。

从上表可以清楚地看出，学生的偏误数是逐级减少的。考察具体的介词发现，大部分的偏误数量也都是逐级减少的，说明外国学生习得时间介词的情况是逐级变好的。同时我们也看到，"当、在$_1$、从$_1$"三个时间介词的偏误如它们的使用频率一样，也是数量最多的三个，占据了时间介词偏误的绝大部分。其他时间介词的偏误相对较少,同时它们的用例也较少。正如 Schachter(1974)研究得出的结论那样:学生用得越多,错得相对也多。这是外国学生汉语习得过程中的常见现象。

各学习阶段偏误类型的分布情况,请看表 2.10:

表 2.10

	错序		遗漏		误加		误代		合计
	频次	比率	频次	比率	频次	比率	频次	比率	
初级	9	0.082	75	0.682	13	0.118	13	0.118	110
中级	3	0.045	34	0.507	9	0.134	21	0.313	67
高级	3	0.075	17	0.425	7	0.175	13	0.325	40
总计	15	0.069	126	0.581	29	0.134	47	0.217	217[①]

注:比率 = 偏误数/某一学习阶段偏误数合计。

从上表可以看出,时间介词的典型偏误是遗漏,其次是误代和误加,错序是最少的。在四类偏误中,错序、遗漏和误加的数量逐级减少,误代呈倒"U"型分布[②]。误代这种偏误的变化情况看上去有点反常,其实仔细分析一下,就会发现这与学生习得时间介词的数量和心理监控有关:在初级阶段接触和习得的时间介词少,缺少产生误代的条件;到了中级阶段,外国学生接触和习得的时间介词增多,很多时间介词的表义用法近似,若对使用规则掌握不清,极易产生误代;高级阶段,学生的知识水平提高,各时间介词之间的用法也较中级阶段有了很大的提高,所以偏误就会有所下降。学生的偏误出现倒"U"型分布也应该引起我们的高度重视,说明这类偏误在学生的习得过程中会出现一定的反复。

一、错序

从偏误的总量来看,错序只占了 15 例,是所有偏误(217 例)的 6.9%,不是时间介词的典型偏误。

[①] 在偏误用例中有一例"【从】12 个月我想最好的学生。(初级 韩国)"无法分析其偏误归属,故没有列出。

[②] "U-shaped behavior"的相关论述请参见 Kellerman(1983)、Diane Larsen-Freeman & Michael H. Long(1991)。

1. 在初级阶段，错序共出现 9 例，占初级阶段所有偏误（110 例）的 8.2%。其中"从$_1$"有 5 例，占"从$_1$"初级阶段偏误（82 例）的 6.1%，不是"从$_1$"的典型偏误。但其规律性较强，都是介词短语的错序，如：

(97) *【从】八月我住中国。（初级　加拿大）①

(98) *那时候，我真的很喜欢中国，所以【从】小学我学汉字到高中二。（初级　印度尼西亚）

两例都是介词短语与主语的错序，应把主语"我"提到介词短语前。这些"从$_1$"介词短语的错序，虽不是"从$_1$"的典型偏误，但它是初级阶段学生容易犯的错误。所以在初级阶段教学时要重视。

另外 4 例都是"在$_1$"的用例，占了"在$_1$"在初级阶段偏误总数（19 例）的 20.05%，比例不低。也都是"在$_1$"介词短语的错序，如：

(99) *我要很好成绩【在】考试的时候。（初级　也门共和国）

(100) *他来南京【在】二月十六号。（初级　越南）

例（99）应该把"在考试的时候"介词短语提前至句首或主语之后。例（100）应改为"他在二月十六号来南京。"

2. 在中级阶段，错序共出现 3 例，占中级阶段所有偏误（67 例）的 4.5%，不仅偏误的数量有所下降，所占的比例也有所下降，说明错序偏误到中级阶段有了明显的改观。其中两例是"从$_1$"，一例是"在$_1$"，如：

(101) *我的最好朋友是"Audres"，我们认识【从】小孩子的时候。（中级　哥伦比亚）

(102) *我最喜欢的花也是开花【在】春天，那个花就是白色的牡丹。（中级　韩国）

例（101）应改为"我们从小孩子的时候就认识"。例（102）应改为"在春天开花"。

3. 在高级阶段，错序也只出现 3 例，数量没变，但占的比例变

---

① 外国学生的偏误用例前以"*"标出。如果是错序、误加和误代，把句中的偏误部分用下划线标出；如果是遗漏，在句中的遗漏处用"∧"标出，以后各章均相同。

了，占了高级阶段所有偏误（40例）的7.5%。从比例来看，不降反升了，说明错序虽不是典型的偏误，但在学生的偏误中一直存在，而且减少的速度较慢。仍然是"从$_1$"和"在$_1$"的用例，也都是介词短语的错序，如：

(103) *我心里一直觉得很内疚，觉得对我国或中国文化，我应该要多多学习【在】南京期间，我打算抓紧时间尽量去看有名的景点以扩大见识这样以后如再看这样的机会，我会毫不犹豫，主动给人介绍并说明南京所有的景点。（高级 韩国）

(104) *我父母认识他【从】高中起，那时他住在我们邻居的家。（高级 蒙古）

例（103）应改为"在南京期间要多多学习"，例（104）应改为"我父母从高中起认识他"。

二、遗漏

从偏误的总量来看，遗漏一共出现了126例，占所有偏误（217例）的58.1%，是时间介词的典型偏误。

1.在初级阶段，遗漏偏误共出现75例，占初级阶段所有偏误（110例）的68.2%，比总体比例还高10%，且有五个时间介词，"从$_1$、在$_1$、当、临、自从"出现此类偏误，分布较广。这说明遗漏在初级阶段尤为严重。

其中"从$_1$"的遗漏偏误是数量最多的，有58例，占初级阶段遗漏偏误（75例）的77.33%。同时，"从$_1$"的遗漏偏误也是"从$_1$"的典型偏误，因为它的数量占了"从$_1$"初级阶段偏误总数（82例）的70.73%。"从$_1$"产生如此多的遗漏偏误，都是因为"从$_1$"在使用时，需要与"起、以后、开始"等构成介词框架，而学生往往遗漏框架中的后半部分，这样的遗漏偏误有53例，如：

(105) *【从】那时∧喜欢学习汉语。（初级 韩国）

(106) *【从】哪（那）天∧如果我有问题他来帮助我。（初级 美国）

这两例都遗漏了"开始/起"。另外，还有5例是遗漏"从$_1$"的偏误用例，如：

(107) *不但学习难，而且时间不长，所以这几天我∧早到晚忙得连信也写不了。（初级　日本）

(108) *爸爸∧早到晚一直找工作。（初级　孟加拉）

"在₁"在初级阶段的遗漏偏误有 11 例是，占了"在₁"初级阶段偏误总数（19 例）的 57.89%，也是"在₁"的典型偏误。基本都是遗漏介词框架中的"时/的时候、（之/以）前、（之/以）后"等，如：

(109) *【在】刚开学汉语∧，我发现了汉字很奇怪。（初级　德国）

(110) *【在】上课∧我们的老师教我们汉语而且帮助我们掌握生词。（初级　坦桑尼亚）

"当"的遗漏偏误出现 3 例，占了"当"初级阶段偏误总数（5 例）的 60%，也是"当"在初级阶段的典型偏误。同样是介词框架中后半部分的遗漏，如：

(111) *【当】我选择大学的科目∧，1998 年，中国的全部分越来越发展，而且我感兴趣中国的文化。（初级　韩国）

(112) *【当】我们遇到了闲（困）难∧，有什么不好解就去找老师。（初级　罗马尼亚）

剩下的"临"和"自从"各出现 1 例，不具有典型性，用例略。

2. 在中级阶段，遗漏偏误共出现 34 例，比初级下降了一半，所占比例也下降了，但仍占 50.07%。出现此类偏误的时间介词有"从₁、在₁、当、自₁" 4 个，这说明遗漏偏误仍是中级阶段时间介词的典型偏误，在教学中需多加注意。

"从₁"的用例仍然占绝大多数，有 26 例，占中级阶段遗漏偏误的 76.47%。另外，"从₁"的遗漏偏误占"从₁"中级阶段偏误总数（43 例）的 60.46%，仍然是"从₁"的主要偏误类型。遗漏的通常还是介词框架的构成成分或其他副词成分，如：

(113) *【从】这时∧他们的关系越来越好。（中级　日本）

(114) *我们【从】小时候∧常常听到人要保护动物。（中级　韩国）

例（113）遗漏了"开始"，例（114）遗漏了副词"就"。

"自₁"的遗漏偏误在中级阶段出现了2例，数量虽然不多，但占了"自₁"在中级阶段偏误总数的一半。也是遗漏介词框架的构成成分或动词前的副词成分，如：

(115) *【自】那个小事∧我连一棵树也没爬。（中级 德国）

(116) *从此可见，人们【自】很久以前∧和狗维持好的关系。（中级 韩国）

例（115）遗漏了"起/开始/以后"，例（116）遗漏了副词"就"。

"当"在中级阶段出现2例，也占"当"中级阶段偏误总数（4例）的50%。都是遗漏介词框架中的构成成分，如：

(117) *【当】别人待他不怎么样∧他却显出原谅的样子，毫不在乎地说："没关系，没关系！"（中级 古巴）

(118) *【当】人们进入庙宁或是私人住宅∧，习惯上要脱鞋。（中级 老挝）

"在₁"在中级阶段仅出现2例遗漏偏误，数量和比例都较初级阶段下降很多，说明"在₁"遗漏偏误的纠正比较理想。其遗漏类型跟初级阶段一样，都是介词框架成分的遗漏，用例不再赘述。

3. 在高级阶段，遗漏偏误比中级减少了一半，出现了17例，所占比例下降到42.5%。仍然是频率最高的偏误类型。但覆盖的介词范围减小，只出现在"从₁"和"当"两个时间介词的句子中。

含"从₁"的用例共有12例，占了"从₁"高级阶段偏误（24例）的50%。仍然是介词框架构成成分或副词的遗漏，如：

(119) *就【从】那刻∧，我感觉很高兴，因为我又有一个好朋友了。（高级 越南）

(120) *在古巴，女儿子【从】小时∧跟妈妈学。（高级 古巴）

例（119）遗漏了"起"，例（120）遗漏了副词"就"。

含"当"的用例共出现4例，比初、中级都多，且占了"当"高级阶段偏误（5例）的80%，这说明"当"的遗漏偏误是最严重、最难纠正的偏误。也都是框架构成成分或副词的遗漏，如：

(121) *【当】银行的行情不稳定∧他∧切裁员，减工资。

（高级　泰国）

(122) *每【当】中国人听不懂我的话而且我听不懂他们的话∧，我∧受（感）到伤心。（高级　日本）

例（121）应改为"当银行的行情不稳定时他就裁员"，例（122）前一句遗漏了"时/的时候"，后一句遗漏了副词"就"。

从以上分析可以看出，遗漏偏误从初级到高级，数量逐级减少，覆盖介词的范围也逐级缩小，但它始终是数量最多的一种偏误。在所有的介词中出现此类偏误数量最多，持续时间最长的是"从$_1$"和"当"，原因是它们的使用涉及到介词框架、副词等的搭配使用，学生稍不注意就会遗漏。因此，在各阶段教学都要注意。其他时间介词由于使用数量都较少，而且没有"从$_1$"、"当"和"在$_1$"那样有较多的介词框架和副词搭配规则，所以遗漏的偏误相对较少。到高级阶段几乎都没有遗漏偏误出现，仅需在初、中级阶段的教学中加以注意。

三、误加

误加偏误共出现29例，占所有偏误的13.4%，从数量和比例上看，都不是典型的偏误。

1. 在初级阶段，误加偏误出现13例，占初级阶段所有偏误（110例）的11.8%，覆盖了"从$_1$、在$_1$、当、临"四个介词。其中含"从$_1$"的用例有9例，占了"从$_1$"在初级阶段偏误总数（82例）的10.97%。大部分是误加了时间介词"从$_1$"，如：

(123) *经济发展了，【从】目前比以前变化得很多。（初级　老挝）

(124) *我【从】第一次住在外面，我的家离学校很远，所以没有韩国人。（初级　韩国）

剩下的4例是含"在$_1$、当、临"的用例，也多是介词或助词的误加，如：

(125) *那时我已【在】大学毕业上班了。（初级　韩国）

(126) *【当】我住过的家是chaoxianzu的宾馆。（初级　韩国）

(127) *【临】了考试以前他生病了。（初级　尼泊尔）

2. 在中级阶段，误加偏误出现了9例，数量是比初级下降了，但所占的比例却升为 13.4%，这说明误加偏误下降的幅度不大，不如上文分析的错序和遗漏。覆盖"从₁、在₁、当、自"等四个介词。这说明误加偏误是相对来说比较难纠正的偏误。

其中"从₁"出现了 5 例，占"从₁"在中级阶段偏误总数（43 例）的 11.63%。依然多是"从₁"的误加，如：

(128) *【从】以前，对中国的历史和文化有兴趣，所以开始学习汉语。（中级　美国）

(129) *所以【从】小的时候我跟爸爸和妈妈一起去旅行。（中级　韩国）

剩下的 4 例是"当"、"在₁"和"自₁"的用例，都是介词的误加，如：

(130) *【当】我开始上高中那年，奶奶过世了。（中级　越南）

(131) *【自】三十多年以来，在西方，东方的文化非常流行。（中级　加拿大）

3. 在高级阶段，误加偏误出现 7 例，数量比中级也有所下降，但所占比例却升为 17.5%。依然覆盖四个介词，它们是"从₁、当、自₁、自从"，这说明误加偏误从数量上虽不是典型的偏误类型，但从发展趋势上看，的确比较难纠正，是比较顽固的一种偏误类型。

其中含"从₁"的用例有 4 例，占了"从₁"在高级阶段偏误总数（24 例）的 16.66%。也都是"从₁"的误加，如：

(132) *【从】以前每次我有烦恼，有问题的时候，给我出主意，安慰我，激励我。（高级　日本）

(133) *【从】我童年在我们家的照相册里有了一个年青的陌生人的照片。（高级　蒙古）

剩下的 3 例分别是"当、自₁、自从"的用例，也都是介词的误加，如：

(134) *【当】我来中国的最后一天是无可忘记的。（高级　澳大利亚）

(135) *我听说，【自】150 年以来，这是最热的夏季，太阳真毒，晒得人热辣辣的。（高级　乌克兰）

(136) *【自从】我的希望是毕业以后我就是一个象她那么好的老师。(高级 罗马尼亚)

误加偏误在各级的数量虽然不多,但它覆盖的介词数量多,说明大部分介词都有产生误加偏误的可能。学生之所以很容易误加时间介词,原因就是他们对时间介词的具体用法掌握不好,不知道具体时间介词的使用环境,导致不该用的地方误用。这是目的语规则泛化性的偏误,不容易纠正。

四、误代

误代共出现47例,占所有偏误的21.71%,数量和比例都占第二位,也属于比较典型的偏误。

1. 在初级阶段,误代共出现13例,占初级阶段所有偏误(110例)的11.8%,有"从$_1$、当、在$_1$、临"四个介词出现此类偏误。其中含"从$_1$"的用例有10例,占了"从$_1$"初级阶段偏误总数(82例)的12.19%,都是介词框架成分的误代或时间介词本身的误代,如:

(137) *我【从】那起一直忘不了。(初级 韩国)

(138) *【从】小时候我不能提出来我的意见或放法,我比须按照爸爸和我们国家社会的规定住。(初级 巴巴多斯)

例(137)是学生受"从那以后"影响产生的偏误,把"那"换成"那时"或把"起"换成"以后"都可以。例(138)是用"从"误代了"在"。

剩下是"当、临、在$_1$"等都用例很少,也都是介词框架中成分的误代,如:

(139) *【当】孩子时间,我看中国的电视和电影很有意思。(初级 韩国)

(140) *【临】行坐飞机的时爸爸说注意健康,你打算的事都做吧!(初级 韩国)

例(139)应改成"当孩子的时候……",例(140)应改为"临行坐飞机的时候……"。

2. 在中级阶段,误代共出现21例,数量有所增加。覆盖的介词增加到5个,它们是"从$_1$、在$_1$、自$_1$、自从、于$_1$"。同时,误代在中级阶段偏误中所占比例也有所增加，上升为31.31%。跟遗漏偏误的比例拉近了很多，说明误代这种偏误是一种发展性偏误，不会随学习阶段上升而减少，反而会增加。

其中"从$_1$"占了10例，占"从$_1$"中级阶段偏误总数（43例）的23.25%，也多是介词本身或介词框架成分的误代，如：

（141）*所以，有的学生【从】高中的时候也不学数学。（中级　韩国）

（142）*【从】跟他找房子的时间暗暗地发现了他的真面目。（中级　日本）

例（141）是用"从"误代了"在"，例（142）是用"时间"误代了"时候"。

"在$_1$"的误代偏误在中级阶段增加到7例，占了"在$_1$"中级阶段偏误总数（12例）的58.33%，成为"在$_1$"中级阶段典型的偏误形式。大部分是用"中"误代了"时"与"在$_1$"构成介词框架，学生此类偏误是受空间介词"在"的用法影响所致。如：

（143）*【在】下雪中一个人去散步真好。（中级　日本）

（144）*我【在】南京生活中得了病，那时候我很难受。（中级　韩国）

剩下的4例是"自$_1$、自从、于$_1$"的用例，有介词的误代，也有介词框架成分的误代，如：

（145）*妈妈，【自从】我出国留学时，这是我第三次给您写信。（中级　越南）

（146）*【于】这段时间之内人从孩子发展成一个大人，大人的性格基本特点得到形成和改变。（中级　俄罗斯）

例（145）应把"时"改成"以来"，例（146）应把"于"改成"在"。

3. 在高级阶段，误代共出现13例，比中级阶段减少了，跟初级阶段数量一样。但是在高级阶段所有偏误中占了32.5%，几乎跟遗漏偏误差不多了。有三个时间介词"从$_1$、在$_1$、于$_1$"出现此类偏误。在偏误数量随学习阶段升高而降低的背景下，误代偏误出现的这种反复，说明误代是学生极易出现而且不易纠正的偏误。

其中"从$_1$"有6例，占了"从$_1$"高级阶段偏误总数（24例）

的25%。几乎都是用"从"误代了"在",如：

(147) *这古事,大部分的小孩子都知道,我也【从】小时候已经看过的。(高级　韩国)

(148) *我母亲【从】小时候也没过生日,她每天都一边忙工作一边忙家务。(高级　越南)

说明学生极易把"从₁"的用法泛化到"在₁"的用法中。

"在₁"也有6例,占了"在₁"高级阶段偏误总数的75%。多是介词框架方面的误代,如：

(150) *【在】秋天中最使人注意的是罗马尼亚的风景。(高级　罗马尼亚)①

(151) *我【在】寒假之间天天过这种生活。(高级　日本)

像例(150)误用了"在……中"介词框架的有4例,都应该改为"在……时"。这主要是受表空间的"在₂"构成的介词框架"在……中"使用的影响。例(151)也是受空间介词用法的影响,应该把"之间"改为"时/期间"。

"于₁"的误代出现一例,跟中级阶段一样,不再赘述。

综上所述,时间介词的偏误有以下规律：① 遗漏是时间介词出现数量最多的一种偏误,占了时间介词所有偏误的一半以上。虽然此类偏误的数量随学习阶段提升而减少,但它在每一学习阶段都是数量最多的一种偏误。遗漏偏误主要出现在"从₁"、"当"、"在₁"等有介词框架的介词上。所以,介词框架的构成规则教学显得十分重要。② 误代偏误的数量居第二,它在三个学习阶段的数量呈"U"型分布,且所占比例逐级升高,这说明误代是一种很难纠正的偏误。尤其是到了中、高级阶段,"从₁"和"在₁"的误代、表空间的"在"与表时间的"在₁"的介词框架之间的误代十分严重,应该引起高度的重视。③ 误加偏误的数量虽然是逐级减少的,但其在各级所占的比例也是逐级升高的,说明学生对这种偏误纠正的速度不理想。而且它覆盖的介词数量是几类偏误中最多的,学生极易把不该

---

① 此例解释为"中"误加也是可以的。像这样一个错句可能有不止一个改正方法的情况在学生的偏误用例中并不少见。我们的分析原则是按照学生的使用思路进行分析。我们之所以把例(151)分析为误代,是因为学生想用介词框架,但使用得不当。此处用介词框架与不用介词框架都是可以的,所以学生应该不存在是否选用介词框架的问题。

用时间介词的地方用时间介词。④ 错序的数量不多，且多集中在初级阶段和"从$_1$"、"在$_1$"两个介词上，不是典型的偏误形式。这些偏误规律对于时间介词的日常教学是很有借鉴价值的。

第五节　分级排序及教学建议

从以上的考察可知，时间介词并不是学生习得的难点，毕竟这是与他们的生活密切相关的、在日常交际中出现频率很高的语言项目。上文已通过使用频率和正确率的考察，得出中介语中时间介词的难度等级和习得顺序大致可以分为三个阶段：

（1）难度较低，在初级阶段习得的时间介词有：当、在$_1$、临、趁、离$_1$。

（2）难度中等，在中级阶段习得的时间介词有：从$_1$、于$_1$。

（3）难度较高，未习得的时间介词有：自$_1$、打$_1$、自从。

下面看一下对外汉语教学大纲和教材对时间介词的编排情况：

《高等学校外国留学生汉语教学大纲（长期进修）》（2002）的词表中没有区分时间和空间介词，它列入一年级的时空介词有：从、当、离、在、趁、自、自从，列入二年级的时空介词有：打。《高等学校外国留学生汉语言专业教学大纲》（2001）的词表中的生词有例句，可以判断所列介词的归类，它列入一年级的时间介词有：从$_1$、当、在、趁、自、自从，列入二年级的时间介词有：打。

杨寄洲主编的一年级教材《汉语教程》（1999）在生词表中出现的时空介词不少，但从其对应的课文来看，除了"自从、趁"以外，"在、从、离、自"等都是介引空间成分的用法。陈灼主编的二年级教材《桥梁——实用中级汉语教程》（1996）在生词表中没有列出时间介词。姜梧德主编的三年级教材《高级汉语教程》（1990）在生词表中出现的时间介词有：趁。

可见，教材普遍对于时间介词的设置重视不够，对大纲中设置的时间介词没能在教材编排中加以体现。而大纲对时间介词的编排也没有完全参照外国学生的习得顺序，需要进行适当调整。

所以，结合上文考察所得的习得顺序以及偏误分析的结果，遵

循"急用先学"的原则①,本章对时间介词作出如下教学建议,供大纲的制定、教材的编写和课堂教学参考:

(1) 初级阶段可以教授"当、在$_1$、从$_1$、临、离$_1$、趁"等五个时间介词及"自"置于动词之后的用法。要注意各介词的构句规则教学,避免遗漏偏误。尤其要注意"从$_1$"的遗漏偏误。

(2) 中级阶段再教授"于$_1$"。除了还要注意介词使用中的遗漏以外,还需要讲解清楚各近义时间介词之间的区别,避免误代偏误的发生。

(3) 时间介词"自$_1$(除去置于动词之后的用法)、自从、打$_1$"使用量极低,且有其他介词可替代。所以,可作为扩展内容教学,或让学生在交际中自然习得。

---

① "从$_1$"在日常交际中需求量很大,应该提前教学。

第三章 空间介词习得考察

"空间关系是客观世界里一种基本的存在关系。无论哪种语言，都不可避免地会涉及到空间关系的表达问题。"（崔希亮，2002）不同语言表达空间关系的手段不同，汉语主要是借助介词和方位词来表达。学界历来对空间介词中的典型介词关注较多，成果也很多，比如王还（1957，1980）、王艾录（1982）、范继淹（1986）、郭熙（1986b）、储泽祥（1996）、崔希亮（1996）、邢福义（1997）、张赪（1997，2001）、齐沪扬（1998）、沈家煊（1999）、俞咏梅（1999）、王灿龙（2008）等对"在"的研究，邢福义（1980）、宋秀令（1980）、崔应贤（1981）、张爱民（1982）、周小兵（1983）、白荃（1992）等对"从"的研究等等。但对其他空间介词的研究就很少了，而且目前还鲜有学者把所有的空间介词放在一起，讨论其句法特征的异同点。更没有学者对所有的空间介词进行全面的习得考察，这说明空间介词的系统性考察还有待加强。

第一节 空间介词的界定及句法功能考察

一、空间介词的界定

在汉语中，"时间系统和空间系统是有很强的相似之处和对应关系的，时间介词和处所介词也有很强的对应关系。"（陈昌来，2002），所以有很大一部分空间介词也可作时间介词。这些用法已在第二章中讨论过，本章只讨论介引空间成分的用法。学者们对空间介词界定范围各不相同。刘月华等（2001）列举的空间介词有"在、于、从、自、打、由、朝、向、往、沿着、到"等11个，并进一步指出其中"在、于"表示动作发生的处所，"从、自、打、由"等表示动作行为的起点（"从"还可表示动作通过的处所），"向、往"

表示动作行为的方向,"沿着"表示动作行为所经过的路线,"到"表示动作行为的终点。从刘文的分析可以看出,空间介词还可以下分为几个小类,每个小类表达的语义略有不同,它们基本上是各司其职。陈昌来(2002)在境事介词中分出处所介词,包括所在介词"在、挨、挨着、当、靠、靠着、于",起点介词"从、打、打从、起、由、于、自",经过点介词"从、打、打从、经、经过、经由、起、顺、顺着、循、循着、沿、沿着、由、照、照着",终点介词"到、在、即、至"和方向介词"奔着、奔、朝、朝着、对、对着、厢、隔着、距、距离、离、临、往、望、向、向着"等。陈文对空间介词的划分不仅小类比刘文多,而且所列介词数量也比刘文多。跟他考察的时间介词一样,他所考察的空间介词并不全部都适合对外汉语教学。下面就综合两位学者的分析和大纲的设置,对空间介词的界定作出一些说明:

1. 两位学者都认同"到"为空间介词,我们认为是不妥的。从刘文所举例句"明天,他到上海去办点事"看,此句应该是连动句,"到"看做动词比较合适。陈文所举例"小芳被嫁到了张格庄",分析为结果补语可能比较合适。因为这两种情况都能在汉语语法中找到相关的结构解释,如果把"到"分析为介词,不仅会破坏汉语语法分析的系统性,而且会增加学生的学习负担。而且吕叔湘主编(1980)、张斌主编(2001)等以及各种对外汉语大纲均未把"到"收录为介词,所以本章也不把"到"作为介词讨论。

2. 在《专业大纲》中列有介词"冲",大纲对其语义解释之一是"对着、朝着"。但刘、陈二位学者都没有列入,只有张斌主编(2001)把"冲"列为介词。从语料考察来看,三种语料都有"冲"介引空间成分的用例,故可以把"冲"列入空间介词。

3. 刘文没有列"距、距离、离"这三个介词,而陈文列了。我们认为陈文的列举是合适的,因为这三个介词在语料中都有用例出现。而且从语料考察来看,像介引时间的"距、距离、离"一样,这三个介词在介引空间词语时,也是"离"占绝大多数,"距、距离"只有少数几例,所以本章的考察仍以"离"为代表。

4. 刘文列了"沿着",却没有列"顺着",我们认为是不合适的。从语料考察来看，这两个介词都有用例出现，而且在语义上有着不可替代的功能。在语料考察时发现"沿和沿着"、"顺和顺着"在语义功能上没有区别，在句法功能上差别不大，所以本章也不对它们进行区分。

5. 陈文中列了"对"和"对着"，刘文对这两个词均未列出。傅雨贤、周小兵（1997）指出，表方向的"对"出现频率非常低，表方向的"对"都可用"朝、向、往"来替换。同时指"对着"是一个表方向的介词，"对"一般都可用"对着"来替换，只有当"对"后是单音节词时才不能用"对着"替换。周芍、邵敬敏（2006）也指出"现代汉语中'对'和'对着'已经有了明确的分工……'对'更趋向于引进对象，'对着'更趋向于引进方向。"从语料考察来看，"对"表方向的用例的确非常少，"对着"表方向的用例倒是有一些。因此，本章的空间介词以"对着"为代表，包含少量的"对"。

综合以上分析，我们认为可作为空间介词进行考察的有"在$_2$、于$_2$、从$_2$、自$_2$、打$_2$、由$_1$①、朝$_1$、向$_1$、往、对着、冲$_1$、沿、顺、离$_2$"等14个。

二、空间介词的句法功能考察

结合学者们的讨论，本章所考察的14个空间介词在表义上大体上又可以分为五个小类："在$_2$"和"于$_2$"可归为一类，都是表示动作发生的处所；"从$_2$、自$_2$、打$_2$、由$_1$"可归为一类，都是表示动作行为的起点或经由点；"朝$_1$、向$_1$、往、对着、冲$_1$"可归为一类，都是表示动作的方向；"沿"和"顺"可归为一类，都是表示动作行为经过的路线；"离$_2$"自成一类，表示距离点。这些小类之间表义稍有差异。小类内部的介词一般具有互换性，跨类介词之间一般没有互换性。所以，它们的句法功能各有特点，不能一概论之，需详细描述。

---

① 对于第二章已列入时间介词的空间介词，本章下标数字"2"以示区别。"由"标为"由$_1$"，是因为"由"虽有表时间的用法，但语料中未出现，本章未考察。以后章节中还有"由"的其他用法。

（一）在$_2$

介词"在"最典型的用法是介引空间成分的"在$_2$"，学界讨论的"在"字句也多是介引空间成分的"在$_2$"。下面就在以往研究的基础上讨论一下"在$_2$"的具体用法。

1. 介词短语的构成

因为"在$_2$"是介引空间成分的，表示动作发生的地点，所以能与它构成介词短语的都是可以表空间位置的词语。表空间位置的词语分为两种情况：一种最典型的是地点名词或代词，可以直接跟"在$_2$"构成介词短语，如：

(1) 她没有急着走，又【在】南德住了两天，帮队部办公室顶替她的内勤小梁交待和清理了一些文件。

(2) 我们说："你别走了，就【在】这儿好好睡吧，天马上就要亮了。

一种是表具体事物名称的普通名词，要加上方位词使其具有空间性，才能跟"在$_2$"构成介词短语，如：

(3) 但无论是简单平淡的还是勉强凑合的，【在】安心嘴里无一不绘形绘色，说的比听的还要来劲儿。

(4) 先自己【在】杯子里冲了。

"在$_2$"介词短语中加不加方位词有三种情况：一是不需要用加方位词，这主要是在"在$_2$"加地点名词或代词时，如以上举的例 (1)、(2)，再如：

(5) 真窝囊，前年该评职称了，武坤当了主编，把老头丢【在】一边；

(6) 二十八日，牛月清代表庄之蝶去参加洪江婚礼，礼品十分丰盛，洪江夫妇好不高兴，特将礼品放【在】最显眼的地方。

二是必用加方位词，这主要是后面是一些表具体事物名称的普通名词，请看例句：

(7) 龚小乙上了二楼，急急吸了烟，放平【在】了床上。

(8) 拣一个蟹青色的罐儿【在】手里看了，罐围抠花刻线，嵌有金头大王、无敌将军字样，迭声叫绝。

此时使用方位词是使表具体事物名称的普通名词具有空间性，

比如从"床"到"床上",从"手"到"手里"。

三是可加方位,也可不加方位词,这通常用于"在$_2$"后接"命名性处所词"(储泽祥,1997)时,如:

(9) 她沉重的蹄子声从东响到西像一头大象【在】教室(里)蹒跚漫步。

(10) 十八傍晚,我【在】街边的大酒楼附设的面包房(里)买了一袋叉烧面包,边吃边在便道上溜达,不时瞅两眼不远处的公共汽车站。

此时使用方位词使介词后名词所表示的空间方位更明确,不使用方位词,方位不太明确,但并不影响句义的表达。因此,介词短语中的方位词可以省略。"在$_2$"介词短语中方位词的使用限制是外国学生,尤其是初级阶段外国学生容易出错的地方,应在教学中加以注意。

2. 介词短语的句法功能

"在$_2$"构成的介词短语最重要的句法功能是作状语,置于谓语动词之前[①]。这个谓语动词必须是行为动词,多数带宾语或补语,如:

(11) 于德利把牛大姐的椅子拽过来,椅子腿【在】地板上发出刺耳的摩擦声。

(12) 炕让给他们俩睡,那人就【在】地上站了一夜,很不好意思很过意不去。

若介词短语后的谓语动词没有宾语或补语,一般要用重叠形式或带助词,如:

(13) 她让我带好小熊,呆在旅馆,实在闷了想出去转转的话就【在】附近转转,别走远了,她说她很快就会回来。

(14) 随后就拉了被子垫在头下,只【在】镜里看着。

"在$_2$"构成的介词短语作状语时,还可以置于句首,作全句的状语,如:

---

① 吕叔湘(1980)认为表处所的"在……"可以用在形容词前,从语料考察来看,用例几乎没有,说明这种用法在交际中非常少见,可以不作为主要内容教授,以减轻学生的学习压力。

(15)【在】电车上,丁小鲁小声问于观。
(16)【在】公司里,我力图和所有人友好相处,不露"驸马"相,尊重边晓军。

"在$_2$"构成的介词短语也可以放在谓语动词之后,这个谓语动词也必须是行为动词,单双音节都可以,如:

(17) 她把照片摔【在】我的胸前,我真想给她一巴掌,但我压制住了。
(18) 白度一干人出现【在】唐家屋门口,不同身份的穿着各种制服的人不断往里涌。

但从语料考察来看,邢福义(1997)、张赪(1997)对于"在"前动词的单双音节的考察是准确的:现代汉语中的"在$_2$"的确越来越多地位于双音节动词之后,但相对于单音节动词的比例来说还是低不少。

当"在$_2$"构成的介词短语放在谓语动词之后时,"在$_2$"的后面可以加"了",如:

(19) 爸爸妈妈还是走了,走的时候她妈妈把一尊在清绵有名的圆通寺里开过光的玉石观音挂【在】了安心的脖子上。
(20) 他们都吃了大量的安眠药,好像怕死不了似的,又都吊【在】了厨房的门梁上。

"在$_2$"构成的介词短语在句中也可以作定语,但在语料中的出现频率非常低,只在汉语母语者语料中出现两例:

(21) 铁军虽然【在】《南德日报》的工作也还顺心,但整体上还是客居他乡的感觉。
(22) 铁军陪安心回广屏时就正式结束了【在】《南德日报》的下放锻炼,回到了广屏市委宣传部。

(二) 于$_2$

表空间的"于$_2$"在介词"于"的用法中也占了很大一部分。"于$_2$"虽与"在$_2$"同属一小类,都表示动作发生的地点。但在使用上,"于$_2$"具有自己的特色,有些情况下并不能与"在$_2$"互换。现详细描述如下。

1. 介词短语的构成

"于$_2$"介词短语的构成与"在$_2$"差不多,如果是地点名词可以

直接跟"于₂"构成介词短语,如:
> (23) 方案既定,庄之蝶说:咱这么策划【于】密室,看看桌子下安没安窃听器?
> (24) 他毕业【于】著名的云南大学,是学新闻的,毕业后分到了云南广屏市的市委宣传部,在新闻处当干事。

若是表具体事物名称的名词,要加上方位词才能跟"于₂"构成介词短语,如:
> (25) 阳光耀眼,天已明净的失去透视感,巨幕般垂【于】眼前,硕大的云朵在空中缓缓移动,如丝絮如羊脂。
> (26) 我们在满地绿苔的天井中的湿漉漉的铁桌旁就座时他就坐在我对面高洋旁边,处【于】一束明亮的光线中,……。

另外,"于₂"还可以跟一些抽象名词构成介词短语,可以看作是空间的隐喻,如:
> (27) 事情很明白,我想这是国宁公司要置我【于】死地了!
> (28) 我们受教育一贯是把个人置【于】一种渺小的境地。

2. 介词短语的句法功能

"于₂"构成的介词短语在句中可以作状语,有两个位置:一是位于谓语动词之后,这是"于₂"介词短语最常用的形式。"于₂"介词短语既可以直接置于动词之后,也可以置于动宾短语之后,如:
> (29) 敌人应处【于】你和骑师的正面半径范围内。
> (30) 医生恐惧,弃怪胎【于】垃圾箱,产妇却脱衣包裹而去。

二是位于谓语动词之前,这种用法相当于"在₂",可跟"与₂"互换,在现代汉语中已不多见,如:
> (31) 走出来,【于】昏残的灯光下,看那古槐树上一大片张贴的小广告。
> (32) 在卧房的柜里翻了好大一会,只是些点心、糖果一类,就到老太太房里,【于】壁橱里找出一块花色丝绸来。

以上两例中的"于"都可由"在"和"从"替代。

3. "于₂"和"在₂"、"从₂"的互换关系

"于₂"能换成"在₂"还是"从₂",主要取决于语义:如果是表示动作发生的地点的,有可能换成"在₂",如例(31);如果是表示动作发生的起点的,有可能换成"从₂",如例(32)。

"于₂"的一项重要的句法功能是它构成的介词短语可以置于谓语动词之后,"在₂"虽然也有同样的句法功能,但两者不可无条件互换,如例(23)中的"于"就不可替换成"在"。"从₂"不可置于动词之后,自然也不能与置于动词之后的"于"替换,如例(24)中的"于"虽语义上跟"从"是一致的,也不可替换。但它们可以通过句法变位来实现互换,如例(23)、(24)可改为:

(23′) 方案既定,庄之蝶说:咱这么【在】密室策划,看看桌子下安没安窃听器?

(24′) 他【从】著名的云南大学毕业,是学新闻的,毕业后分到了云南广屏市的市委宣传部,在新闻处当干事。

只有少数的动词,如"处、建、出生"等后的"于₂"可以直接替换成"在₂",如例(25)、(26)和(29)中的"于"都可换成"在"。可见,"在"虽可置于双音节动词之后,但仍受到较多限制。

(三) 从₂

空间介词"从₂"介引的空间成分是动作开始、经过的地点,是表示动作行为起点或经由点类介词的典型代表,无论在哪种语料中它的使用频率都是最高的。

1. 介词短语的构成

能跟"从₂"构成介词短语的词中最常见的是地点名词或代词,如:

(33) 去云南清绵的火车是晚上十一点零五分【从】北京西站发车的,刘明浩把我送到火车站,一直送到了站台上。

(34) 一摞硬壳俄文书搁在过厅地板上,两个人【从】那儿经过都绕过去或跨过去。

如果是只表具体事物名称的名词,要在名词的后面加相应的方位词,才能跟"从₂"构成介词短语,如:

(35) 我放下电话【从】床上起来,迷迷糊糊地去卫生间洗脸。

(36) 那是暑假过后刚开学,那天刮大风,你【从】我们班窗前经过,低着头拎着小马扎,那天全校在操场开批判会。

"从₂"介词短语中方位词的使用规则与"在₂"一样,也有"必用、可用可不用、必不用"三种情况,此处不再赘述。

2. 介词短语的句法功能

像"在$_2$"介词短语一样,"从$_2$"构成的介词短语的主要句法功能是作谓语动词的状语,但与"在$_2$"介词短语不同的是"从$_2$"构成的介词短语只能置于谓语动词之前,不能置于谓语动词之后,如:

(37) 南希【从】窗外收回目光,肘搭在椅子背上问。
(38) 我【从】大槐树底下走过,树上鸦雀无声,我感到某种沉甸甸的分量。

能跟"从$_2$"构成的介词短语搭配的谓语动词必须是表示动作变化的动词,如例(35)、(36),或加上趋向补语,如例(37)、(38)。

"从$_2$"构成的介词短语还可以跟另一个介词短语联用,和这个介词短语一起作谓语动词的状语,这个介词短语多是由空间介词"向"构成的,且要放在"从$_2$"介词短语之后,如:

(39) 火车开了,那对新人【从】车窗里向我们招手。
(40) 我看到那三个警察在人流中迎面缓缓而来,交臂、错肩、走过——我戴着口罩像【从】碉堡的炮眼向外张望。

3. 介词框架的构成

因为"从$_2$"介引的是动作开始或经过的地点,所以它还可以构成"从……到……"介词框架,如:

(41) 但这一晚上我没有去我爸那儿,而是让司机【从】北到南几乎贯穿北京把我一直拉到了靠近南三环的方庄,找到了我以前常来的那座塔楼。
(42) 【从】院门口到楼堂门口有一道石子砌成的甬道,上空横一道铁丝,没有挂洗浆的衣物。

(四) 自$_2$

介引空间成分的"自$_2$"在语义上与"从$_2$"几乎没有区别。但在用法和使用频率上,两者有很大差别,"自$_2$"多用于比较自由的口语体,在书面语中使用得不如"从$_2$"多。

1. 介词短语的构成

从语料考察来看,能跟空间介词"自$_2$"构成介词短语的多是表地点的名词,如:

(43) 如同北京的小保姆大都来【自】安徽、四川，在日本背死人的工作也都由外国人包了。
(44) 现在这声浪来【自】四面八方，仿佛海水在远处决了堤、一波波涌来，……。

当介词短语的构成成分是表具体事物名称的名词时，要在名词之后加方位词，如：

(45) 走近时我听出那声音来【自】身后。
(46) 辞了丈人回来，【自】心里想："宗师说我火候已到，自古无场外的举人，如不进去考他一考，如何甘心？"

2. 介词短语的句法功能

"自$_2$"构成的介词短语只能作谓语动词的状语，有两种情况：一种是放在谓语动词的前面，这样的用例非常少，除了例（46）以外，再如：

(47) 发长十五公分，一触即脱落，脸面表皮全部剥落，五官塌陷变形，断面有皂化现象，颈部【自】第六颈椎处断离，有锯齿状切痕。

"自$_2$"的这种用法完全可以用"从$_2$"替代。

一种是放在谓语动词的后面，这个谓语动词多是"来、发、产"等单音节动词，用例如：

(48) 安德蕾是个以法语为母语的白种姑娘，她来【自】加拿大的魁北克，曾在台湾学了口生硬的"国语"。
(49) 我大哭起来，没有眼泪，发不出声音，但这发【自】心底的恸哭却激活了我的神经和血脉！

这一种用法是"从$_2$"无法替代的，因为"从$_2$"介词短语不能置于动词之后。

3. 介词框架的构成

"自$_2$"不能跟"到"构成介词框架，但能跟"向"、"而"等构成介词框架，如：

(50) 一辆美式吉普【自】西向东疾驶而来。
(51) 一星星五颜六色的光点【自】远而近笔直飞来撞在玻璃上迸裂燃起耀眼的火焰，化为姹紫嫣红水一般沿着光滑的玻璃流淌。

例（50）中的"自"可以替换成"从"，语义不变。例（51）中的"自"不能替换成"从"。

（五）打$_2$

表空间的"打$_2$"在表义和用法上也与"从$_2$"一样，只是"打$_2$"多用于口语，在书面语中用例非常少，用例如：

(52) 您这都是【打】哪儿听来的？

(53) 我不，我告她你听了她的诉说回家就长吁短叹，【打】心眼儿里心疼她。

这些用例中的"打"都可换为"从"，语义没有丝毫变化。

（六）由$_1$

表空间的"由"基本上也相当于"从$_2$"，表示动作开始的地点。其用法与"从$_2$"无异，如：

(54) 先在山门口开个简单会，无非是吹号放鞭炮，【由】法门寺来的祥云大法师宣读慧明为清虚庵监院，再是领导讲话，各寺院代表讲话，各宗教别系的代表讲话，然后才进行佛教上的一套监院升座仪式。

(55) 车子从三环路【由】北向南，开得很快。

在汉语母语者语料中"由$_1$"的使用频度较低，因为"由$_1$"是比较正式的，且受到古汉语影响比较多的空间介词。在教材中尤其是高级教材使用量大，其主要原因是教材中有很多舞台剧的课文，而"由$_1$"常用于舞台说明，如：

(56) 石清【由】中门进。（《高级教程》）

(57) 李太太【由】左门下。（《高级教程》）

这些用例学生在日常交际中很少会用到，下文的习得考察也发现，教材中"由$_1$"这种用法的高输入频率对学生的使用并没有什么影响，这进一步说明缺乏交际需求的语言输入对学生习得没有大的促进作用。

综上所述，可以看出在表动作发生起点的四个空间介词中，"从$_2$"的用法最复杂，是此类介词的典型代表。另外三个要么是多用于口语，要么是在特殊的语言环境背景下使用，这就导致它们在实际使用中处于劣势的状态。

（七）朝₁

介词"朝"的典型用法是表空间的"朝₁"，它与"向₁"、"往"、"对着"、"冲₁"都是指引动作的方向的。

1. 介词短语的构成

能跟"朝₁"构成介词短语的首先是地点名词或代词，如：

（58）冯小刚【朝】暗处一个方向努嘴。

（59）如此十年，我也快不认识我家门【朝】哪儿开了。

但因为"朝₁"是指引动作的方向的，并不是指引动作发生或开始的处所的，所以与"朝₁"联合构成介词短语的成分并不要求一定是处所名词。若是表示事物名称的名词，也不需要加方位词，如：

（60）她回到过厅，看到那摞堆在地板上的俄文书，【朝】李缅宁房间喊："喂，把你的破书搬走，搁在这儿怪碍事的。"

（61）我【朝】服务社看了看，有卖好香蕉的，便买了几簇，拎到门口附近庭园树荫下的石凳上剥阑吃。

"朝₁"的这种用法跟第四章将讨论的表对象的"朝₂"有交叉的现象。可以按构成介词短语的名词性质来区分它们：如果这个名词是表人的名词且不加方位词或其他非表地点的成分可划归对象介词"朝₂"。但是如果其后的谓语动词带趋向补语或是重叠形式，此时的"朝"还应划入"朝₁"。如例（60）中如果把"李缅宁房间"改成"李缅宁"，此时的"朝"为"朝₂"；如果继续把动词也改了，变成"朝李缅宁走来……"，此时的"朝"还应归为"朝₁"比较合适。所有的表方向的空间介词都存在这种交叉现象。之所以会存在这种交叉现象，是因为"方向"和"对象"这两个概念有交叉。在很多情况下，"对象"也可理解成一种"方向"，可以说"对象"是一种特殊的"方向"。

"朝₁"比较特殊的用法是可以直接与方位词构成介词短语，如：

（62）牛都散开了，一心一意地吃草，慢慢地【朝】前去。

（63）吴胖子得意非凡，神气活现，【朝】上问，"还来么？"

2. 介词短语的句法功能

"朝₁"构成的介词短语在句中只能作谓语动词的状语，作谓语的一般是动作动词，如：

（64）可是她马上又跳起来，在齐腰深的水里【朝】上游跑过去,最后弯腰一头扎到水里。
(65) 两个人嘻嘻哈哈在桥头栏杆上挽扭一堆,惹得过往路人都往这边看,夏捷说:咱别闹了,人都【朝】这儿看哩!

3. 其他功能

"朝₁"的后面可以加"着",如:

(66) 在牛月清换鞋要上班走时,仍大声【朝】着书房问:下顿吃什么饭?
(67) 她在一个卖卧房家具的摊位上,正【朝】着远处不知在张望什么,也许仅仅是闲得发呆吧。

"朝₁"加"着"有一定的限制:一是受句中动词的限制,若句中谓语动词使用重叠形式,"朝₁"后不能加"着",如例(61)。二是受介词短语中构成成分的限制,若跟"朝₁"构成介词短语的是方位词,"朝₁"后不能加"着",如例(62)、(63)。

(八) 向₁

空间介词"向₁"也是表示动作方向的,在语料中使用频率较高,在用法上有自己的特色。

1. 介词短语的构成

可以跟"向₁"构成介词短语的有以下几种形式:一是地点名词或代词,如:

(68) 庄之蝶也有心要看看这老者是什么人物,带了孟云房一路风刮一般【向】城北驶来。
(69) 我快步穿过马路【向】街对面电车站走去。

二是表具体事物名称的名词,不需要加方位词,如:

(70) 元豹从容地从地下爬起来,掸土,慢动作地【向】镜头转过来,奔跑……
(71) 他困了,垂着头【向】床走去。

三是人称代词,不过要求句中的谓语动词是具体动作动词,如:

(72) 满头大汗的齐本森喊着我名字边脱湿透的海魂衫边【向】我走来。
(73) 方枪枪两手插在小背心上【向】他弯下腰:谁残酷?

四是方位词,如:

(74) 牛【向】前一蹿,把她扔下来了。

(75) 那个矮壮的帮凶恰好处于安心的正面，尚未反应过来，安心已高高抬起一条腿【向】下劈去。

从以上分析似乎可以得出，"向$_1$"构成的介词短语要比"朝$_1$"构成的介词短语丰富得多。但其实并不是"朝$_1$"的用法比"向$_1$"少，因为以上例句中的"向"都可替换为"朝"。只不过"朝$_1$"在实际语料中的使用远不如"向$_1$"多，可以说，"向$_1$"在很大程度上可以代替"朝$_1$"。语料考察的情况表明，在教学中"朝$_1$"和"向$_1$"也要有所区别。另外，"向$_1$"也有与第四章将讨论的"向$_2$"有交叉关系，区分的具体原则跟"朝$_1$"和"朝$_2$"的区分一样。

2. 介词短语的句法功能

"向$_1$"构成的介词短语多是在句中作谓语动词的状语，有两个位置：一是在谓语动词的前面。动词需带趋向补语或者谓语动词用重叠形式，一般不能用光杆动词，如：

(76) 他抄起桌上的一只沉重的玻璃烟缸紧紧攥在手里【向】吴建新走去。

(77) 我锐利地看她一眼，李白玲脸红了，她把头发【向】后甩了甩。

若是介词短语中带有方位词，因为介词短语已经明确表示了方向，此时的谓语动词可以用光杆动词，无需用补语或重叠形式，如：

(78) 方枪枪悻悻地原地【向】后转，低着头叉着腰无聊地走。

(79) 乔乔继续【向】前走，穿过服务台从另一边楼梯下去。

二是放在谓语动词的后面，此时的谓语动词一般是单音节的动作动词，在语料中未发现双音节动词的例子，如：

(80) 我举起望远镜瞄【向】对面一扇窗户，只见刘会元躺在床上看书，遮着脸一动不动。

(81) 大家放声大笑，互相厮打在一起，把酒杯全摔在墙上地上抛【向】空中。

3. 其他功能

"向$_1$"也可以加"着"，但在汉语母语者语料中没有出现用例，只在教材中出现几例，说明这种用法并不常用，如：

(82) 人们纷纷走上街头，【向】着飞船坠毁的方向默默地哀悼，哀悼……（中级教程）

(83) 最后这一句，悲切高怆，仿佛是他用尽生命全部的余力【向】着苍天呼告！（高级教程）

"向₁"介词短语在谓语动词之后时，"向₁"后可以加"了"，如：

(84) 把我对这个女孩儿的暗恋从幻想推【向】了现实。

(85) 毛杰的不平则鸣转移了醉鬼们的注意力，他们把撒酒疯的目标转【向】了毛杰，他们和毛杰打起来了。

（九）往

介词"往"只能表方向，具体用法如下：

1. 介词短语的构成

"往"可以跟地点名词或代词构成介词短语，如：

(86) 柳月不忍心见人哭丧，忙踏了泥水【往】别处去。

(87) 我抬头【往】那边看了一眼生发现他正看着我。

"往"也可以跟表具体事物的名词加方位词构成介词短语，如：

(88) 他往一个正在烧饭的炉子跟前凑，探头探脑【往】锅里瞅，跟人家搭讪：你做什么饭呢？

(89) 孟云房和周敏就去了厨房，唐宛儿还是立在那里，【往】旋转的电风扇上喷淋茉莉香水。

"往"还可以直接跟方位词构成介词短语，如：

(90) 我夹着皮包跑不开，听见身后一个人很近的喘息声，便猛地【往】下一蹲。

(91) 肖科平扭身【往】外走："你来，帮我收拾东西。"

除此之外，"往"还可以跟抽象名词构成介词短语，这是"往"区别于"朝₁"和"向₁"的一种用法，如：

(92) 别把自己【往】坏处想。

(93) 再【往】本质上说，只是异性相吸的情欲罢了。

另外，在语料中还发现大量"往"跟"回"组成固定搭配的用例，如：

(94) 我不再多问，出于礼貌道了谢，便【往】回走。

(95) 小贩好觉要低了价，想【往】回缩。

加"回"构成介词短语，"朝₁"和"向₁"不是不可以，在口语中人们也会这么说，但在书面语语料中没有发现这样的用例。

2. 介词短语的句法功能

"往"构成的介词在句中主要充当谓语动词的状语,有两个位置:一是在谓语动词的前面,此时谓语动词多数是光杆动词,不需要加任何其他成分,如:

(96) 她一时不知进退,下意识地返回身顺着院墙【往】正门那边走,脑子里并不明确要去正门干什么。

(97) 于观回头【往】这边张望,看见像关在兽房里的猩猩一样扒着玻璃挥舞着手臂的杨重和马青,离开人流向这边走来。

二是在谓语动词的后面,此时的谓语动词一般是单音节的动作动词,如:

(98) 南德,是缅甸金三角罂粟种植区通【往】中国内地和欧美大陆的重要通道,这里发生的犯罪百分之八十和毒品有关。

(99) 文章写成,便化名投【往】北京《文坛导报》。

(十) 对着

"对着"是表空间方向的介词,它和"对"有着比较明确的分工,并不像其他一些介词加"着"不加"着"表义是一样的。这一点傅雨贤、周小兵(1997),周芍、邵敬敏(2006)等都有论述。下面就看一下"对着"的句法功能。

1. 介词短语的构成

"对着"不像"朝₁、向₁、往"那样主要跟地点名词一起构成介词短语,它可以是跟并不表示地点的名词一起构成介词短语,比如指人或指物的名词。因为"对着"语义的特殊性,这些不表示地点的名词跟在"对着"之后,整个介词短语也表示空间方向,如:

(100) 马青【对着】纷纷停下观看的行人声嘶力竭地嚷。

(101) 新娘拉杨重来到场子中间,作欢华尔兹状,二人像两朵大花瓣似地左右开放着,侧脸【对着】镜头笑。

只有当"对着"后接非指人的名词构成介词短语时,"对着"才可换成"对"而且语义保持不变,例如例(101)可变成:

(101′) 新娘拉杨重来到场子中间,作欢华尔兹状,二人像两朵大花瓣似地左右开放着,侧脸【对】镜头笑。

但这样的用例在语料中很少见，说明人们还是倾向于用"对着"来表示方向。

若"对着"后接指人的名词构成介词短语时，"对着"换成"对"后，句子在语义上发生了变化，"对着"表示动作实施的方向，而"对"表示动作实施的对象，试比较例（100）和例（100′）：

（100′）马青【对】纷纷停下观看的行人声嘶力竭地嚷。

例（100）表示马青嚷的方向是那些行人所在的地方，并不一定是嚷给所有行人听的，可能只是嚷给行人中的某一个或某几个人听的。例（100′）表示马青是嚷给那些行人听的。

2. 介词短语的句法功能

"对着"构成的介词短语主要放在谓语动词之前作状语，这个谓语动词可以是光杆动词，也可以加补语或者宾语，如：

（102）牛月清眼光先避了一下，遂【对着】唐宛儿说：哎呀，是宛儿来啦，我也是才回来的。

（103）我去朝鲜三年，只见过一个美国人，在天上，开着架F—86，【对着】我就俯冲下来。

（104）女秘书捧着只文件夹子面无表情地【对着】赵航宇念一份刚收到的电报。

只有当"对"后的名词是表方位、处所的名词时，或介词短语后的谓语动词是具体的行为动词（多数情况下会带补语）时，此时的"对"和"对着"才是等同的，如例（101）和（101′）。

（十一）冲$_1$

介词"冲$_1$"和"对着"在很多情况下表义和用法是一样的，只是"冲"多用于口语，"对着"多用于书面语。

1. 介词短语的构成

"冲$_1$"可以而且主要跟可以表地点的名词构成介词短语，如果这个名词不能表地点时需要加方位词，如：

（105）白度尖声【冲】远处一盏路灯下的西瓜摊喊。

（106）马青【冲】伙房里嚷，伸手从脏得看不清眉眼的女招待手里接过同样脏得都能站起来的抹布大刀阔斧地扫除着桌上的山山水水。

"冲₁"也可加指人的名词构成介词短语,但需要有一定的限制:一种是像例(107)那样,介词短语后的谓语动词是动作动词加趋向补语;一种是像例(108)那样,"冲"后加"着":

(107) 训练结束时,教练突然【冲】我走过来,说:"杨瑞你留一下。"

(108) 杨重【冲着】伙计说,"就你们这么做买卖,买卖好不了。"

2. 介词短语的句法功能

"冲₁"构成的介词短语只能在句中作谓语动词的状语,如:

(109) 主持人捡起红布茫然不知所措,把红布披在自己身上,【冲】台上傻笑。

(110) 我把手搭在女记者肩上,【冲着】相机笑。

3. "冲₁"和"对着"的区别

除了上文提到的"冲₁"多用于口语,"对着"多用于书面语以外。从语料考察来看,"冲₁"在加"着"不加"着"方面也比较自由。"冲₁"的后面一般情况下都可以加助词"着",表义和用法不变,以上的例子中的"冲"都可加"着"。只不过"冲₁"加上"着"后,其表方向的语义更明显,再如:

(111) 动不动就钻进房间照镜子,【冲】着镜子作各种笑。

(112) 丁小鲁哐地把门推开,【冲】着笑嘻嘻坐在屋里的我和刘会元说,"好呵,把我讧去关禁闭,你们几个倒悄悄闷这儿乐上了。"

不过,像例(108)、(112)中"冲着"若替换成"冲"以后,就不再是介引空间成分,而是介引对象成分了。这一用法可参照傅雨贤和周小兵(1997)、周芍和邵敬敏(2006)对"对着"和"对"的描述,它们属于同样的情况。

(十二)沿

"沿"和"顺"是表经由的空间介词,"沿"和"顺"后的成分不是动作将要达到的目的地,而是动作沿途经过的地点。

1. 介词短语的构成

"沿"主要是跟表地点的名词构成介词短语,如:

(113) 有一伙伙穿黄军装的人【沿】操场东西两路步出办

公区。

(114) 她下了山,【沿】公路往城里走,走到一半拦了一辆军队的车子进了城。

还可以跟表具体事物名称的名词构成介词短语,名词后不需要加方位词,此时"沿"后通常加"着",如:

(115) 尽管如此我还是【沿】着车厢走了一遭,辨认清了列车部挂着的标有起始站和终点站的方向牌的字,才从一个敞开的车门上了车。

(116) 她【沿】着长桌,走一步,舀起一勺黄澄澄颤巍巍凝成冻儿的玉面粥,凭空一舞水流星一般摔进空碗,左眼闪一下光芒。

2. 介词短语的句法功能

"沿"构成的介词短语,只能放在句中谓语动词前作状语,如:

(117) 每个小房间或者叫小隔扇里【沿】墙架着凹字形通铺,里边几间女孩住,外面几间住男孩。

(118) 计程车发动了,驶出人圈,颠簸下了马路牙子【沿】着大街驶远。

另外,"沿"后通常情况下都可以加"着",表义不变。如以上各例中的"沿"后都可以加"着"。

(十三) 顺

"顺"的表义和用法与"沿"基本相同。唯一不同的是"顺"可以跟抽象名词构成介词短语。此时,顺也通常要加"着",如:

(119) 其实你注意到了,你还【顺】着她的视线也往我这边看了一眼,不过你不认识我,所以没印象。

(120) 刘明浩见我激动,【顺】着我的话接了一句:"没错,咱们且活呢……"

(十四) 离$_2$

1. 介词短语的构成

"离$_2$"可以跟表地点的名词构成介词短语,如:

(121)【离】床还有一步之遥,她纵身把自己扔了上去,一头栽在床上,吧唧着嘴发出一些近乎吞咽的含混音,很快打起呼噜。

（122）周瑾说，"没想到城里还有这样的路【离】大街那么近。"

也可以跟指人或指物的名词构成介词短语，与"在$_2$"、"从$_2$"等不同的是，这些名词后不能加方位词，如：

（123）老潘【离】电话最近，他走过去，镇定地接起了电话……

（124）另一位【离】毛杰不远的侦察员也看见了这只旅行包，他的目光向安心这边闪电般地扫了一下。

2. 介词短语的句法功能

"离$_2$"构成的介词短语可以位于谓语之前作状语，这个谓语通常是形容词或动词"有"，如：

（125）哪能让你跑动，我那儿【离】阿兰单位近些，我交给她好了。

（126）南德【离】广屏有好几百里地呀。

少数情况下"离$_2$"构成的介词短语可以位于"逃、搬、撤、驶"等单音节谓语动词之后作状语，如：

（127）数年以后，方枪枪家搬【离】29号院，在挪动床时方枪枪看见一块绿色橡皮。

（128）列车开动了，渐渐驶【离】繁华庞杂的城市，旷野的风从窗口猛烈地吹进来。

除了像例（127）、（128）这样在谓语动词之后的"离$_2$"不能用"距、距离"替换以外，其他的用例都能用"距、距离"来替换"离"，语义不变。

第二节 空间介词的频率考察

本节考察空间介词在三种语料——汉语母语者语料（150万）、中介语语料（150万）和对外汉语教材语料（约53万）中的频率分布，进而初步了解外国学生的使用与汉语母语者有何异同，以及教材的出现频率与外国学生的使用频率有何异同，为下文的习得考察奠定一个频率基础。三种语料中14个空间介词的使用频次和使用频率情况请见表3.1。

表 3.1

	汉语母语者使用情况		外国学生使用情况		教材出现情况	
	使用频次	使用频率	使用频次	使用频率	使用频次	使用频率
在$_2$	6845	45.633	5997	39.980	1912	36.075
于$_2$	137	0.913	167	1.113	12	0.226
从$_2$	1208	8.053	664	4.427	340	6.415
自$_2$	22	0.147	33	0.220	10	0.189
打$_2$	6	0.040	3	0.020	5	0.094
由$_1$	6	0.040	5	0.033	39	0.736
朝$_1$	48	0.320	4	0.027	26	0.491
向$_1$	565	3.767	131	0.873	143	2.698
往	989	6.593	93	0.620	200	3.774
对着	68	0.453	13	0.087	28	0.528
冲$_1$	25	0.167	2	0.013	12	0.226
沿	90	0.600	23	0.153	12	0.226
顺	37	0.247	6	0.040	9	0.170
离$_2$	70	0.467	111	0.740	40	0.755
总计	10 116	67.440	7 252	48.347	2 788	52.604

注：汉语母语者及外国学生使用频率＝使用频次/语料总量（150万），教材出现频率＝输入频次/语料总量（53万），表中的频率都是万分位的。

从表 3.1 可以很清楚地看到汉语母语者空间介词的使用量最高，教材次之，外国学生的使用量最低。这说明外国学生空间介词的使用量不足。从使用频率上推测，外国学生可能在回避使用空间介词。为了更直观地看到具体空间介词在三种语料中使用频率的对比，下面把表 3.1 中的频率转化成图 3.1。"在$_2$"在三种语料中的使用量都非常大，跟其他空间介词的反差很大。所以，为了使图表更清晰，"在$_2$"未列入图 3.1。

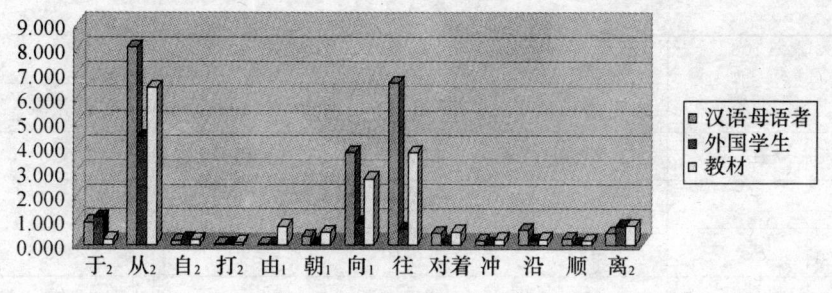

图 3.1

从表 3.1 和图 3.1 可以很清楚地看到不同空间介词在不同语料中的使用频率高低顺序：

汉语母语者空间介词使用频率高低顺序为：在$_2$ > 从$_2$ > 往 > 向$_1$ > 于$_2$ > 沿 > 离$_2$ > 对着 > 朝$_1$ > 顺 > 冲$_1$ > 自$_2$ > 由$_1$、打$_2$。

外国学生空间介词使用频率高低顺序为：在$_2$ > 从$_2$ > 于$_2$ > 向$_1$ > 离$_2$ > 往 > 自$_2$ > 沿 > 对着 > 顺 > 由$_1$ > 朝$_1$ > 打$_2$ > 冲$_1$。

教材空间介词使用频率高低顺序为：在$_2$ > 从$_2$ > 往 > 向$_1$ > 离$_2$ > 由$_1$ > 对着 > 朝$_1$ > 于$_2$、沿、冲$_1$ > 自$_2$ > 顺 > 打$_2$。

以上排序很清楚地反映出：虽然在三种语料中不同空间介词的使用频率差别较大，但每类空间介词中典型介词的使用频率有一致性：无论在哪种语料中表处所的典型介词"在$_2$"的使用频率都是最高的，而且都比其他空间介词高得多。在表动作起始点的"从$_2$、由$_1$、打$_2$、自$_2$"中都以"从$_2$"的使用频率为最高，表示动作方向的"朝$_1$、向$_1$、往、对着、冲$_1$"中都以"往、向$_1$"的使用频率为最高。表示动作经由处所的"沿、顺"中都以"沿"的使用频率为最高。所以，使用频率高的典型空间介词在排序上具有很大的相关性。

第三节 空间介词习得情况考察

一、初级阶段习得情况考察

首先看一下初级阶段外国学生空间介词的使用情况和教材空间介词的出现情况，请看表 3.2：

表 3.2

	外国学生		教材	
	使用频次	使用频率	出现频次	出现频率
在$_2$	2350	47.000	454	40.536
于$_2$	1	0.020	/	/
从$_2$	171	3.420	90	8.036
自$_2$	21	0.420	4	0.357
打$_2$	/	/	/	/
由$_1$	/	/	/	/
朝$_1$	/	/	3	0.268
向$_1$	8	0.160	29	2.589
往	10	0.200	41	3.661
对着	/	/	7	0.625
冲$_1$	/	/	/	/
沿	1	0.020	4	0.357
顺	/	/	2	0.179
离$_2$	43	0.860	22	1.964
总计	2605	52.100	656	58.571

注：外国学生使用频率=总频次/初级阶段语料总量（50万），教材出现频率=出现频次/初级课本总量（11.2万），表中频率均是万分位的。

从表 3.2 可以看出，初级阶段教材有"由$_1$、打$_2$、冲$_1$、于$_2$"等四个空间介词没有出现。而初级阶段学生的中介语中有"由$_1$、打$_2$、朝$_1$、对着、冲$_1$、顺"等六个空间介词没有出现，而且在出现用例的空间介词中"沿、于$_2$"也只出现 1 例，没有达到初现率标准，可视同为没有出现。所以在初级阶段达到初现率标准（emergence criterion）的只有"在$_2$、从$_2$、自$_2$、向$_1$、往、离$_2$"等 6 个，这 6 个分别是空间介词不同小类中的典型代表。

初级阶段不同空间介词的正确率情况请见表 3.3：

表 3.3

	总频次	正确频次	正确率
在$_2$	2350	2108	0.897
于$_2$	1	1	1.000
从$_2$	171	132	0.772
自$_2$	21	21	1.000
打$_2$	/	/	/
由$_1$	/	/	/
朝$_1$	/	/	/
向$_1$	8	5	0.625
往	10	8	0.800
对着	/	/	/
冲$_1$	/	/	/
沿	1	0	0.000
顺	/	/	/
离$_2$	43	36	0.837
总计	2605	2311	0.885

注：正确率＝正确频次/总频次，正确率是百分位的。

从初级阶段空间介词的总体正确率来看，达到了 0.885，是比较高的。这说明从总体来说，初级阶段学生对出现的 6 个空间介词掌握较好。但详细分析到每个空间介词，其情况并不像总体正确率所体现的那样好，还有两个空间介词"从$_2$"和"向$_1$"的正确率在正确率标准（施家炜，1998）以下，介词"往"也才刚刚达到正确率标准。

（一）在$_2$

"在$_2$"在初级阶段就出现 2350 例，使用频率是 47.00。这样的出现频率比汉语母语者、外国学生总体使用频率以及教材出现频率都要高。这与初级阶段外国学生常介绍自己的生活、学习情况有一定的关系，因为他们经常会向别人介绍自己、家人或朋友在哪生活、工作或学习，这些都会运用到空间介词"在$_2$"。据统计，在初级语料中有近四分之一是"在中国……"、"在南京……"这样的用例。初级阶段"在$_2$"的正确率达到了 0.897，说明"在$_2$"对外国学生来说难度并不高，学生掌握得比较好。

在初级阶段出现最多的是"在"加国家或地区名词的用法，如：

(129) 【在】法国我是他的老师。（初级　法国）

(130) 我来南京以前，【在】山东威海学了汉语。（初级　韩国）

初级阶段学生介词"在$_2$"的用例中，"在$_2$"构成的介词短语多在谓语动词之前或整个小句之前作状语，且有一半以上的用例中的谓语动词局限在"学习、工作、生活"三个词，如：

(131) 我来中国三个月了，我【在】南师大学习汉语，现在我已经对中国的生活习惯了。（初级　老挝）

(132) 我来中国以前，【在】韩国的LG公司工作。（初级　韩国）

(133) 我觉得【在】中国生活很有意思，学习汉语不太难。（初级　喀麦隆）

只有216例的介词短语在谓语动词之后，而且这个谓语动词绝大多数都是"住"。其他动词如"放、出生、生长、呆、躺、装"等，全部加起来也不过十几例。如：

(134) 虽然我想家，但是我要住【在】南京，南京的人口很大，所以坐公共气车挤满。（初级　澳大利亚）

(135) 小时候，有一天，我得了感冒，躺【在】床上睡觉。（初级　韩国）

所以，可以看出初级阶段学生的"在$_2$"用例虽然多，正确率也很高。但他们使用的介词短语形式，谓语动词的选择等都比较单调、简单。

（二）从$_2$

"从$_2$"是表动作发生起点或经由点的典型代表，所以它在初级阶段就出现了较多的用例。而跟它有互换关系的"自$_2$"出现较少的用例，"由$_1$"和"打$_2$"根本没有出现用例。这说明语言项目的典型性对外国学生的使用是有一定影响的。"从$_2$"在初级阶段出现171例，使用频率为3.420，这个频率远低于汉语母语者和教材，说明外国学生对"从$_2$"的使用严重不足。而且初级阶段"从$_2$"也只有0.772，说明初级阶段学生在使用"从$_2$"时还存在一定的问题。所以，无论是从使用频率上，还是正确率上来看，"从$_2$"都是初级阶段应该着重注意的一个空间介词。

前文介绍的各种"从₂"的用法在初级阶段都有所体现，现略举两例如下：

(136) 4月29日晚上，我们【从】南京出发去北京。（初级 日本）

(137) 不知哪个人【从】口袋掏出手机。（初级 韩国）

另外有32例使用了"从……到……"介词框架，如：

(138) 【从】车站到爷爷家我们又走了很长时间才到了。（初级 塞拉利昂）

(139) 【从】美国到中国坐飞机坐了差不多一天，因此到了上海的时候我累死了。（初级 美国）

(三) 自₂

"自₂"在初级阶段共出现21例，使用频率是0.42，比外国学生总体使用频率、汉语母语者使用频率及教材出现频率都要高，而且正确率是百分之百。这一超常现象一经分析语料就可以明白其原因。原来初级阶段学生全部使用"来自"这种半固定的形式来介绍他们从何处而来，属于一种格式化的套用，正确率自然高。用例如：

(140) 我来【自】美国，是日本人。（初级 日本）

(141) 除了我们一起来【自】同样的国家的朋友以外，别人都我不认识。（初级 坦桑尼亚）

所以，这样的使用状况并不能完全表明初级阶段外国学生习得了"自₂"。

(四) 向₁

"向₁"是表示动作方向的，用法比较复杂，而且常用于正式文体，在使用上有自己的特色。"向₁"在初级阶段出现8例，使用频率远低于汉语母语者和教材，正确率也只有0.625，这说明"向₁"在初级阶段未达到习得的标准。看一下学生的用例：

(142) 四月二十五日八点钟我们二十几个人坐汽车【向】山东省出发了。（初级 日本）

(143) 我看着他年迈的无腿的身体困难地【向】前爬行着，惊异地忘记了感谢。（初级 德国）

(144) 他扶那个人的时候，一列地铁【向】他们开过来了。（初级 韩国）

可以看出"向$_1$"的几种介词短语的构成方式在初级阶段都有体现，但数量都只有一两例，不足以说明学生掌握了这种用法。除此之外，学生的用例中也没有出现"向$_1$"介词短语用于谓语动词之后和"向$_1$"加"着"的用法。

（五）往

"往"也是表动作方向的典型空间介词，它与"向$_1$"虽在表义上有类似，但在用法上有许多不可替代之处。而且它们在使用中的语体倾向也不同，"往"倾向于用在非正式的口语体，而"向$_1$"倾向于用在正式的书面语体。不过这两个介词在认知难度上差不多，所以在初级阶段"往"也有少量用例出现，共出现10例，其使用频率也远低于汉语母语者和教材，正确率刚达到0.8。习得的情况好于"向$_1$"，但仍不是很理想。

在初级阶段学生的用例中，除了两例是"往"加地点名词构成介词短语以外，其他的都是"往"加方位词构成介词短语，如：

(145) 四月二十五号下午我们从南京【往】西安出发了。（初级　日本）

(146) 一个人说我们应该【往】前走就一定找到很多的水。（初级　美国）

(147) 我们一步一步地【往】上爬，爬不动的时候我们一定休息一会儿。（初级　美国）

另外，还出现了一例"往"介词短语用于谓语动词之后的用法：

(148) 一个春天夜晚，从北京开【往】南京的火车，我躺在卧铺上看一本书。（初级　韩国）

（六）离$_2$

跟汉语母语者语料一样，中介语中的"离$_2$、距$_2$、距离$_2$"三个介词也以"离$_2$"的使用为最多。"离$_2$"在初级阶段出现43例，使用频率是0.86，低于教材的出现频率，但是比汉语母语者的使用频率要高一点。初级阶段的学生，因为刚到中国，所以像介绍生活、学习、人物和地方的文章比较多，上文已经分析过"在$_2$、自$_2$"的使用就受此影响，"离$_2$"同样也会受此影响。所以，初级阶段学生在介绍自己的学习、生活和家乡时，"离$_2$"使用得也比较多，都是"离……远/近"的结构，如：

（149）我住在俄罗斯的远东，【离】中国不远。（初级 俄罗斯）

（150）聊天儿好多了，我才知道他的家【离】这很近，他常常来我学校玩。（初级 越南）

二、中级阶段习得情况考察

首先看一下中级阶段学生的使用情况和教材的出现情况，见表 3.4：

表 3.4

	外国学生		教材	
	使用频次	使用频率	出现频次	出现频率
在$_2$	1 708	34.160	419	32.992
于$_2$	105	2.100	4	0.315
从$_2$	188	3.760	83	6.535
自$_2$	5	0.100	2	0.157
打$_2$	3	0.060	1	0.079
由$_1$	/	/	2	0.157
朝$_1$	2	0.040	7	0.551
向$_1$	36	0.720	25	1.969
往	31	0.620	45	3.543
对着	7	0.140	4	0.315
冲$_1$	2	0.040	3	0.236
沿	10	0.200	1	0.079
顺	2	0.040	/	/
离$_2$	36	0.720	8	0.630
总计	2 135	42.700	604	47.559

注：外国学生使用频率＝总频次/中级阶段语料总量（50万），教材出现频率＝出现频次/中级课本总量（12.7万），频率均是万分位的。

从表 3.4 可以看出，在中级阶段无论是外国学生的使用情况还是教材的出现情况都较初级阶段有改善。尤其是外国学生，除了"由$_1$"仍然没有出现用例以外，其他的空间介词都出现了用例。但是部分介词，如"打$_2$、朝$_1$、冲$_1$、顺"出现频率仍然很低，达不到初现率标准。不过这几个介词在汉语母语者语料中出现频率也非常低，说明这几个介词在日常交际中的需求的确不高。

中级阶段学生的使用的空间介词数量比初级阶段多一些，那么这些介词在中级阶段的使用正确率如何呢？请看表3.5：

表 3.5

	总频次	正确频次	正确率
在$_2$	1 708	1 602	0.938
于$_2$	105	97	0.924
从$_2$	188	163	0.867
自$_2$	5	4	0.800
打$_2$	3	3	1.000
由$_1$	/	/	/
朝$_1$	2	2	1.000
向$_1$	36	33	0.917
往	31	27	0.871
对着	7	7	1.000
冲$_1$	2	0	0.000
沿	10	9	0.900
顺	2	2	1.000
离$_2$	36	33	0.917
总计	2 135	1 982	0.928

注：正确率＝正确频次／总频次，正确率是百分位的。

从表3.5可以看出，中级阶段的总体正确率达到了0.928，比初级阶段有了一定的提高。所以，从总体上说，中级阶段空间介词的习得情况要好于初级阶段。在所有出现的空间介词中，只有"冲$_1$"的正确率为零，其他的正确率都在0.8以上。这说明，分布到具体的介词，中级阶段的习得情况也要远好于初级阶段。

（一）在$_2$

"在$_2$"在中级阶段出现1 708例，使用频率是34.16，比初级降低了，但正确率提高到了0.938，这说明中级阶段学生因为交际需求的变化,"在$_2$"使用量减少,但正确率提高了,说明学生"在$_2$"的习得情况已经有了很大的改善。

"在$_2$"介词短语的构成成分较初级阶段复杂得多,国家或地区名词减少,其他形式名词增多,如:

(151) 他说我们应该表演几个欧洲人【在】湖边骑马、打猎。(中级 罗马尼亚)

(152) 我觉得我不可不去帮他的忙,否则他一定【在】那儿过夜。(中级 意大利)

"在$_2$"在中级阶段的用例中谓语动词的形式也比初级阶段丰富许多,"生活、学习、工作"这三个词的比例在下降,换之的是其他的动词,如:

(153) 因为他们都去了韩国,我【在】中国没有中国朋友。(中级 韩国)

(154) 我【在】杂志上找到了一个好看的发式。(中级 俄罗斯)

"在$_2$"介词短语置于谓语动词之后的用例增多,而且动词形式也更丰富,不再局限于"住",而且双音节动词的使用数量也比初级阶段多,如:

(155) 到了晚上大家不出去玩,围坐【在】火炉前面一边喝茶一边等待春妈妈。(中级 俄罗斯)

(156) 老龙族(抵地居民)占人口的56%,主要生活【在】公河沿岸。(中级 老挝)

总的看来,中级阶段学生对"在$_2$"的使用有了很大的进步,形式也丰富了许多,基本达到了习得的标准。但学生在"在$_2$"的使用方面仍然存在一定的问题,详见下文的偏误分析。

(二) 于$_2$

在初级阶段只出现1例的"于$_2$",但到中级阶段猛增到了105例,远高汉语母语者和教材。而且正确率也达到了0.924。学生似乎在突然之间就习得了"于$_2$",而且掌握情况非常好。这是为什么呢?分析一下语料发现,105例"于$_2$"的用例中,有89例是"位于"的用法,是中级阶段学生大量写游记或描述家乡、景点所致。而且这样格式化的用法自然没有偏误。如果把这89例格式化的用法去掉，只剩下 16 例其他用法，而且其中有 8 例是偏误用例。这样看，"于$_2$"就不是很容易掌握的语法点，它仍然是一个比较难的语法点。不过到了中级阶段，学生已经有了使用"于$_2$"的意识，学生都是使用"动词+于$_2$"的用法，学生的用例如：

(157) 今年我来南京就读【于】南京师范大学中文部门学习汉语。（中级　蒙古）
(158) 我们佛教来源【于】印度，每年的 7 月我们都要带上花油灯和几柱香去寺庙朝拜他。（中级　斯里兰卡）

（三）从$_2$

从中级阶段"从$_2$"的使用数量（188 例）来看，跟初级阶段（171 例）差不多，只比初级阶段多十几例。正确率却有了比较大的进步，从 0.772 增长到了 0.867，说明外国学生对"从$_2$"的掌握正逐步提高。但与汉语母语者和教材的频率对比可以发现，中级阶段"从$_2$"的使用频率仍然比另外两种语料中的频率低很多，说明学生在使用中仍然存在一定的问题。

学生在中级阶段使用的"从$_2$"介词短语比初级阶段丰富一些，如：

(159) 她在那进行研究的有一天，偶然听到了【从】外界来的信号。（中级　韩国）
(160) 电影的故事【从】这里开始。（中级　韩国）

"从……到……"介词框架的使用依然比较多，如：

(161) 【从】东到西穿过就看到很美的风光。（中级　日本）
(162) 城市里有一条河【从】清来到清迈穿过南邦。（中级　泰国）

（四）自$_2$

"自$_2$"在中级阶段只出现 5 例，仍然全部是"来自"的用例，比初级阶段少了很多，这可能受中级阶段学生交际中介绍性话题减少的影响。学生的用例跟初级阶段差不多，不再赘述。

（五）打$_2$

"打$_2$"在中级阶段首次出现，而且仅出现 3 例。从上文的句法功能分析可以看出，"打$_2$"没有十分特殊的句法功能，完全可由

"从₂"代替,唯一的区别是"打₂"常用于口语体。通过语料考察发现,书面语中"打"的介词用法并不多,而且都可用其他介词替代。所以它不是课堂上必须教授的语法项目。

中级阶段学生使用的"打₂"全是"打心里"这样的格式化用法,如:

(163) 但是不顾他的冷淡的样子,亚历山大总是【打】心里对她非常感谢,觉得她给他产生的影响真是无价的。(中级 俄罗斯)

(164) 可还是高兴的心情大,我想【打】心里祝福他。(中级 日本)

(六)朝₁

"朝₁"也像"打₂"一样,突破了初级阶段的零例,但也仅出现了2例,都是正确的:

(165) 随着风刮湖水的浪也不停【朝】着岛边冲来。(中级 越南)

(166) 我们【朝】世界看一下吧。(中级 日本)

因出现数量太少,不具有统计分析的价值。虽然正确率是百分之百,也不能说学生习得了"朝₁"。

(七)向₁

"向₁"在中级阶段的使用数量比初级阶段增加了许多,从8例增加到了36例,正确率也从0.625增长到了0.917,说明中级阶段的学生习得了"向₁"。

中级阶段"向₁"加方位词构成介词短语的用例增加,如:

(167) 到休息前,拾阶而上地爬,【向】上看,还有很多石阶。(中级 日本)

(168) 爬山中可以【向】下看全鸟的自然景观,景色很美丽,而且可以感觉到火山地区的独特的特点。(中级 韩国)

出现了"向₁"在动词后的用法,但这个动词都是"走",用法还比较单一,如:

(169) 还有大学毕业以后,走【向】社会的时候,比如说找工作时一定要看面试。(中级 韩国)

(170) 这个问题有两个方面，第一个就是关于（系）到走【向】［灭］绝的动物……（中级　斯洛文尼亚）

其他各种构成方式的数量也都在增加，类型跟初级阶段一样，此处不再赘述。

（八）往

"往"的情况跟"向$_1$"差不多，使用数量和正确率也都在增加，但是它增加的程度不如"向$_1$"。所以，可以推断出"往"可能要难于"向$_1$"。

中级阶段学生也较多地使用方位词与"往"构成介词短语，如：

(171) 我们【往】下一看，颐和园的昆明湖好像一盆清水。（中级　乌克兰）

(172) 到了卧佛寺，我把自行车放在存车处，然后自由自在地慢步【往】里走。（中级　罗马尼亚）

但用名词与"往"构成介词短语的用例也在增多，有 12 例，如：

(173) 因为我怕寂寞的人，到我【往】南京出发的第二天，他一直陪我度过日子。（中级　日本）

(174) 离开六合塔我们的车【往】城里开去。（中级　越南）

"往"介词短语用在动词之后的也增加到了 4 例，如：

(175) 夏天的清晨，一走近小河就能闻到一阵清香，如果是熟悉这条小河的人，就会赶【往】小河边去欣赏那美丽的荷花。（中级　蒙古）

(176) 我和伴侣在哈尔滨站的前面坐了开【往】平房的小公共汽车。（中级　日本）

（九）对着

"对着"在中级阶段才出现 7 例，正确率为百分之百，这说明学生到了中级阶段才接受"对着"表空间方向的用法，而且掌握得也比较好。在学生的用例中没有出现"对"加地点名词表空间方向的用法。学生的用例全都是"对着"加表人或表地点的名词的用法，如：

(177) 愚公【对】着天说"谢天谢地"。（中级　韩国）

(178) 还有，晚辈们喝酒是不能【对着】对方喝酒，应该身体扭过来喝。（中级　韩国）

（十）冲$_1$

"冲$_1$"在中级阶段出现2例，也是首次出现，而且这两例都是偏误用例，说明到了中级阶段学生对"冲$_1$"表空间方向的用法仍不能理解和掌握。

（十一）沿

"沿"从初级的1例增加到中级的10例，正确率也从零增长到了0.9，说明到了中级阶段学生才习得了"沿"。

学生的使用绝大部分是加"着"的用法，如：

（179）我们没一个人拿着蜡烛【沿】着梯级往下走。（中级 乌克兰）

（180）我们【沿】着货物专用线的铁路到烟筒走路了。（中级 日本）

只有1例是"沿+名词"的用法：

（181）我怕在你回家路上迷路，刚上山的时候，我折树枝扔在地上标了回家的路，你回家的时候，一定【沿】这些树枝下山。（中级 韩国）

（十二）顺

"顺"在中级阶段才出现2例，也都是"顺着"的用法：

（182）在一个宁静的初秋下午，一只雄鹰慢悠悠地展开了翅膀，【顺】着气流飘起来了。（中级 罗马尼亚）

（183）上了岸，我们【顺】着北山向西走去。（中级 蒙古）

上文分析过，"沿"和"顺"是表义和用法都很类似的两个空间介词，但从学生的使用来看，学生更倾向于使用"沿"。这与汉语母语者和教材的使用情况是类似的。

（十三）离$_2$

"离$_2$"在中级阶段出现36例，跟初级阶段差不多，只是略少几例，但正确率从0.837提高到了0.917，说明"离$_2$"是学生比较容易掌握的一个空间介词。

三、高级阶段习得情况考察

这一节看一下高级阶段学生对空间介词的习得情况，首先看一下表3.6"外国学生和教材空间介词的使用频率考察"：

表 3.6

	外国学生		教材	
	使用频次	使用频率	使用频次	使用频率
在$_2$	1 939	38.780	1 039	35.704
于$_2$	61	1.220	8	0.275
从$_2$	305	6.100	167	5.739
自$_2$	7	0.140	4	0.137
打$_2$	/	/	4	0.137
由$_1$	5	0.100	37	1.271
朝$_1$	2	0.040	16	0.550
向$_1$	87	1.740	89	3.058
往	52	1.040	114	3.918
对着	6	0.120	17	0.584
冲$_1$	/	/	9	0.309
沿	12	0.240	7	0.241
顺	4	0.080	7	0.241
离$_2$	32	0.640	10	0.344
总计	2 512	50.240	1 528	52.509

注：外国学生使用频率＝总频次/高级阶段语料总量（50万），教材出现频率＝出现频次/高级课本总量（29.1万），频率均是万分位的。

从总体来看，外国学生高级阶段空间介词的使用频率跟教材的出现频率差不多，也比中级阶段的使用频率提高了。在高级阶段只有"打$_2$"和"冲$_1$"两个介词没有出现用例，除此之外，其他的空间介词在高级阶段的使用数量都有了明显的增加。

高级阶段各空间介词的正确率情况，请见表3.7：

表 3.7

	总频次	正确频次	正确率
在$_2$	1 939	1 829	0.943
于$_2$	61	48	0.787
从$_2$	305	276	0.905
自$_2$	7	7	1.000

续表

	总频次	正确频次	正确率
打$_2$	/	/	/
由$_1$	5	4	0.800
朝$_1$	2	2	1.000
向$_1$	87	83	0.954
往	52	51	0.981
对着	6	6	1.000
冲$_1$	/	/	/
沿	12	11	0.917
顺	4	3	0.750
离$_2$	32	29	0.906
总计	2 512	2 349	0.935

注：正确率＝正确频次/总频次，正确率是百分位的。

从表3.7可以看出，高级阶段空间介词的正确率是比较高的，除了没有出现用例的2个空间介词外，只有2个空间介词的正确率在0.8以下。所以，从正确率来看，高级阶段学生的使用情况是比较理想的。

（一）在$_2$

"在$_2$"在高级阶段出现1 939例，使用频率跟总体水平接近，正确率也达到了0.943，说明学生对"在$_2$"的使用达到了习得后的稳定期。"在$_2$"的用例情况也没有什么新的变化，因为在中级阶段各种用法均已出现，此处不再赘述。

（二）于$_2$

"于$_2$"在高级阶段出现61例，比中级阶段少了很多。这主要是因为"位于"这样的用法大量减少了，在语料中只出现36例。如果除去"位于"的用法，高级阶段"于$_2$"其用法的用例还有25例，比中级阶段增多几例。但从正确率来看仍然比较低，这说明外国学生到了高级阶段对"于$_2$"的掌握情况还很不好。"于$_2$"是外国学生最易产生偏误的一个空间介词。

（三）从$_2$

"从$_2$"到高级阶段的使用数量（305例）比中级阶段又有了增加，

说明"从$_2$"在三个学习阶段的使用数量是稳步增长的。不光是数量，"从$_2$"的正确率到高级阶段也增长到了 0.905，达到了比较理想的状态。学生用例情况跟中级阶段类似，没有新的变化，此处不再赘述。

（四）自$_2$

"自$_2$"在高级阶段出现 7 例，比中级阶段多了 2 例，也没有偏误用例。学生的用例中有 6 例仍然是"来自"的用法，如：

(184) 我来【自】古巴，但很多人，尤其是外国人叫它："永久【夏】天的古巴"。（高级　古巴）

(185) 我漫漫地认识很多不同国家的人，而且他们母语也不一样，可是最好笑的是在一起的时候不管你来【自】什么国家的，你还是说汉语。（高级　塔吉克斯坦）

只有 1 例是"自$_2$"构成的介词短语放在动词之前的用法：

(186)【自】南方飞回来的鸟开心地开始唱春天的歌儿，叫整个自然醒过来。（高级　俄罗斯）

（五）由$_1$

"由$_1$"到了高级阶段才出现用例，其用例数也只有 5 例。上文分析过，"由$_1$"与"从$_2$"有互换性，"由$_1$"空间介词的用法无独特之处，在所有语境下"由$_1$"都可由"从$_2$"替换。所以，只有在高级阶段，学生对汉语的知识掌握得比较好的情况下，为了行文的丰富性才会选用"由$_1$"，而且使用它的多是日韩学生。例如：

(187) 在堤坝的最高处朝东望能看到素养湖，又朝西望能看到【由】素养坝流出下去的素养江都很美观。（高级　韩国）

(188) 我在大阪（关西）最大的批发市场搬海鱼：【由】全国各地集合起来的鱼和海鲜都运送到这里。（高级　日本）

（六）朝$_1$

"朝$_1$"在高级阶段仍然只出现 2 例，也都是正确用例：

(189) 在堤坝的最高处【朝】东望能看到素养湖，……都很美观。（高级　韩国）

(190) 又【朝】西望能看到由素养坝流出下去的素养江，都很美观。（高级　韩国）

这都是"朝$_1$"加方位词构成介词短语的用法，"朝$_1$"加地点名词构成介词短语的用法没有出现，说明外国学生对"朝$_1$"的习得不稳定。

（七）向$_1$

"向$_1$"也是使用数量稳步增长的空间介词，到高级阶段增长到了87例，正确率也达到了0.954。虽然高级阶段外国学生"向$_1$"的使用频率仍低于汉语母语者水平，但综合起来看，也可以说"向$_1$"进入了稳定期。

除了在初、中级阶段就已大量使用的用法外，高级阶段"向$_1$"介词短语位于动词之后的用法也增加了很多，如：

(191) 在通【向】莫愁湖后门宽阔的马路两旁种着大片碧绿的青草，夕阳照耀在它们身上，给它们披上了一层金色的薄膜，使它们更加可爱。（高级　韩国）

(192) 第二天，我带了辞职表，半阴半阳的走【向】小丽的办公室。（高级　也门）

（八）往

"往"在高级阶段出现52例，比中级阶段有所增多，而且正确率增加到了0.981，习得情况非常好。从用例看，也跟中级阶段差不多，此处不再赘述。

从三个学习阶段的考察来看，对"往"、"向$_1$"两个介词，外国学生更倾向于使用"向$_1$"，这与汉语母语者及教材正好是相反的。

（九）对着

"对着"在高级阶段出现6例，正确率依然是百分之百，跟中级阶段的情况差不多，这说明"对着"的用法学生掌握的可能比较晚，但一旦了解之后，就基本不会犯什么错误。

（十）离$_2$

"离$_2$"在高级阶段出现32例，其使用频率比汉语母语者和教材都高。正确率是0.906，不比中级阶段高。说明学生在"离$_2$"的使用上一直存在问题。主要是受其他介词影响产生的误代偏误，详见下文偏误分析。

（十一）沿

"沿"在高级阶段出现12例，正确率是0.917，跟中级阶段差不多，这说明学生对"沿"的掌握比较稳定。

(十二) 顺

"顺"在高级阶段出现 4 例，用例数仍然很少。由此证明外国学生更倾向于使用"沿"而很少使用"顺"。这种情况跟汉语母语者及教材差不多。

四、三阶段习得情况纵向对比分析

首先来看一下三个学习阶段不同空间介词外国学生使用频率和正确率的变化情况，请看表3.8：

表 3.8

	使用频率				正确率		
	汉语母语者	初级学生	中级学生	高级学生	初级学生	中级学生	高级学生
在$_2$	45.633	47.000	34.160	38.780	0.897	0.938	0.943
于$_2$	0.913	0.020	2.100	1.220	1.000	0.924	0.787
从$_2$	8.053	3.420	3.760	6.100	0.772	0.867	0.905
自$_2$	0.147	0.420	0.100	0.140	1.000	0.800	1.000
打$_2$	0.040	/	0.060	/	/	1.000	/
由$_1$	0.040	/	/	0.100	/	/	0.800
朝$_1$	0.347	/	0.040	0.040	/	1.000	1.000
向$_1$	3.767	0.160	0.720	1.740	0.625	0.917	0.954
往	6.593	0.200	0.620	1.040	0.800	0.871	0.981
对着	0.453	/	0.140	0.120	/	1.000	1.000
冲$_1$	0.167	/	0.040	/	/	0	/
沿	0.600	0.020	0.200	0.240	/	0.900	0.917
顺	0.247	/	0.040	0.080	/	1.000	0.750
离$_2$	0.467	0.860	0.720	0.640	0.837	0.917	0.906
总计	67.467	52.100	42.700	50.240	0.887	0.928	0.935

从表3.8可以看出，外国学生空间介词的使用频率在三个学习阶段的变化呈"U"型变化趋势，正确率呈逐级增加的变化趋势，证明外国学生空间介词的习得是逐渐变好的。

"在$_2$"和"从$_2$"无论在哪一个学习阶段的使用频率都是排在前

两位的,它们也是两类空间介词的典型代表,在日常交际中需求量很大。其中"在$_2$"的正确率最高,在初级阶段就达到了 0.897,到中、高级阶段都超过了 0.9,可见其难度很低;"从$_2$"在初级阶段的正确率才 0.772,到中、高级阶段虽都超过了 0.8,但相对于其他介词的正确率,"从$_2$"一直都是排在后几位的,说明"从$_2$"的难度较高,学生在学习过程中很容易出现偏误。

"于$_2$"跟"在$_2$"是同属一个小类的空间介词,它的使用频率远不及"在$_2$",在中、高级阶段使用频率较高的原因上文已作过分析:是学生重复使用同一格式造成的。它的正确率不是递增的,而是递减的。而且上文也分析过,如果把"于$_2$"的格式化用法删除,其正确率将非常低。所以,不能完全按照表面数据统计对"于$_2$"进行难度考察,应以中介语中的实际情况进行分析。从中介语的详细考察看,实际上"于$_2$"的难度系数非常高,属于未习得的介词。

"自$_2$"跟"从$_2$"同属一个小类,两者的使用频率差别很大。从上文分析可以看出,"自$_2$"也多是"来自"这样格式化的用法。所以"自$_2$"的使用频率又要大打折扣。从正确率看,"自$_2$"在初、高级阶段的正确率都是 1,中级阶段也达到了 0.8,这说明学生对"自$_2$"的使用没有太大的问题。综合来看,它的难度不算高。与"从$_2$"和"自$_2$"同类的"打$_2$"和"由$_1$"使用极不稳定,说明这两个介词的难度较高。

"朝$_1$、向$_1$、往、对着、冲$_1$"这 5 个表动作方向的空间介词中,"向$_1$"和"往"的使用频率接近,而且使用频率和正确率都是逐级增加的,说明这两个介词的难度相当,只是在初级阶段"向$_1$"的正确率远低于"往",说明在初级阶段学生对"向$_1$"的掌握不好。"对着"和"朝$_1$"虽然出现较晚,使用频率较低,但它出现以后的正确率都是 1,说明"对着"和"朝$_1$"对中、高级阶段学生来说没有难度。"冲$_1$"只在中级阶段出现用例,而且正确率为零,说明"冲$_1$"的难度最高,学生根本没有习得。

"沿"和"顺"这两个表示途经地点的空间介词在使用上也有明显的倾向:"沿"在初级阶段就有用例出现,但正确率为零。以后的用例逐级增多,正确率也很高。中级阶段的学生就习得了"沿"。而"顺"在初级阶段没有出现用例,中、高级阶段出现用例了,但数量很少,而且正确率不稳定,这说明"顺"的难度远大于"沿"。

"离$_2$"在三个阶段的使用频率和正确率都不低,说明"离$_2$"的难度很低,在初级阶段就已习得。

综合以上分析,可以得出中介语中空间介词的难度等级和习得顺序:

1. 难度最低,在初级阶段习得的空间介词有:在$_2$、自$_2$、往、离$_2$。
2. 难度中等,在中级阶段习得的空间介词有:从$_2$、朝$_1$、向$_1$、对着、沿、顺。
3. 难度很高,学生未习得的空间介词有:打$_2$、于$_2$、由$_1$、冲$_1$。

第四节 空间介词偏误分析

本节讨论外国学生在习得过程中的偏误情况,请看表3.9:

表 3.9

	初级		中级		高级		总计
	频次	比例	频次	比例	频次	比例	
在$_2$	242	0.823	106	0.693	110	0.675	458
于$_2$	/	/	8	0.052	13	0.080	21
从$_2$	39	0.133	25	0.163	29	0.178	93
自$_2$	/	/	1	0.007	/	/	1
打$_2$							
由$_1$	/	/	/	/	1	0.006	1
朝$_1$							
向$_1$	3	0.010	3	0.020	4	0.025	10
往	2	0.007	4	0.026	1	0.006	7
对着							
冲$_1$	/	/	2	0.013	/	/	2
沿	1	0.003	1	0.007	1	0.006	3
顺	/	/	/	/	1	0.006	1
离$_2$	7	0.024	3	0.020	3	0.018	13
合计	294	1.000	153	1.000	163	1.000	610

注:比例 = 偏误数/某一阶段偏误合计数。

单从偏误数量上来看,各级学生都是"在$_2$"的偏误最多,"从$_2$"占据第二位。同时,这两个介词的使用数量也是最多的,这正印证了 Schachter(1974)的讨论"学生用得越多,产生的偏误也就会越多。"综合三个学习阶段的偏误,总例在 10 例以上的还有"于$_2$"、"向$_1$"和"离$_2$",结合上文的分析"向$_1$"和"离$_2$"的偏误是习得过程中的正常现象,并不能说明这两个介词的难度很高。"于$_2$"的情况就大不一样,如果去除"于$_2$"中格式化用法后,就会发现,其偏误占了所有用例的一半,说明"于$_2$"是外国学生较难习得的一个介词。另外三个没有出现偏误用例的"打$_2$"、"朝$_1$"和"对着",以及只出现 1 例偏误用例的"由$_1$"、"自$_2$"和"顺",也不能因为它们没出现偏误用例或只有 1 个偏误用例就认为它们是最容易的介词,还是要结合上文使用频率和正确率的综合分析来区分它们,比如"对着"对中高级阶段学生来说是容易的,但对初级阶段学生来说,还不易接受。"打$_2$"和"朝$_1$"本身的用例就非常少,而且它们都有相关介词可以替代,所以不能排除学生模仿使用和回避使用的可能。"由$_1$"、"自$_2$"和"顺"的情况跟"打$_2$"和"朝$_1$"类似。所以,是不能单从偏误数量上来讨论外国学生的习得状况的。学生的偏误出现的频率高,一方面说明相关的语言点对学生来说是难的,另一方面通过偏误类型的分析,也可以知道学生产生偏误的类型和原因,对教学有一定的帮助。

不同学习阶段四种常见偏误类型的分布情况,请见表 3.10:

表 3.10

	错序		遗漏		误加		误代		合计
	频次	比率	频次	比率	频次	比率	频次	比率	
初级	130	0.445	120	0.411	24	0.082	18	0.062	292
中级	32	0.209	82	0.536	22	0.144	17	0.111	153
高级	17	0.104	109	0.669	23	0.141	14	0.086	163
总计	179	0.294	311	0.512	69	0.113	49	0.081	608①

注:比率=偏误频次/某一学习阶段偏误频次合计。

---

① 在偏误用例中有两例无法归类,故未记入。

从表9可以看出，空间介词的偏误总量并不是很明显地随年级的增高而逐级降低。除了初级到中级有明显的降低以外，中级到高级的偏误不但没降，反而增多了，这说明空间介词的偏误到了高级阶段仍然是学生在使用中常犯的。从偏误类型的总体分布来看，空间介词最典型的偏误类型是遗漏，在三个学习阶段偏误中所占的比例逐级升高。其次是错序，它只在初级阶段出现较多，中、高级阶段下降很快。误加和误代数量都不多，所占比例也比较低，不是空间介词的典型偏误形式。

（一）错序

1. 初级阶段

在初级阶段错序出现130例，占初级阶段所有偏误的0.445，是初级阶段数量最多的一种偏误类型。出现此类偏误的有"在$_2$、从$_2$、离$_2$、向$_1$"等四个空间介词。

其中"在$_2$"有113例，占初级阶段"在$_2$"所有偏误用例数（242例）的0.467，这说明错序是"在$_2$"在初级阶段的典型偏误。学生的错序偏误主要是"在$_2$"介词短语和谓语动词之间的错序，学生往往把不该放在谓语动词之后的介词短语放到了介词短语之后，操各种语言的外国学生都会产生这样的偏误，而且数量很多，如：

(193) *她的工作很忙，她不停地参加很多展览【在】法国。（初级　法国）
(194) *所以我一定学习汉语【在】中国。（初级　韩国）
(195) *他学习【在】南京师范大学。（初级　越南）
(196) *我不喜欢早起床，但是我爱出去散步【在】大学。（初级　美国）

以上四例应分别改为：

(193′) 她的工作很忙，她不停地【在】法国参加很多展览。
(194′) 所以我一定【在】中国学习汉语。
(195′) 他【在】南京师范大学学习。
(196′) 我不喜欢早起床，但是我爱出去【在】大学散步。

说明这种偏误在外国学生中是很普遍的一种偏误，教学中应该加以注意。

另外就是一些修饰性成分的错序，数量不多，如：

(197) *一般【在】韩国放假四天。(初级 韩国)
(198) *他们【在】医阮(院)都工作。(初级 澳大利亚)

例(197)中的"一般"应放在介词短语的后面,例(198)中的"都"应该放在介词短语的前面。

"从₂"出现14例,占了"从₂"在初级阶段偏误总数(39例)的0.359,所占的比例也非常高,也主要是介词短语与谓语动词的错序,如:

(199) *我回答:"我吃过了葡萄,偷了【从】妈妈的监(篮)子。"(初级 坦桑尼亚)
(200) *进城【从】我的朋友家有的时候要一个小时左右。(初级 瑞典)

例(199)应改为"……从妈妈的篮子里偷的。"例(200)应改为"从我的朋友家进城。"

还有主语等其他成分与介词短语之间的错序,如:

(201) *【从】山下我们坐车去山上。(初级 韩国)
(202) *每年【从】国外很多游客来到这里,游玩,休息。(初级 吉尔吉斯斯坦)

例(201)中的"我们"和例(202)中的"很多游客"都应该提至介词短语之前。

"离₂"有2例,占"离₂"初级阶段所有偏误数(7例)的0.29。下面是学生的用例:

(203) *我是老挝人,老挝是一个国家【离】中国很近,我的国家是一个太小的国家,面积没有中国这么大,中国的面积比我的国家大四倍。(初级 老挝)
(204) *因为我搬过南京来,所以我们的家【离】太远。(初级 荷兰)

例(203)中,学生连用了三个"是"字句,形成句式上呼应,但第二个"是"字句运用不正确,应该把"是"后的主谓句改成介词短语作定语,即"老挝是一个离中国很近的国家"。例(204)从上下文连贯的角度看,也应改成"离我们的家太远"。不能改成单句正确的"我们的家离得太远",因为这样修改,前后句子就不连贯了。

"向₁"只有1例,占了"向₁"初级阶段偏误总数的三分之一。

这一例偏误是修饰性成分与介词短语之间的错序：

(205) *所以我【向】他们的家连忙地出发了。（初级　韩国）

2. 中级阶段

在中级阶段错序偏误一共出现 32 例，数量下降很多，成为中级阶段数量第二的偏误类型。只有"在$_2$、从$_2$"两个空间介词出现此类偏误。

其中"在$_2$"有 26 例，占了"在$_2$"中级阶段偏误总数（106 例）的 0.245，已经不是中级阶段"在$_2$"的典型偏误了。错序的类型基本全是谓语动词与介词短语的错序，如：

(206) *后来我知道了：他跟家人一起住过【在】俄罗斯 7 年，他的俄语比蒙语好多。（中级　蒙古）

(207) *没想到，我看她和别的男人一起走，我就过去问她这个人是谁，结果她交了男朋友【在】中国。（中级　印度尼西亚）

例（206）应改为"……在俄罗斯住过 7 年"，例（207）应改为"她在中国交了男朋友。"

"从$_2$"有 6 例，占了"从$_2$"中级阶段偏误总数（25 例）的 0.24，比例也有所下降。错序的类型依然是谓语动词与介词短语的错序，以及主语与介词短语的错序，如：

(208) *因为幸福是心里的满足所以幸福开始【从】自己的心里。（中级　韩国）

(209) *【从】医院我回家很晚了。（中级　孟加拉）

例（208）应改为"幸福从自己的心里开始"，例（209）应改为"我从医院回家很晚了。"

3. 高级阶段

在高级阶段错序偏误降到了 17 例，所占比例也下降到了第三位。但出现此类偏误的介词又回到了初级的"在$_2$、从$_2$、离$_2$、向$_1$"四个空间介词。

其中"在$_2$"有 12 例，占"在$_2$"高级阶段偏误总数（110 例）的 0.109，比例非常低了。错序的类型与初、中级一样，都是介词短语与谓语动词之间的错序，如：

(210) *这样的交流方式是【在】日本普遍的。（高级　日本）

(211) *皇宫周围都是森林,有很多猴子走来走去【在】那儿附近。(高级　泰国)

例(210)应改为"……在日本是普遍的",例(211)应改为"……在那儿附近走来走去。"

"离$_2$"在中级阶段没有出现错序的情况,但在高级阶段"离$_2$"的3例偏误中却有2例都是错序,这说明"离$_2$"的错序是容易反复的偏误,学生的用例如:

(212) *因家【离】近他的工地。(高级　韩国)

(213) *但是【离】中国我的家很远,妈妈爸爸已经不在我的身边。(高级　乌克兰)

例(212)应改为"因家离他的工地近",例(213)应改为"但是中国离我的家很远,……"。

"从$_2$"只有2例,仅占"从$_2$"高级阶段偏误总数(29例)的0.068,比例非常低,说明学生此类偏误到高级阶段基本不成问题了。"向$_1$"的错序也只有1例,说明也基本不成问题了。

(二) 遗漏

遗漏一共出现311例,占空间介词所有偏误的0.512,是空间介词的典型偏误形式。而且它在各学习阶段所占的比例是上升的,说明遗漏偏误是空间介词最顽固的偏误。

1. 初级阶段

遗漏在初级阶段出现120例,数量仅次于错序,占初级阶段所有偏误的0.411。它与错序偏误共占了初级阶段整个偏误的0.857,说明错序和遗漏是初级阶段学生最容易犯的错误。不过初级阶段只有"在$_2$、从$_2$"两个空间介词出现遗漏偏误,所覆盖的介词范围比较小。

其中"在$_2$"有105例,占初级阶段"在$_2$"偏误总数(245例)的0.428,也是"在$_2$"的典型偏误。同时"在$_2$"的遗漏偏误数量占据了初级阶段遗漏偏误的80%以上,说明初级阶段要尤其注意"在$_2$"的遗漏偏误。学生遗漏主要有两种类型:

一是介词"在$_2$"的遗漏,如:

(214) *∧老师的帮助下我终于习惯了。(初级　孟加拉)

(215) *他住∧一个很远的地[方]。(初级　法国)

(216) *我的爸爸是∧公司工作,我的妈妈也是∧公司工作。(初级 韩国)
(217) *从八月我住∧中国。(初级 加拿大)

这种类型的遗漏占了遗漏偏误的一半以上,而且各种母语的外国学生都容易产生这样的偏误,是遗漏偏误的主要类型。

二是方位词的遗漏,如:

(218) *母亲说:"衣服已经收好了,放【在】行礼箱∧了,这边有感冒药,帖膏,创可贴……你把它们放好。"(初级 韩国)
(219) *【在】火车∧我们一边吃我们带来的东西一边说话,这样真有意思。(初级 巴基斯坦)

例(218)遗漏了方位词"里",例(219)遗漏了方位词"上"。这是学生不明白非地点名词后要加方位词才能跟"在$_2$"构成介词短语所致。

"从$_2$"有20例,占了"从$_2$"初级阶段偏误总数(39例)的0.513,主要有三种类型的遗漏:

一是遗漏介词"从$_2$",如:

(220) *我∧汉阳女子大学中文系毕业了。(初级 韩国)
(221) *我∧多个学校中选这个南京师范大学。(初级 韩国)

二是遗漏动词"来",如:

(222) *虽然我们【从】不一样的国家∧但是我们还帮帮助。(初级 印度尼西亚)
(223) *我的房间是很好,我住跟一个女生生,她也【从】欧洲∧这儿学习汉语。(初级 南斯拉夫)

三是遗漏介词框架的构成成分或方位词,如:

(224) *【从】宿舍∧我的教师(室)不太远。(初级 孟加拉)
(225) *我【从】我的行李∧拿出来我的文件,然后给他了一张用英文和中文写的纸,他看完后就点头告诉我他明白了。(初级 韩国)

例(224)遗漏了介词框架中的"到",例(225)遗漏了方位词"里"。

2. 中级阶段

中级阶段遗漏偏误出现 82 例，数量比初级阶段减少了。但它占中级阶段偏误总数的 0.536，所以相对于其他偏误来说，遗漏偏误的比例不降反升了。有"在$_2$、从$_2$、向$_1$、往、冲$_1$、于$_2$"等 6 个介词出现了遗漏偏误，覆盖的介词范围加大。

其中"在$_2$"有 65 例，占中级阶段"在$_2$"所有偏误（106 例）的 0.613，依然是"在$_2$"的典型偏误。"在$_2$"遗漏偏误的数量下降了，但它在所有偏误中的比率却上升了，说明"在$_2$"的遗漏偏误的确是一个顽固的典型偏误。遗漏的类型仍然以遗漏"在$_2$"居多，如：

(226) *现在她∧饭店打工。（中级 韩国）

(227) *你们交了一年朋友，不料他该到很远的地方去做买卖，∧那里跟别的姑娘搞对象了。（中级 古巴）

例（226）应在"饭店"前加"在"构成介词短语，例（227）应在"那里"之前加"在"构成介词短语。

其次是方位词的遗漏，如：

(228) *【在】火车∧跟中国人聊天，开玩笑，太有意思了。（中级 古巴）

(228) *恐怕还有一个人遛【在】我的记忆∧。（中级 日本）

例（228）遗漏了方位词"上"，例（229）遗漏了方位词"里"。

"从$_2$"有 12 例，占中级阶段"从$_2$"偏误总数（25 例）的 0.48，也依然是"从$_2$"的典型偏误。其中一半以上还是介词"从$_2$"的遗漏，如：

(230) *女人出来∧公安局以后他们一起去别的地方。（中级 瑞士）

(231) *∧他的眼睛里可以看到他说真心或是假话。（中级 韩国）

此两例应改为：

(230′) 女人从公安局出来以后他们一起去别的地方。（中级 瑞士）

(231′) 从他的眼睛里可以看到他说真心或是假话。（中级 韩国）

"于₂"有3例,占中级阶段"于₂"偏误总数(8例)的0.375。主要是介词"于₂"和方位词的遗漏,如:

(232) *幸福不在远的地方,总是存在∧各个人的内心深处。(中级 韩国)

(233) *有一个风景铭刻【于】我的心∧。(中级 日本)

以上两例应改为:

(232′) 幸福不在远的地方,总是存在【于】各个人的内心深处。(中级 韩国)

(233′) 有一个风景铭刻【于】我的心里。(中级 日本)

剩下的三个介词,"往"有2例,"向₁"和"冲₁"各出现1例,"往"的遗漏都是"往"后成分的遗漏,"向₁"和"冲₁"都是动词的遗漏,请看学生用例:

(234) *如果想在每个社会的方面都取得成功,那么她应该按照自己各人的方向【往】∧一直走。(中级 日本)

(235) *那天上午【向】学校∧时忽然开始下雨,我幸好带了伞,可路上发现这个女孩没带,拿着报盖头。(中级 美国)

例(234)遗漏了方位词"前",例(235)遗漏了动词"走"。

3. 高级阶段

高级阶段遗漏偏误的数量升至109例,而且所占比例也升至0.669,说明遗漏是空间介词最顽固的偏误类型。这一现象应该引起高度重视。出现此类偏误的主要有"在₂、于₂、从₂、由₁、向₁、沿"等六个,覆盖的介词范围仍然很大。

其中"在₂"有82例,仍是其中的多数。"在₂"的遗漏偏误占了"在₂"高级阶段偏误总数(110例)的0.745,是"在₂"在高级阶段最严重的偏误。"在₂"的遗漏仍占半数以上,如:

(236) *但是∧大部分老师的课上,我想:"如果我是一位老师,我的课比这位老师的课会好的多。"(高级 俄罗斯)

(237) *"没事,没事",小玫∧心里鼓厉(励)自己。(高级 罗马尼亚)

其次是介词框架中方位词的遗漏,如:

(238) *前几天我准备晒全部冬天的衣服,然后把它们放【在】一箱子∧。(高级 越南)

(239) *因为平时【在】课堂∧老师教的内容不是那么好,而且人也比较多,没时间去管每个人。(高级 老挝)

例(238)遗漏了方位词"里",例(239)遗漏了方位词"上"。

"从$_2$"有24例,占了"从$_2$"在高级阶段偏误总数(29例)的0.828,是"从$_2$"在高级阶段最严重的偏误,应该引起高度的重视。"从$_2$"的遗漏偏误有介词"从$_2$"的遗漏,如:

(240) *黄山可真险,一座座山兀立,几乎是九十度垂直的石梯,让人心惊胆寒,仿佛失足会∧山崖跌下。(高级 日本)

(241) *但我高中二年级末我家搬走了∧仁川。(高级 韩国)

另外,在高级阶段出现了句中动词遗漏的偏误,如:

(242) *【从】半坡遗址博物馆∧我们去参观秦兵马俑博物馆。(高级 巴基斯坦)

(243) *他本来是【从】一个小行星∧的,在那里生活得很满意了,天天管理他的花园并且三个小火山。(高级 美国)

最后是方位词或代词的遗漏,如:

(244) *我家的这老两口拉着手一起爬山捡到【从】树∧掉到地上的野毛栗,从银杏树掉的银杏仁以后回家。(高级 韩国)

(245) *这一点是我【从】她∧学的东西。(高级 日本)

例(244)遗漏了方位词"上",例(245)遗漏了代词"那儿",因为此处需要代词"那儿"复指"她",以表明处所。

剩下的"于$_2$"出现2例,"由$_1$"、"向$_1$"和"沿"各出现1例,主要是方位词或句中动词的遗漏,如:

(246) *沉浸【于】漂浮无定的云霭∧让人感觉到沙巴是"霭中之县"。(高级 越南)

(247) *太阳【向】西边∧的时候,我才回来到奶奶的家。(高级 韩国)

(248) *我慢慢的【沿】着一条河∧。(高级 韩国)

(249) *因为汁水主要【由】槟榔∧泄出来,淡黄的含水量不多了。(高级 越南)

例(246)遗漏了方位词"里",例(247)遗漏了动词"落下",例(248)遗漏了动词"走",例(249)遗漏了方位词"里"。

从以上分析看,遗漏偏误不仅出现的数量多,而且所覆盖的介词数量也多。有些介词的遗漏偏误数量不多,但在这个介词偏误总数中所占的比例都是比较高的。各空间介词遗漏的成分多与介词本身、方位词和动词有关,很有规律性。应该引起教学的高度重视。

(三)误加

误加偏误无论从数量上还是比例上都远不如上面讨论的两种偏误类型多,但从三个学习阶段的比例看,这种偏误也是逐级增高的,虽然数量不多,但仍能说明误加这种偏误也是像遗漏偏误那样比较顽固。

1. 初级阶段

在初级阶段误加偏误出现24例,比起错序和遗漏,误加的数量是比较少的。有"在$_2$、从$_2$、向$_1$、离$_2$"等4个介词出现此类偏误。

其中"在$_2$"有15例。"在$_2$"在初级阶段的误加偏误数量虽然不多,但误加的类型比较多,主要有以下几种:

一是句中助词"了、着"的误加,如:

(250) *我们住了【在】哈尔滨三个天然回来了北京。(初级 坦桑尼亚)

(251) *虽然我回韩国,但永远留着【在】我的心里。(初级 韩国)

二是句中动词的误加,如:

(252) *他住【在】宿舍生活。(初级 韩国)

(253) *我住【在】这儿生活很高兴,有好朋友有好老师,但有一点儿想家呢。(初级 韩国)

此两例中的"住"和"生活"去掉一个即可。学生出现此偏误是把"在$_2$"介词短语置于动词前和动词后两种用法叠加所致。

三是方位词的误加,如:

(254) *糟糕,【在】中国里英语书很贵,也很少。(初级 芬兰)

(255) *如果相信自己的话,【在】世上里没有难事。(初级 韩国)

"从$_2$"有5例,只占了"从$_2$"初级阶段偏误总数(39例)的0.128,数量不是很多。几乎都是介词"从"的冗余,如:

(256) *下课了以后我常去食堂吃饭,【从】去图书馆看书。(初级 斯里兰卡)

(257) *我们两个人是【从】在南京最好朋友。(初级 韩国)

"向$_1$"和"离$_2$"各有2例,也都是介词的冗余,如:

(258) *我和他是好朋友,所以我带去礼物【向】去他的家,已经很多外国人达到了。(初级 韩国)

(259) *【离】里边有很多学生又有很多自行车。(初级 韩国)

2. 中级阶段

中级阶段误加偏误降到22例,但所占比例却升至0.144。有"在$_2$、从$_2$、自$_2$、向$_1$、离$_2$、于$_2$"6个介词出现此类偏误。

其中"在$_2$"有12例,所占的比例很小,主要是方位词的误加,共有8例,如:

(260) *因为【在】城市上地铁很便利,所以大家坐地铁出去。(中级 日本)

(261) *但是【在】南京里一个日本饭店也没有,所以我的计划还没实现。(中级 俄罗斯)

剩下的4例误加有四种情况,不是典型的偏误形式,如:

(262) *所以这部电影深刻地留下【在】我的脑海里了。(中级 韩国)

(263) *有一天我【在】家门口我见到玛歌尔的姐姐,可是看她的样子我问题,因为她一看我就开始哭。(中级 刚果)

(264) *……我们【在】有一个饭店一起吃饭以后去过了"兵马俑"。(中级 韩国)

(265) *这儿宿舍两个人住【在】起一个房间。(中级 韩国)

"从$_2$"有5例,也主要是介词"从"或介词短语的误加,如:

(266) *如果【从】这个世界上不消灭侵略、战争,就永远不允许风化的沉重的题目。(中级 日本)

(267) *两百【从】世界不同国籍的华裔相约在香港而参加由本地八所著名大学组织的"文华(化)旅游",这个文华旅游包括什么呢?(中级　瑞士)

"自₂"、"向₁"、"离₂"各有1例,"于₂"有2例,数量都非常少,也都是介词、介词短语或框架成分的误加,如:

(268) *来【自】美国之前我就不会说他们的语言,而且不明白美国人生活的方式。(中级　韩国)

(269) *下了【向】我的雪像天空给我礼物似的。(中级　日本)

(270) *我的家【离】到她的大学大概四百公里。(中级　日本)

(271) *大田是韩国第六大城市,地理上看在【于】韩国的中心,所以韩国的主要交通城市。(中级　韩国)

3. 高级阶段

高级阶段误加偏误出现23例,数量和比例都跟初、中级阶段差不多,有"在₂、从₂、向₁、于₂"等4个介词出现此类偏误。

其中"在₂"出现11例,依然是偏误数量最多的介词。不过介词误加减少了,只出现1例:

(272) *我们也心甘情愿地来让它吃,但是它无论如何不吃饭,要是我们把食儿扔入【在】它嘴里,它马上吐出来跑走了。(高级　日本)

方位词的误加仍然较多,有4例,且多是一个句子中出现两个方位词的情况:

(273) *几天后她下了决心,【在】心里上说,"我应该找工作,还有再也不可流眼泪。"(高级　韩国)

(274) *这个旅游从客观的角度来看又浪费时间又白消耗体力,没有什么好处,但【在】我心里上却有很大的意义。(高级　日本)

例(273)、(274)中都误加了方位词"上",去掉以后就正确了。对于"在₂",学生一方面会遗漏方位词,一方面又会误加方位词,说明学生对"在₂"与方位词的搭配使用规则掌握得不好。

但又出现了一种新的误加偏误,那就是助词"着"的误加,如:

(275) *他们还生活着【在】母系社会。(高级　俄罗斯)

(276) *有的人喜欢摊着【在】太阳下面，有的想游泳。（高级　古巴）

"于₂"在高级阶段出现 9 例，其数量比中级阶段高很多，而且占了"于₂"高级阶段偏误总数（13 例）的 0.692，比例也非常高。这说明"于₂"的误加偏误是高级阶段学生最容易犯的偏误。都是介词"在"和"于"连用产生的误加，如：

(277) *我的家乡是在【于】韩国南部一个安静的农村。（高级　韩国）

(278) *公主的尸体埋在【于】一个管子里，这个管子放在一个小房间，永泰公主是高宗的孙女，被武则天毒死了。（高级　巴基斯坦）

"从₂"有 1 例，是介词"从"的误加；"向₁"有 2 例，都是助词"了"的误加，如：

(279) *岩石圈是指【从】地表下面 100km 左右的厚度，……。（高级　韩国）

(280) *公骆驼突然站住，看了看周围的地方后，就走了【向】发出光来的方向。（高级　蒙古）

可见，误加偏误所覆盖的介词范围也很广。

（四）误代

误代偏误无论在哪一个学习阶段数量都是最少的，说明这类偏误不是空间介词的典型偏误。

1. 初级阶段

初级阶段共出现 18 例误代偏误，有"在₂、从₂、往、离₂、沿" 5 个介词出现此类偏误。

其中"在₂"出现 10 例，在"在₂"初级阶段偏误中所占比例不大，有"在₂"、结果补语以及动词的误代，如：

(281) *刚刚坐座位时候那人留【在】一张纸，纸上写好多。（初级　蒙古）

(282) *她现在【在】南京师范大学的 3 年级学生。（初级　韩国）

例（281）应改为"……那人留下一张纸，……"，例（282）应改为"她现在是南京师范大学的 3 年级学生。"

还有跟其他介词的误代,如:

(283) *【在】这儿到家乡4个小时。(初级 韩国)

(284) *我下星期去旅行,【在】学校的人一起去。(初级 韩国)

例(283)是用"在"误代了"从",例(284)是用"在"误代了"跟"。

"从$_2$"出现2例,都是与其他介词之间的误代,如:

(285) *【从】学校她的成绩比我好。(初级 尼泊尔)

(286) *我们又见面【从】南京了。(初级 韩国)

这两例都是用"从"误代了"在"。

"离$_2$"出现3例,都是与"从……到"介词框架有关的误代,如:

(287) *她告诉我【离】我的大家到那个商店很近。(初级 尼泊尔)

(288) *从我家【离】学校不远。(初级 新西兰)

"往"出现2例,"沿"出现1例,都是不太重要的误代。

2. 中级阶段

中级阶段有17例误代偏误,数量跟初级阶段差不多,但所占比例比初级高了近两倍。而且有"在$_2$、从$_2$、向$_1$、往、冲$_1$、离$_2$、沿、于$_2$"等8个介词出现此类偏误。

其中"在$_2$"出现4例,都是方位词的误代,如:

(289) *电影里的背京是【在】地求(球)里有三种类的生物,一种是机器,一种是就是我们人间,还有一种是电脑里的 Program,表现不远的未来。(中级 印度尼西亚)

(290) *【在】中国电影上,我可以听中国人的对话。(中级 韩国)

例(289)应该用方位词"上",例(290)应该用方位词"里"。

"从$_2$"出现3例,都是与相关介词的误代,如:

(291) *他【从】国外的东西卖到国内,那种事业越来越繁荣,得了很多钱。(中级 韩国)

(292) *周庄对全世界旅客的魅力不仅是【从】周庄的美丽风景而是还在于它的文化蕴涵。（中级　越南）

例（291）是用"从"误代了"把"，例（292）是用"从"误代了"在于"。

"于$_2$"出现3例，也都是与相关介词的误代，如：

(293) *内容觉得很可惊，【于】一个农村，一个男孩一见神情了一个女孩。（中级　蒙古）

(294) *我到贵国来，学习汉语【于】南京师范大学。（中级　越南）

这两例中的"于"都应该替换成"在"。

"离$_2$"出现2例，依然是与"从……到"介词框架的误代，如：

(295) *没想到【离】广州到深圳那么近，坐汽车两个小时就到了。（中级　日本）

(296) *华（毕）业以后我找到了工作，【离】我家到公司比较远。（中级　泰国）

"向$_1$"、"冲$_1$"、"沿"都各出现1例，规律不太明显。

3. 高级阶段

高级阶段误代偏误降至12例，比例跟初级阶段差不多。但还有"在$_2$、从$_2$、往、于$_2$"4个介词出现此类偏误。

其中"在$_2$"有6例，主要是方位词的误代，如：

(297) *我了解她的想法，因此我从两天前【在】我的生活下发生了一个小革命。（高级　葡萄牙）

(298) *【在】我们的生活上有各种各样的问题，但是知道的人怎么办不太多。（高级　俄罗斯）

这两例都应该用方位词"中"。

"从$_2$"出现3例，"于$_2$"出现2例，"往"出现1例，都是跟中级阶段一样与相关介词的误代，用例不再赘举。

第五节　分级排序及教学建议

从以上的考察分析可知，空间介词并不是学生习得的难点，毕竟这是与他们的生活密切相关的，在日常交际中出现频率很高的空间介引成分。上文已经根据外国学生的使用频率及正确率得出中介语中空间介词的难度等级和习得顺序：

（1）难度最低，在初级阶段习得的空间介词有：在$_2$、自、往、离$_2$。

（2）难度中等，在中级阶段习得的空间介词有：从$_2$、朝$_1$、向$_1$、对着、沿、顺。

（3）难度很高，学生未习得的空间介词有：打$_2$、于$_2$、由$_1$、冲$_1$。

需要说明的是，习得顺序中的"于$_2$"是去除格式化用法后的"于$_2$"，"于$_2$"的格式化用法如"位于、生于"等在日常交际中有一定的需求，而且有成词的趋势，学生学习起来并不困难，在教学中可以考虑以词的形式进行教授。另外，"从$_2$"虽然难度中等，学生在中级阶段才习得，但它在日常交际中需求量大，应该在初级阶段教授。

下面看一下对外汉语教学大纲和教材对空间介词的编排情况：《高等学校外国留学生汉语教学大纲（长期进修）》（2002）没有区分时间介词和空间介词，它列入一年级的时空介词有：从（从……到）、离、往、向、在、朝、距离、沿、自，列入二年级的时空介词有：顺、打。《高等学校外国留学生汉语言专业教学大纲》（2001）的词表中的生词有例句，可以判断所列介词的归类，它列入一年级的空间介词有：从$_2$、离、往$_1$、往$_2$、向、在、距离、顺、沿、由$_1$，列入二年级的空间介词有：于、打，列入三年级的空间介词有：冲$_2$。

杨寄洲主编的一年级教材《汉语教程》（1999）在生词表中出现的空间介词有：在、从、离、往、自、向、沿。陈灼主编的二年级教材《桥梁——实用中级汉语教程》（1996）在生词表中列出的空间介词有：距。姜梧德主编的三年级教材《高级汉语教程》（1990）在生词表中出现的空间介词有：顺、沿。

可见，教材和大纲中设置的空间介词数量不一致（教材的收录少于大纲），且教材和大纲对空间介词的编排顺序不一致。这说明无论是大纲还是教材对空间介词的编排都没有完全参照外国学生的习得顺序，需要进行适当调整。

所以，结合上文考察所得的习得顺序以及偏误分析的结果，遵循"急用先学"的原则，本章对空间介词作出如下教学建议，供大纲的制定、教材的编写和课堂教学参考：

(1) 初级阶段可以教授"在$_2$、自$_2$、从$_2$、往、离$_2$"等 5 个空间介词。要注意"在$_2$"、"从$_2$"的错序和遗漏偏误，为中、高级阶段的学习打下良好的基础。另外，可以教授"位于、生于"等格式化的"于$_2$"用法。

(2) 中级阶段可以教授"向$_1$、于$_2$（除去'位于、生于'格式化用法以外的其他用法）、朝$_1$、对着、沿、顺"等 6 个空间介词。要注意"在$_2$"、"从$_2$"的遗漏偏误。

(3) 空间介词"打$_2$、由$_1$、冲$_1$"句法语义功能没有独特之处，学生的使用量也极低，可作为扩展内容教学，或让学生在交际中自然习得。

第四章　对象介词习得考察

在现代汉语介词中，对象介词是数量最多，句法语义功能最复杂的一类。因为所谓的对象，包括动作指向对象、协同对象、关涉对象、给予对象、替代对象、比较对象等等。所以，在对象介词这一大类中，又可以分出几个语义小类。而且许多对象介词内部还存在着细微的语义差异，因此许多介词之间就有了错综复杂的异同关系。一直以来对象介词都是学者们研究的重点，研究成果也非常多。除了专门讨论介词的专著或虚词词典以外，论文也很多，有对某个对象介词的专门研究，比如施关淦（1981）、齐沪扬（1995）等对介词"给"的相关研究，徐枢（1984）、李琳莹（1999）、孙蕾（2007）等对介词"对"的意义和用法的考察，周芍、邵敬敏（2006）对"对"的语法化的探讨，王建勤（1992）对介词"对于"的话语功能研究等等。也有对多个介词之间异同的比较研究，如傅雨贤、周小兵（1997）中对多组对象介词的考察，李晓琪（1994）、黄瓒辉（2001）、孙玉新（2007）等对"给、为、替"的用法分析，何薇（2004）对四个典型对象介词"对、跟、向、给"的比较分析，陈军（2004）对"跟、向、对"组成的介词结构的异同分析，刘金雨（2008）对介词"对"和"对于"的异同考察等等。可以发现，人们对几类用法和意义比较接近的，以及部分用法复杂的典型介词关注较多，而对其他的对象介词关注较少，所以导致对象介词的研究不平衡，缺乏系统性。

在对外汉语教学研究方面，对象介词的考察也比其他类介词要多一些，比如有李晓琪（1994）对介词"给、为、替"的教学研究，何薇（2004）对汉语四个常用对象介词"对、向、跟、给"的教学研究，郭敏（2006）以"对"、"对于"、"向"和"关于"为研究对象的对外汉语教学研究，白荃、岑玉珍（2007）对母语为英语学生的"对"的偏误分析，杨永（2007）对留学生介词"给"偏误研究等等。与本体研究一样，对外汉语教学研究也只针对少数对象介词，缺少对象介词的整体考察成果。

从以往的研究可以看出，无论是汉语本体研究还是对外汉语教学研究，热点都在"给、为、替"、"对、对于、关于"、"对、向、跟"等少数几个（组）典型的对象介词，而对其他的对象介词少有论述。迄今为止，只有刘月华等（2001）和陈昌来（2002）对对象介词有过比较完整、明确的界定，但他们的观点不太一致。在对外汉语教学界也没有对对象介词进行过整类的考察。因此，本章将对对象介词的整类考察作一点尝试。

第一节 对象介词的界定及句法功能考察

一、对象介词的界定

对象介词就是介引对象成分的介词。"对象成分"定义的不同也导致学者们对对象介词的界定存在差异。陈昌来（2002）在关事介词中列有对象介词，认为对象成分是主事动作行为或心理活动等的针对、替代、协同、涉及的对象。他判定的对象介词主要有"把、朝、朝着、冲、冲着、代、当、当着、对于、对、对着、给、跟、和、连、连同、面对、拿、随、随同、随着、替、同、为、问、向、引、以、于、与、针对、针对着"等32个。另外，陈文中还有"与事介词"一类，主要有"为、给、同、和、跟、对、对着、管、替、向、从"等。从功能和形式上来看，与事介词也应该包含在对象介词之内。正如陈文指出的"介引与事的介词跟关事介词往往同形，这主要表现在指向对象介词上，区别在于关事是可有成分，与事是必有成分。"刘月华等（2001）没有对对象介词的含义进行阐述，但从她列举的 20 个对象介词"对、对于、关于、至于、和、跟、同（与）、为、给、替、于、把、将、叫（让）、被、比、朝、向"来看，她认为对象介词包括介引施事、受事、与事、当事等语义成分的介词。

刘月华等（2001）的界定范围广，但收纳的介词数量不多；陈昌来（2002）的界定范围窄，但收纳的介词数量众多。从教学的角度出发，基本可按刘的界定，同时参照大纲的编排。下面阐明一下本章将讨论的对象介词界定观点：

（1）两位学者对对象介词划分最大的不同是刘月华等（2001）把"被、把①、比"等都列为对象介词，而陈昌来（2002）把它们分别归入主事介词、客事介词和比事介词。这是因为陈昌来（2002）是以语义格为标准给介词分类的。从教学的角度出发，我们认为刘月华的分类更利于教学，因为无论是主事、客事还是比事，都是句中与动词有关的对象。在教学中可以把这些都归入对象介词。但是作为表义和用法都非常特殊的介词"把"和"被"，学界关注得非常多，无论是本体研究还是对外汉语教学研究成果都比较丰富。我们不再做重复的工作，同时把这两个介词以及与这两个介词用法近似的"将、管②、让、叫、给（表被动用法）、由"等都排除在本书之外。因为通过以往的研究和本书的语料考察可知，"将、管、让、叫、给（表被动用法）、由"等介词在实际使用中所占的比例非常低，外国学生也很少使用它们。"把、被、让"等相关研究可参看吴门吉和周小兵（2004）、周文华和肖奚强（2006，2009）、肖奚强等（2009）等。

（2）对于介词"比"，对外汉语教学界的成果也有不少，最有代表性的是陈珺、周小兵（2005）的研究，他们主要是对不同"比"字句式的习得顺序考察。考察得非常详实、具体，不过他们研究所使用的语料相对较少。本章拟在更大的语料基础上对介引比较对象的"比、跟、和、同、与、于"等进行集中讨论，主要是从介词的角度进行"比较"类介词的习得研究，不涉及"比"字句的下位句式分类。

（3）对于表协同的"和、跟、同、与"的介连区别问题一直是学界悬而未决的问题，学者们也提出了许多区分的方法，如郭翼舟

---

① 虽然两位学者的列举中都有"把"，但他们所列的"把"是不一样的，刘文所列的"把"是我们通常所说的介引受事的"把"，陈文所列的"把"只出现在少数口语中，意思相当于"拿"，如"我把他真没办法"。通常所说的"把"，陈文认为是客事介词。

② 在《专业大纲》中列有介词"管"，从大纲中的描述和语料考察来看，它只能与动词"叫"搭配使用构成"管……叫……"结构，意思相当于"把……叫（做）……"，是一个很口语化的用法，中介语中没有出现用例，汉语母语者的用例也非常少，因此把它列入对外汉语教学大纲价值不大。

(1957)、向若(1957)、朱德熙(1982)、玉柱(1988)、储诚志(1991)、张谊生(1996)、陶伏平(2007)等。朱德熙(1982)提出了区分连词"跟"与介词"跟"的两个句法标准："首先，连词'跟'的前后两项可以互换位置，基本意思不变，……介词'跟'的前后两项互换位置以后，意思跟原来完全不同。""其次，介词'跟'前边可以插入修饰成分，连词'跟'前边不能插入修饰成分。"另外三个也可参照"跟"的区分方法进行区分。张谊生(1996)指出，介词短语加交互类短语时，这几个词的介连区别不能用以往的区别方法，必须借助各种与之同现的区分标记。张先生把朱先生的思想具体化了，这使其在教学中更好处理。本章"和、跟、同、与"的介连区别按张谊生(1996)的标准划分：当有分离标记、空位标记以及单复指标记时，一律将这几个词界定为介词。

(4) 三本对外汉语教学方面的大纲都把"随"列为介词，《专业大纲》同时还给出两个例句"~父母到外地去"和"~着……的发展"。对于这个词的词性，学界有不少的意见。吕叔湘主编(1980)认为"随"是动词，有两个意思：一是"跟随"，用法同《专业大纲》中介词的用法；二是"任凭、由着"。张斌主编(2001)认为"随"是连词，列举的用法是"随"置于小句的句首，小句中有疑问代词，意思是"任凭"。陈昌来(2002)认为"随"和"随着"都是介词，并分别列入对象介词和条件介词中。刘月华等(2001)没有列举"随"。综合学者们的论述，撇开"随"的动词、连词用法不谈，我们只讨论《专业大纲》中提到的两种用法：一是加伴随对象的用法，跟协同介词类似。二是加动作发生时伴随状况的用法，对于这种用法我们参照陈昌来的论述，把它归入依据介词放到第五章讨论。

(5) 本章采用刘月华等(2001)把介引施事和受事的介词列入对象介词的观点。但上文提到，"把"、"被"等由于其特殊性，成果很多，所以本章暂不讨论。本章所讨论的介引施事成分的介词只有"由$_2$"，但它并非是表被动的，而是表主动的，详见下文分析。

综合起来，本章将讨论的对象介词主要有"对、向、冲$_2$、朝$_2$、于、对于、关于、至于、给、为$_1$、替、跟、和、同、与、随、比、由$_2$"等18个。然而大部分对象介词在表义上都有多重性，按语义又可以分为数个用法，下文的句法、语义功能考察部分将详细分析。

二、对象介词的句法、语义功能考察

现代汉语对象介词的用法比较复杂，尤其是一些常用的典型介词都有数个用法，一些论著如吕叔湘主编（1980）、张斌主编（2001）等都有论述。不过针对对外汉语教学的对象介词用法的研究成果并不多，许多对象介词的句法、语义分析还比较粗略，不适合对外汉语教学，而且对象介词之间存在着复杂的异同关系，何薇（2004）就曾比较过四个典型对象介词"对、向、跟、给"的下位分类，但还没有学者对所有的对象介词进行过系统分析和比较。本节拟作详细描述。

对

"对"是非常典型的对象介词，也是人们研究的重点，关于"对"的考察成果很多。既有语义和用法方面的考察，比如，傅雨贤、周小兵（1997）中列举了"对"的三种用法：表动作行为的对象和目标，表对待对象，表涉及对象。吕叔湘主编（1980）只列举了"对"的两种用法。李琳莹（1999）以"对"构成的介词短语后动词或形容词的不同形式为参照，主要归纳为"言语、心理、动作、判断"四类，并据此把"对"分成四个。何薇（2004）在李琳莹（1999）的研究基础上也把"对"分为四类。又有与相关介词异同方面的考察，比如周晓林（2001）对介词"对"与"向"的异同考察。何薇（2004）把"对"与"向、跟、给"的部分用法进行了比较。陈军（2004）对"跟/向/对 + N + V/VP"组合时的相同和相异现象的考察，认为"对"的语义特征是"针对性"，同时还有一定的"方向性"，这时与"向"可以有部分互换关系。另外，"对"还可表示施事和受事关系。许国萍（2004）考察了"对……而言/来说"和"就……而言/来说"，指出"而言/来说"是框架中必不可少的成分，如果删除，句子或不成立，或意思改变。进入框架的多是一些表人、组织、机构的有生名词或代词。吉庆波（2007）对"对/向 + OV"的替换研究，刘金雨（2008）对"对"和"对于"的异同考察。可以看出，"对"的使用非常复杂，且与多个介词有着错综复杂的可替换关系。这些研究对我们认识"对"的句法、语义功能是非常有帮助的。

从以往学者的研究可知，"对"的语义功能不止一项，不过学者们的观点不一，最少的认为有两项，最多的认为有四项。我们赞同傅雨贤、周小兵（1997）的看法，把"对"分为"指向、对待、涉及"三类，因为这种分类方法可以比较清楚地把"对"的各种语义用法分开。我们把"对"的这三种语义用法分别标记为"对$_1$"、"对$_2$"和"对$_3$"。

（一）对$_1$

"对$_1$"介引动作指向对象，是对象介词"对"的基本用法。

1. 首先看一下"对$_1$"的介词短语构成，进入"对$_1$"介词短语的只能是指人的名词或代词，如：

(1) 香港人【对】台湾人说，"他们这是开玩笑呢——你们这是在开玩笑吧？"

(2) 他想从马上下来，要回自己的枪，【对】大家喊：同志们，不能再这样撤了！

在语料中偶见有方位词与"对$_1$"构成介词短语的，但这些方位词是指人而非指方位的，如：

(3) 宝康连忙欠身【对】上嚷，"他们是一势的，互相都勾着。"

例（3）中的"上"指的是"上面的人"，并非方位。

2. "对$_1$"构成的介词短语只能在句中作谓语动词的状语，其语义与所修饰的谓语性质有密切的关系。对于进入句式的谓语成分的分类，李琳莹（1999）和何薇（2004）都有论述，现总结如下：

1) 言语类动词，如"说、讲、喊、倾诉、说明、解释、唠叨、撒谎"等，这些动词只能用"对"来介引动作的指向对象，"对"的宾语和谓语动词没有受动关系，如：

(4) 方枪枪又腼腆又自豪，【对】大家许愿：我保证不瞎判，让大家信得过。

(5) 对，当时你就是这么【对】人解释你的腿伤的。

像一些可直接带宾语的言语类动词，如"问、告诉、回答"等，是不能进入"对₁"句的,留学生往往对这一规则掌握不好,产生许多偏误,详见下文偏误分析部分。

2)体态类动词,如"哭、笑、望、看、眨眼、摆手、挥手、点头、鞠躬、敬礼、行礼、做鬼脸、打招呼"等。这些动词只能用"对"来介引动作指向的对象,"对"的宾语和谓语动词也没有受动关系,如:

(6) 丁小鲁【对】杨重马青点点头,笑着问于观:"干吗呢站在街上?"

(7) 刘顺明湿润着眼睛,【对】一个手下人挥挥手。

3)一些抽象的行为动词,如"摆架子、开玩笑、发脾气、献殷勤、发怒、发火、拍马屁、撒娇"等。这些动词也必须用"对"来介引动作指向的对象,因为它们也不可以直接加宾语,如:

(8) 于观我觉得你最近火气太大,虽然工作累点也不该【对】同志动不动发脾气,不要忘了你现在的身份是一个吹捧家,你的行为很不像一个吹捧家。

(9) 女子都有这毛病,夏捷常对我说某某对她有意思的,某某又【对】她献殷勤了。

4)一些动词如"干涉、干预、关照、讯问、传唤、调查、检验"等①,必须加形式动词"进行、加以"等。这些动词多数与"对"的宾语有受动关系,可以直接跟"对"的宾语构成动宾结构,如:

(10) 请你注意,我们是代表司法机关【对】你进行合法讯问。

(11) 在铁军母亲和南德市有关领导进行这次谈话之前,广屏市人大的邢副主任已经打电话给南德的市委书记,请他【对】铁军母亲赴南德奔丧一事给予关照。

另外,何薇(2004)还提到一些所谓"对策"性动词如"采取、实施、负责"等,也必须用"对"来介引宾语。可见,进入"对₁"句的动词复杂多样,在教学中要跟学生交待清楚。否则,就会出现许多遗漏或误加偏误。

---

① 这类动词李琳莹(1999)也有列举,可参看。

(二）对₂

"对₂"介引的是动作对待对象。关于对待对象的定义，傅雨贤、周小兵（1997）认为，"对待关系一般只存在于有意识的主体与某一对象之间，主体可以把某种性状、行为等加于某一对象之上。"因此，"对₂"的使用有一个意识度的问题。从定义的表述可以看出，"对₂"句中主语的意识度要明显高于介词宾语的意识度。这样的定义可以有效地区分"对₂"和"对₁"。

1. "对₂"介词短语的构成

"对₂"的宾语多数是指物的名词，若是指人的名词，其意识度一定要低于主语，如：

（12）钱康倒【对】这场面很感兴趣，蹂进人家房间。
（13）庄之蝶说：你瞧瞧，人家【对】你这么好的，你倒背后还说人家不是。

2. "对₂"介词短语的句法功能

"对₂"介词短语在句中可以作定语，如：

（14）老钱这下可算是彻底满足了记者【对】戏剧性的渴求。
（15）这是组织上【对】咱们干缉毒工作的同志的一种爱护，一种关怀。

作定语时的"对₂"一般都可替换成"对于"。

"对₂"介词短语在句中也能作状语。"对₂"句中的谓语主要由形容词来充当，如：

（16）刘明浩说："安心【对】你专一吗？"
（17）看来你们【对】民族前途十分悲观啦？
（18）你这样生活太不规律了，【对】身体不好。

进入句式的形容词是有限制的，徐枢（1984）指出，"表示人的性情或品性的、表示人的某种感情或态度（笔者加）的、表示对事物评价的"形容词可以进入句式，如以上三例。而"表示人物的状貌或事物的性质、情况等的形容词"不能进入句式。徐先生进一步指出，此句式中的介词短语可以不出现，句子还是正确的，但句子就没了关涉的对象。如例（16）、（17）去掉介词短语之后，句子仍然成立，但意思改变了。这一类介词短语也可以提至句首，意义不变。若介词短语中的名词是指人的，"对"不能换成"对于"；若其中的名词是指物的,"对"可以换成"对于"。如例（16）不能换成"对于",但例（17）、（18）可以换成"对于"。

句中的谓语也可以是一些表心理的行为动词,如：

(19) 我【对】这些和外国人斗气儿的事不感兴趣。
(20) 方枪枪真的吃惊了,【对】大脸蛋子刮目相看。

但一些动名兼类词如"感谢、怀疑"等作谓语时,要在它们的前面加"表示"后才可以进入句式,外国学生常常漏加"表示"。

句中的谓语还可以是"有+名词"的结构,如：

(21) 我当然是很喜欢她,相信她【对】我也有好感。
(22) 凡倾家荡产到了日本的人都无需解释他们为什么【对】挣钱有那么股狠劲。

"有"后面的名词通常都是表某种心理状态的抽象名词。此用法中的"对"是否可换为"对于",周芍、邵敬敏（2006）认为跟介词短语中"名词是指人或是指物有关"。如果是指人,如例（21）不宜换成"对于";如果是指物的,如例（22）可以换成"对于"。这一规则适用于"对$_2$"的大部分用法。

另外,何薇（2004）还提到一些表示产生、消失类动词,如"产生、丧失、失去、失掉"等,都要用"对$_2$"来介引宾语。进入句中的宾语也应该是表心理的抽象名词。

（三）对$_3$

"对$_3$"主要介引涉及对象。在使用中多以介词框架的形式出现,一些不以介词框架形式出现的"对$_3$"也可以补出框架的组成部分。

"对$_3$"主要跟"来说、来讲、而言"等构成介词框架,语料中以"来说"居多,如：

(23) 【对】一个女人来说,说不出来的东西往往能让她守一生。
(24) 事业【对】男人来讲,就意味着功成名就和一辈子的地位与寄托!

"对$_3$"介词框架的句法功能是比较单一的,一般都是放在句首或话题之后。周芍、邵敬敏（2006）指出,"对……来说/而言"主要是起到强调作用,如果在不需要强调的时候,人们往往选择"对"和"对于"。也就是说"对$_3$"介词框架中的"来说、来讲、而言"

经常可以省略。不过从实际语料的分析来看,省略介词框架的后半部分的用例是有条件限制的,一些省略的情况在语感上很突兀,而且在语料中所占的比例非常低,尤其是中介语语料中出现的频率更低。学生也往往会在介词框架的省略方面出现偏误。所以对于"对$_3$"介词框架的省略,从教学角度来讲,还是不加强调为好。

于

介引对象的"于"从语义功能上也可分为两种,一种是介引动作指向对象的,本章标记为"于$_3$"。另一种是介引比较对象的,本章标记为"于$_4$"。

(一) 于$_3$

1. 介词短语的构成

能跟"于$_3$"构成介词短语的只能是名词或代词,如:

(25) 它还是要服务【于】大众的。

(26) 现在我们只能寄希望【于】第九路了。

2. 介词短语的句法功能

跟表示时间和空间的"于"的用法一样,"于$_3$"构成的介词短语也多用于动词之后,如:

(27) 陷入了苦闷的周敏,不能把这些说破【于】唐宛儿,唯有一早一晚去城墙头上吹埙。

(28) 我在一本很好的杂志上看到一篇文字相当考究的小说,这篇小说的故事框架使我怀疑脱胎【于】许立宇的故事。

"于$_3$"构成的介词短语置于动词之前的用法不多见,此时构成介词短语的只能是指人的名词或代词,如:

(29) 尿裤子【于】我是家常便饭,并不以为耻。

(30) 我常常想,这么大个西京城,【于】我又有什么关系呢?

"于$_3$"的这些用法在语料中比较少见,受古汉语的影响比较大。

(二) 于$_4$

"于$_4$"的用法非常简单,只有两种情况:一是置于形容词之后,在语料中数量较多,如:

(31) 而在南德,以铁军的能力和那点"背景",估计很快会有提升的机会,所以从事业上说利大【于】弊。

(32) 如果翻译成英文或广东话，尽管语言上要损失一部分，也不会低【于】二流。

二是置于数量词语之后，这种用法在语料中数量不多，且只局限于"数词+倍"，如：

(33) 那时候，出租车管理不严，只要客人不强调，他从来不按计价器，要多少钱张嘴便来，往往几倍【于】应收钱数。
(34) 要形成围歼的局面我方力量必须十倍【于】敌同时要保持一只最硬的拳头敌人最疲惫的时候打出。

"于$_4$"没有用于谓语动词之前的用法。

冲$_2$

表对象的"冲$_2$"与"对$_1$"极为相似，只是"冲$_2$"在表义上指向性和方向性的双重性更明显。也就是说它与"冲$_1$"的表义比较接近，不像"对$_着$"和"对$_1$"那样有比较明确的分工[①]。

可以跟"冲$_2$"构成介词短语的只能是有生名词或代词，这也是"冲$_2$"与"冲$_1$"区别的重要方面，如：

(35) 刘明浩只是笑，笑完了【冲】我爸拱手："到时候再说，到时候再说。"
(36) 姑娘讨好地【冲】我笑，"其实我也想过，他用的是假名，方言可能不是他的名字。"

以上两例中的"冲"都可替换成"对$_1$"。但"冲$_2$"也有"对$_1$"无法替代的用法，即"冲$_2$"介词短语可作"来"的状语，而"对$_1$"不可以，如：

(37) 你们怎么都【冲】我来了？
(38) 请每一个律师都要庄之蝶出面，人家是【冲】庄之蝶来的，觉得官司或输或赢，为名人打官司也是自己律师生涯中一件可荣耀的事，庄之蝶只得笑脸相迎，好话相叙。

朝$_2$

表指向对象的"朝$_2$"在语料中用例非常少。因为"朝"的典型

---

① 具体分析参看第三章。

用法是表方向的"朝₁",所以"朝₂"的用法很少。这也是"朝₂"功能单一,没有自己独特之处所决定的。

"朝₂"只能加有生名词或代词构成介词短语,如:

(39) 老太太劈头盖脸【朝】元豹一通乱劈乱砍。

(40) 我在他脸转向这边时【朝】他微笑,指着旁边的一张空位叫他过来。

介词短语只能置于谓语动词前作状语。谓语动词以动作动词为代表,如:

(41) 杨重【朝】冯小刚竖起大拇指。

(42) 韩丽婷【朝】嫂子笑笑,笑得很难看。

向

对象介词"向"也有两种用法,一种是介引动作的指向对象,称之为"向₂",一种是介引动作的来源对象,称之为"向₃"。

(一) 向₂

1. 介词短语的构成

"向₂"多数跟有生名词或代词构成介词短语,如:

(43) 有一次方爸爸举起手,方枪枪以为他就要【向】自己招手了,可那手臂一下伸直,指向远方。

(44) 如果这里头有什么人什么事牵涉到你,你可千万要【向】组织上说清楚。

"向₂"还可以和一些抽象名词构成介词短语,如:

(45) 我认为我们对唐元豹已经做到仁至义尽了,道理都跟他讲了,出路也给他指出来了,现在就看他肯不肯觉悟,肯不肯【向】自己的过去告别,回到一贯正确的路线上来。

(46) 破了案对群众有个交待,也能提高市民的安全感,增加节日的祥和气氛,也算广大公安干警【向】国庆节献上的一份厚礼了。

2. 介词短语的句法功能

"向₂"介词短语只能作谓语动词的状语,如:

(47) 林一洲并不应声,只是低着头从自己手里的烟盒中费力地抽出一把烟,敏捷起身【向】屋里的所有男人分发。

(48) 在此【向】你们,【向】缉毒大队,【向】与我朝夕相伴的每一个人告别。

"向$_2$"介词短语后不能加心理动词,但可以用"向……表示+心理名词"结构,如:

(49) 现在我们是提前【向】你表示祝贺了,啊,表示祝贺!
(50) 刘顺明对赵航宇说,拿着一张纸站起来,"敬爱的赵航宇同志,我们'全总'主任团的全体成员在这里一致【向】您表示尊敬和谢意……"

(二) 向$_3$

"向$_3$"介引动作的来源对象,也就是说其后的动词多是"借、学习、了解、打听、咨询、询问"等表示"索取"的动词,如:

(51) 【向】你借,你是不肯的,实在抱歉啊,只好这么办了!
(52) 律师用半是恳求的口气【向】警察咨询:"这个应该没问题吧,这是挂脖子上的东西。

可以看出,"向$_3$"也只能跟有生名词或代词构成介词短语。

对于

学界对"对于"的研究也比较多。《现代汉语八百词》(吕叔湘,1980)认为,表示人与人之间的对待关系时不能用"对于"。《现代汉语虚词散论》(陆俭明、马真,1999)进一步补充认为,由"对于"组成的介词结构作状语时,一般要求中心语是一个复杂形式,而由"对"组成的介词结构作状语,则无此要求。所以,学界的研究多集中在"对于"与相关介词或句式的互换关系上。比如,傅雨贤(1981)详细分析了"对于"句与主谓宾句的互换条件,并指出"对于"句的使用往往是为了强调宾语,或宾语过长,为了简化句式。张谊生(2000)指出,"'对于'和'对……来说'所介引的对象是相反的。"周芍、邵敬敏(2006)指出,"对于"的产生是由于介词发展中的强化现象导致的。语法化中的强化(reinforcement)是指在已有的虚词或虚语素上再加上同类或相关的虚化要素,使原有虚化单位的句法语义得到加强。在虚化成分过分弱化时,它就有可能强化自身用法以保存语法力量。他们还针对为什么"对于"的使用会产生种种限制进行研究,认为这与"对于"的语义有关。

"对于"与宾语结合之后，其语用平面中隐含着引进某个话题，等待谓语部分进行陈述或评议的意思。如果介词宾语为单个名词，谓语为简单形式，或者介词宾语为复杂形式，谓语为简单形式，都无法表达某种评议，因此不具备"对于"句的成句条件。只有谓语为复杂形式，亦即包含了主体的某种态度、看法或主观意愿在其中时，"对于"从一方面看引进了动作行为的对象，另一方面它也充当了该句的中心话题。他们认为这一解释同样可以用于为什么"对于"句中的否定形式必须放在"对于"介词短语之后而不能在它之前。通过本章语料的考察分析，证明这一论断是十分正确的。这些分析对于加深"对于"句的认识和教学是很有帮助的。

关于"对"和"对于"的互换条件与限制，周芍、邵敬敏（2006）、孙蕾（2007）有比较详细的论述，此处不赘。

1. "对于"介词短语的构成

"对于"介词短语中的构成成分可以是体词性成分，比如名词、代词或名词性短语，如：

(53)【对于】他，【对于】这个家庭，她呕心沥血，而你庄之蝶一次一次伤她的心，难道一切都是假的吗？

(54)【对于】牛月清提出的离婚，在牛月清没有提出前，庄之蝶是恨不得一离了之。

在语料考察中发现"对于"之后多是具体的或复杂的名词短语，原因是"对于"通常是介引句子的话题成分的。从交际的角度讲，表述清楚的成分更容易成为话题，因为它利于会话的进行。

"对于"介词短语中的构成成分也可以是谓词性成分或小句，不过语料中出现的用例比较少，如：

(55) 这个案子你是发挥了很大作用的，【对于】摧毁这个贩毒据点，摧毁这个团伙，作出了重要的贡献，要不然罪犯也不会这么丧心病狂地报复你。

(56)【对于】魂灵有无，我自己是向来毫不介意的。（高级教程）

2. "对于"介词短语的句法功能

"对于"介词短语的主要功能是作状语，可以在句首引出将要谈论的对象，如：

(57) 【对于】他目前的处境我很同情,希望你们不要过分难为他,起码不要因我的缘故加重对他的处罚。
(58) 【对于】我的到来,像他父亲一样结结巴巴地客气了几句,便回到自己房间全无声息了。

也可以用在句中引出动作的对象,如:
(59) 但是,牛月清却狠心地把鹞子杀了,杀了又炖成肉汤让她和庄之蝶来吃,她【对于】那个家庭主妇的内疚之情一下子割断了。
(60) 女人【对于】男人要若即若离,如一条泥鳅,让他抓在手里了,你又滑掉。

刘月华等(2001)指出,"对于"介词短语作状语时,谓语多比较复杂。但"对于"的宾语与句中谓语主要有两种关系:一是"对于"的宾语可以表示谓语动词的受事,语义上受句中的谓语动词支配,如例(60);二是"对于"引进与动作有关的事物,"对于"的宾语在语义上不受动词的支配,如例(59)。

语料中也有少量介词短语作定语的用例,如:
(61) 众人见他口气很大,就让他谈谈【对于】未来世界的看法。
(62) 它【对于】自己的智慧的欠缺和不由自主的走神儿就长声叹息了。

3. "对于"构成的介词框架

"对于"也可以跟"对$_3$"一样,与"来说/说来"构成介词框架,如:
(63) 【对于】我们这群入道不久道行不深的新人来说,这是件打心眼里不愿意做的苦差事。
(64) 这醋意【对于】正在相爱的男女来说,本来也是一味幸福的作料,但因为暗地里有毛杰这块心病,所以铁军这种眼里不揉沙子的个性,就让安心格外恐惧不安,所以安心才觉得这是铁军的缺点毛病。

此介词框架与"对$_3$"介词框架功能一样,可以互换。

关于

"关于"的用法,学界讨论的不多。主要有张世才(2000)、刘月华等(2001)、王蕊(2004)等。对"关于"的功能和用法,大家分歧不大。我们在以往研究的基础上把"关于"的句法功能总结如下:

1. 介词短语的构成

构成"关于"介词短语的成分从理论上讲,可以是体词性成分、谓词性成分和小句。但从实际语料的考察来看,只有体词性成分,而且多是复杂的名词短语。若是谓词性成分或小句通常有"……的+名词"、"一事"等成分进行复指,也就是说这种"关于"介词短语不像其他的短语那样具有独立性。如:

(65)【关于】她回南德的原由,她没有跟铁军和婆婆说得过于具体,只说队里要她回去一趟,过去有个案子是她经手的,有些情况要回去交待一下。

(66)【关于】我无罪平反一事,他大发感慨,大骂法官检察官昏庸无道,并竭力鼓动我去告他们。

2. 介词短语的句法功能

"关于"介词短语可置于句首作状语,起到引出话题的作用,如:

(67)【关于】"第三者"的话题,是我一向比较回避的。

(68)【关于】后来的交往,她说:交往不太多,后来毛杰来找过她几次,也就是聊聊天什么的。

"关于"介词短语另一个比较重要的句法功能是作定语,如:

(69) 他对我的【关于】千万把钟宁伺候好的那些教导,也只是父子之间关起门来的体己话,不宜与外人道。

(70) 所以我跟她分手时说的那句【关于】让她赶快"改嫁去"的话,尽管不是我的本意,甚至是我内心深处最怕的事情,但我必须要说!

至于

介词"至于"的用法很简单,只能加体词性成分或小句构成介

词短语,置于句首介引话题,如:

(71)【至于】"妈妈"一词,知道是生自己的人,但感受上觉得是个人人都有的远房亲戚。

(72)【至于】你爱不爱他,是你的自由,我不会硬要求你爱他的,更不能强迫你爱他。

或置于一个小句之后,另一小句之前,起到转换话题的作用,如:

(73)还有关于小熊的病现在怎么样啦等等浮皮潦草的话题,【至于】我和安心的未来,未来怎么办,这些我最渴望向她了解也最渴望彼此沟通的问题,反而谁都没说。

(74)要证明狼吃羊是很容易的,【至于】怎么吃的羊,那只是技术性的问题。

"至于"构成的介词短语不能置于主语之后。"至于"也不能和其他成分构成介词框架。

给

"给"是现代汉语中用法最为特殊的词之一。无论是作动词还是介词,它都构成一种比较特殊的句式。因此,有关"给"的研究论文非常多。研究主要集中在以下几个方面:

一是"给"字句式的研究,主要成果有朱德熙(1979,1983)、周长银(2000),周国光、王葆华(2001),任志萍(2001),杨玲、沛如(2001),延俊荣(2004),王凤敏(2005)等,这些论文对"给"的词性看法不一,也导致对句式的定性不同。综合各位的研究成果,撇开"给"的词性不谈,应该有四种句式,分别是①:

S_1: Ms + D + 给 + M′ + M
S_2: Ms + D + M + 给 + M′
S_3: Ms + 给 + M′ + D + M
S_4: Ms + D(给)+ M′ + M

这几种句式朱德熙(1979)都称之为动词"给"字句。S_4 中的

---

① 引自朱德熙(1979),本章仅把 S4 中的 D 后加上"给"。因为 D 可以动词"给",也可以是其他给予动词,本章只涉及 D 为"给"的形式。

"给"为动词是毫无疑问的。大部分的学者,比如吕叔湘主编(1980),傅雨贤、周小兵(1997)等,都认为S_1—S_3是介词"给"构成的句式。

二是关于"V+给"中"给"的词性问题,大体有三种观点:一种是把"给"看做介词,比如吕叔湘主编(1980)等;一种是把"给"看做动词,比如朱德熙(1979,1984);一种是把"给"看做助词,比如施关淦(1981)等。现在还有人把"V给"看成一个复合词,有的人把其中的"给"看成词缀,有的人还是把其中的"给"看成介词。实际上,"给"在"从古代的动词向现在介词发展的过程中,'尚未完全演化完成,能完全独立','仍留有动词的残影'。因此,即便作为介词看,在语义上与'动词'给'有密切的联系'(李纳、Thompson,1983)。"① 这实际上是现代汉语介词普遍存在的一个共性问题,因为大部分的介词都是由动词转化而来的。有的介词语法化的程度不是很高,自然与动词的关联就要紧密一些。前几章讨论的"在、于、向、往"等介词也都可置于动词之后,但位置不是判定其词性的主要标准,还是要依据词的语法功能来判断其词性。朱德熙(1979)指出,如果S_1中的动词本身带有"给予"义,其中的"给"可以省略,句式也就变成了S_4。所以,可以把S_4看成S_1的特殊情况。也就是说如果动词本身带有"给予"义,其后的"给"并不具有"给予"义,此时的"给"是可以省略的。说明这种情况下的"给"不是动词,它只起到引介给予对象的作用。朱先生同时也指出,一些动词似乎不包含"给予"义,但这些动词在S_1出现的时候,整个句子也是表示给予的,其中的"给"是不能省略的。这两种论述从表面看似乎是矛盾的,但其实"句子的给予义在更多情况下是句子的整体意义,是特定句式,是句中的名词和'给'以及可进入给予句的动词之间的语法结构,语义结构有机结合的结果。"(傅雨贤、周小兵,1997)所以,置于动词后的"给"仍应看做介词。

三是"给"的语法意义分析,吕叔湘主编(1980)把介词"给"的语法意义列为6种,范晓(1987)把"给N"的语法意义

---

① 转引自齐沪扬,1995。

列为7种，张斌主编（2001）也把介词"给"的语法意义列为7种，但名称和范围与范先生不同。可见，介词"给"的语法意义的确复杂多样，学者们的考察也细致入微。但对于学者所论述的语法功能在教学中如何取舍，是我们要解决的一个问题。

从语料库的考察来看，学者们讨论的"给"介引施事、损害对象、致使对象、服从对象以及"给"相当于"在、把、让"等用法[①]在语料中出现的频率很低，尤其是在中介语语料中很多用法根本就没有出现用例。因此，"给"的这些用法在对外汉语教学研究中的意义不大，本章暂不讨论。本章仅考察"给"的三种典型的语法意义：① 介引"给予对象"，称之为"给$_1$"；② 介引"服务对象"，称之为"给$_2$"；③ 介引"指向对象"，称之为"给$_3$"。

（一）给$_1$

"给$_1$"引进动作的给予对象，"给"后宾语是事物的接受者。关于给予之物，傅雨贤、周小兵（1997）有十分精到的论述：

> "所谓可供给予之物，不是指脱离了具体结构的孤零零的单个儿名词所代表的实物，而是指靠动词来'定义'的名词所代表的实物。离开动词讨论名词或者离开名词来讨论动词都是没有意义的。动词和名词本来就是相互依存、相互定义的，它们的意义是在具体结构中实现的。"

这对于定义给予句和"给$_1$"是十分有帮助的。傅雨贤、周小兵（1997）同时也指出，"给予句里的 N_3（给予物，笔者加）一般很少是一个光杆名词。"这和朱德熙（1979）的"给予句中 M（给予物，笔者加）最常见的形式是'数量词＋名词'"结论一致。这对分辨 S_3 中的"给"的归属也很有帮助。

因为"给$_1$"介引的是事物的接受者，所以"给$_1$"后的宾语只能是指人的有生名词或代词。如：

（75）部长竟让她捎了一封信【给】厅长，上有三条处理指示：……。

（76）牛月清很感念她的善心，要付钱【给】她，她硬不要。

[①] 这些论述可参看范晓（1987），傅雨贤、周小兵（1997）等。

"给$_1$"可以出现在上述 S$_1$、S$_2$、S$_3$（参见第 128 页）句式中的任何一种。当"给$_1$"进入 S$_1$ 时，其基本格式是 Ms + D + 给 + M′ + M。如：

(77) 杨重躬身退开，指【给】冯小刚一张空位。

(78) 是张来子爹在世的时候，光景不错，借【给】了张来子舅舅八十元，来子他爹一次挖土方，崖塌下来被砸死了，来子去向他舅舅讨账，他舅舅却矢口否认。

对于进入此格式的动词，朱德熙（1979）曾有很精辟的论述，他认为能进入此格式的动词是一个不大的封闭的类，其语义可以是"给予"，也可以是"非给予"。"非给予"义的动词进入此格式后，整个句子表达的语义还是"给予"。其中表"给予"的动词可以不需要介词"给"就能进入句式，而表"非给予"的动词后也必须要加"给"，句式才能成立，比如例（77）去掉"给"后，句子不能成立。另外，一些既有"给予"又有"取得"义的动词，也需要"给"来标明动作的指向，如例（78）去掉"给"后，句子有歧义。而且这些"非给予"动词的用例在语料中不在少数。傅雨贤、周小兵（1997）补充了进入格式的名词（M）必须能体现一个可供给予的实物，因此就排除了"唱（歌）、打（地）、吹（头）、砌（墙）"等动词进入格式的可能性。比单从动词的性质入手更好理解，也更好操作。

当"给$_1$"进入 S$_1$ 时，其基本格式也可以有所变化，即用"把"字提前"给予"物，构成"Ms + 把 + M + D + 给 + M′"格式，如：

(79) 你把她许【给】了赵京五，又要许市长的儿子？

(80) 主持人把话筒递【给】姑娘。

在此格式中，动词多是"给予"类动词，"非给予"动词一般是不出现在此格式中的。此时，虽然句中的动词都是"给予"类动词，句中的"给"也不能省略。

另外，"给予"物"M"还可以随句式的变化，出现在宾语或主语的位置，如：

(81) 庄之蝶说：这里有一份写企业家的稿子，你直接送【给】报社文艺部张主任，让他越早越好地登出来。

(82) 房子和主要家具留【给】了周瑾，我只拿走了一部分现款。

当"给$_1$"出现在 S$_2$ 中时,进入该格式的谓语可以是"给予"类、"取得"类和"制作"类等三类动词,如:

(83) 她是教语文还是教算术,我也忘了,那么多日子上她的课,她也一定传授了一些基础知识【给】方枪枪。

(84) 门前有了讨饭的,家里没有现成吃的,也要去饭馆买了蒸馍【给】他。

(85) 柳月每次待他回来,就沏一杯桂圆精饮料【给】他,他说:"柳月会体贴人了?"

不过需要说明的是,如果在"M′"之后又出现其他动词,此时的"给"多为动词而非介词,整个句式是"连动兼语套用的句式"(赵金铭,1992),不在本章研究范围之内,如:

(86) 这类人待你好了,好得割身上的肉【给】你来吃,说是不好,立马三刻就翻脸不认了人的。

(87) 还带来了一斤块块糖,【给】孩子们吃。(高级汉语教程)

当"给$_1$"出现在 S$_3$ 中时,进入该格式的谓语动词也可以是"给予"类动词、"取得"类动词和"制作"类动词。其中的"给"是有歧义的,可以理解成"给$_1$",也可理解成下文将讨论的"给$_2$",我们采用傅雨贤、周小兵(1997)的分辨标准:"给予"句中的"给予"物必须是确指的名词性成分,如:

(88) 她爸爸妈妈到广屏来看过她一次,【给】亲家母带来好多清绵的土产山货。

(89) 牛月清取下来,看是一枚大理象牙带坠儿的发卡,说:宛儿,周敏也【给】你买了这卡子?

(90) 今儿我好好【给】你做顿饭,让你尝尝我的手艺。

以上"给予"物是确指事物时,句中的"给"是"给$_1$"。否则,句中的"给"是"给$_2$"。

(二)给$_2$

介词"给$_2$"引进动作的受益者,是"给予"义的抽象和引申,因为"从纯概念角度说,受物与受益两个概念确能互通"(傅雨贤、周小兵,1997)。但受物与受益在句法形式上是不同的,不能混淆使用,所以还有区分的必要。另外,"给$_2$"多数可与"为$_1$、替"互换,而"给$_1$"一定不能。

能与"给$_2$"构成介词短语的也多是有生名词或代词,如:

(91) 隔离室其他男孩也都争着【给】女孩当随从。

(92) 我【给】你推拿一下,保你好使。

非有生名词构成介词短语的用例也有一些,但数量较少,如:

(93) 女记者从包里拿出个傻瓜相机,【给】闪光灯充电,滋滋叫着。

(94) 都想试巴着【给】中国指道儿,我们还哪儿都不去了!

本章"给$_2$"的用法包括吕叔湘主编(1980)所述"给我"表"替我、为我"的用法,如:

(95) 谁让你【给】我挣钱了?

(96) 让美国空军【给】我们运!

因为这种用法实际上就是引进服务的对象,只不过"给我"的语义较虚,且有比较强的感情色彩,语气较重。同样,也包括一些"给你"、"给他"等表受益的用例。

"给$_2$"介词短语只出现在 S_3 中,不能出现在 S_1 和 S_2 中,如:

(97) 马上就要检阅了,他不说抓紧时间【给】你热热身,倒自己跑去出头。

(98) 一连几天我都【给】它打针、换药。

(三) 给$_3$

"给$_3$"介引动作的指向对象。"给$_3$"多数能与"对$_1$、向$_2$、跟$_5$"互换。能跟"给$_3$"构成介词短语的也只能是有生名词或代词,如:

(99) 庄之蝶【给】柳月挤挤眼,说:就去,就去。

(100) 可我还要【给】你说的,我不说就要憋死我了!

"给$_3$"介词短语也只出现在 S_3 句式中,能跟"给$_3$"介词短语连用的多是言语类动词和抽象动作动词,如:

(101) 你【给】人家姑娘谈过了吗?

(102) 一律拿了听筒说不在,你【给】人家发脾气吗?

"给$_3$"的很多用法都是比较口语化的,在方言中可能比较多,但在普通话中出现的频率不是非常高。

为$_1$

介词"为"有多种用法,介引对象只是其功能之一,本章把介引对象的"为"标为"为$_1$"。介引对象成分时,"为$_1$"与"给$_2$、替"有一定的互换关系,引起了学者们的注意,如李晓琪(1994)、黄瓒辉(2001)、王西亚(2002)、孙玉新(2007)等都对此进行了研究。他们的研究对于认清这三个介词之间的异同很有帮助,有很多可以借鉴的地方。

1. 介词短语的构成

吕叔湘主编(1980)和张斌主编(2001)都指出,"为"介引对象时,后面要加名词。他们都未指出这个名词的特性是什么,但从他们的举例来看,这些名词都是有生名词,还包括代词。通过语料考察发现,"为$_1$"介引的成分的确大部分是有生名词,如:

(103) 我以在野之身更利于团结他们【为】大清效力,引导他们把运动方向扭到"扶清灭洋"上来。

(104) 我们特意搞到了一盘札幌大赛的录像带,会议休息期间将【为】各位股东播放。

但也有与非有生名词构成的介词短语,只是在语料中的数量非常少,如:

(105) 刘曾对同事讲,该男人为某电影厂导演,正在【为】其《男人中的女人》一片选演员。

(106) 【为】日后的流行创造了条件。

另外,两本词典都指出"为$_1$"后还可加动词性成分或小句,但从语料考察来看,这样的用例非常少,在母语者语料和教材语料中各有一例:

(107) 因为有了许立宇的车和他的钱包,【为】我们引诱那些轻浮的妞儿提供了很大便利。

(108) 我认为,这不仅有利于发展北京的旅游业,【为】外国人了解北京的风俗提供了方便条件,也会对北京的国际化起到积极作用。(初级 汉语)

这种用法在实际交际中运用得很少,而且介引动词或小句表对象,学生理解起来比较困难,可以考虑不把这一用法引入教学。

2. 介词短语的句法功能

"为₁"介词短语只能用于句中主语之后,作谓词的状语,不能置于句首。"为₁"介词短语之后的谓词性成分通常都是动词,一般都是表具体行为的动词,动词后可以带宾语,也可以不带宾语,如:

(109) 气得牛月清说:京五你瞧瞧,你庄老师就是这号男人,从来不【为】我遮风挡雨!

(110) 奇闻的另一则是本城×医院本月×日,【为】一妇人接生,所生胎儿有首无肢,肚皮透明,五脏六腑清晰可辨。

短语之后的谓词性成分也可以是形容词,如:

(111) 也别【为】我难过,都是过去的事了,不值当。

(112) 他们也在【为】乡亲们着急,从小就知道好人子弹少,大部队总是在打完仗才赶到。

表对象的介词"为₁"后不能加"了、着",能加"了、着"的"为"是表缘由的介词。另外,表对象的介词"为₁"也不能构成介词框架。

替

介词"替"由于受动词"替"的语义影响比较多,替代义很明显。从广义上讲,"替代"也是一种服务,只不过是一种更加具体的"替代服务",因此"替"与"给₂、为₁"有着一定的互换关系。在三个具有互换关系的介词中,"替"的出现频率在三种语料中都是最低的。

1. 介词短语的构成

从语料考察来看,"替"的介词短语构成很简单,只能与有生名词或代词构成介词短语,如:

(113) 杨重【替】马青圆场,"闹革命玩恐怖在外国都是有钱人的娱乐,时髦着呢。"

(114) 你是要叫我【替】你付罚金吗?

2. 介词短语的句法功能

"替"介词短语只能在句中作状语,句中的谓语动词多是带宾语的,不带宾语的占少数,如:

(115) 从那天夜里安心在街角向他哭诉,到后来他【替】安心还了欠债,他们之间显然不是一般的朋友。

(116) 于观【替】冯小刚回答。

句中的谓词性成分也可以是形容词，如：

(117) 那就太说不过去了，我都【替】你害臊。

(118) 方枪枪不【替】他们担心。

"替"介词短语前的主语也一定是有生名词或代词。这是"替"特殊的语义特征决定的，因为在"$N_1+替+N_2+V$"这个格式中，V的动作本应由 N_2 来完成，但实际上是由 N_1 来完成的，N_2 只承受"N_1+V"所带来的结果。所以，"替"句式的表义和用法就很单一了。"替"和"为$_1$"替换相对自由，除了介词短语是由介词加动词性成分或小句构成的不能替换以外，其他的几乎都可以无条件互换。但"替"与"给$_2$"的互换是有限制的。从语料分析来看，基本只存在从"给$_2$"到"替、为$_1$"的单向的替换关系，反向替换往往不行。这主要是因为：①"替、为$_1$"介词短语可以修饰形容词，而"给$_2$"不可以；②"替、为$_1$"介词短语可以修饰具体动作，而"给$_2$"不可以。

跟

对象介词"跟"在与不同的谓语成分结合时，会表达不同的语义。学界对这一现象关注很多，并以此把"跟"分为数个。比如吕叔湘主编（1980）把"跟"分为四个，分别是表共同、协同，指示与动作有关的对方，表示与某事物有无联系，以及引进用来比较的对象。傅雨贤、周小兵（1997）把"跟"分为表示"协同、共同"、表示"相关"、表示"对象"、表示"比较"和相当于"在"五类。何薇（2004）把"跟"分为表示协同、表示共同、表示关联、引进比较对象、引进与动作相关对象和表示动作行为所涉及的事物的来源六类。可以看出诸多的研究除了所使用的名称有别、各类的大小范围有别以外，实质上都跟吕叔湘主编（1980）对"跟"的解释差不多。吕叔湘主编（1980）所列的是"跟"的最基本、最典型的介词用法。至于傅雨贤、周小兵（1997）所提出的"跟"相当于"在"的用法，和上文"给"相当于"在"的用法一样，在语料中确有用例出现，但这种用法非常口语化，在现实生活中并不多见，而且完全可由"在"替换。所以，在对外汉语教学中，尤其是初、中级阶段的教学中没有教授的必要。有学者提到的"跟"表受益对象的用法在语料中也很鲜见,所以本章也暂不把这种用法纳入考察范围。综合以往学者们的研究,结合"跟"表义的特点,并从教学的角度出发,我们把"跟"分为表协同、表共同、表关联、表比较、表指向、表索取等六类,分别以跟$_1$、跟$_2$、跟$_3$、跟$_4$、跟$_5$、跟$_6$表示。"跟"的六种用法在句法格式上是一致的,都是"N_1 + 跟 + N_2 + V",但不同表义的"跟"在句中谓语动词的选择和句子的深层语义关系上是不一样的。

(一)跟$_1$

"跟$_1$"是介引协同对象的。所谓协同是指动作是由两个或两个以上参与者一起完成的,其中的一个参与者占主导地位,另一个参与者占随从地位。

1. "跟$_1$"只能跟有生名词或代词构成介词短语,如:

(119) 热闹的婚礼之后,铁军照习俗【跟】安心回了一趟娘家。

(120) 什么时候你们有空儿【跟】她逛回商场,会挑着呢——是不是南希?

2. "跟$_1$"在使用时常会与"一起、一同、一道、一块、一并、一同"等协同副词联用。"跟$_1$"介词短语所修饰的动词不是必须有两个主体一起才能完成的,这是"跟$_1$"与"跟$_2$"最大的区别,如:

(121) 我回头看了眼正【跟】石玉萍边说带笑的阮琳。

(122) 赵航宇恨恨地说,"走,你【跟】我一起去找白度,看她回来没有,事情成败现在全靠她了。

以上两例中的"边说边笑"和"去找白度"都不是必须有两个参与者才能完成的,一个人也可以做到。"跟"之前的名词是协同者,"跟"之后的名词才是动作的主要实施者。

(二)跟$_2$

"跟$_2$"介引动作的共同对象,其后动词必须有两个主体共同来完成,如:

(123) 钟宁已经先到了,正在病房外【跟】肇事的司机吵架。

(124) 我说爸,我【跟】钟宁吹了,我今天已经辞了职,跟您说一声。

以上两例中的"吵架"和"吹"必须有两个参与者才能实现,一个人是无法产生这类动作的。类似的动词还有"结婚、离婚、结仇、商量、交朋友、打交道、聊天、过不去、联系、争辩、说话"等。"跟$_2$"不能与"一起、一同、一道、一块、一并、一同"等协同副词连用。如果上述动词跟这些协同副词连用了,那么"跟"就是"跟$_1$"而非"跟$_2$"了,如以上两例修改成:

(123′) 钟宁已经先到了,正在病房外【跟】肇事的司机一起吵架。

(124′) 我说爸,我【跟】钟宁一起吹了,我今天已经辞了职,跟您说一声。

例(123′)表达的是我和肇事的司机都吵架了,我吵架的对象不是肇事的司机,肇事的司机吵架的对象也不是我,而是其他人。例(124′)表达的是我和钟宁都跟别人吹了,而不是我和钟宁"吹了"。

(三)跟$_3$

"跟$_3$"介引关联对象,说明主语和介词宾语之间的关系。这种用法在语料中最常见的是用于"有"字句,如:

(125) 主持人:你现在写的题材好像【跟】缉毒有关的比较多。

(126) 可你知道我这人有个毛病,凡是【跟】我有金钱往来的女孩儿,我就不想跟她再谈别的了。

也可以用于"跟$_3$"介词短语修饰形容词的句子,如:

(127) 其他白人、【跟】我们不好的,都叫鬼子。

(128) 当时他【跟】小李子倍儿瓷,人给害了鞋拨了下来揣袖子里了,这是历史上的一个谜。

无论"跟$_3$"介词短语修饰什么成分,它都表示主语和介词宾语之间存在某种"关系"。

(四)跟$_4$

介引比较对象时,"跟$_4$"也可以跟名词性成分、动词性成分,甚至小句构成介词短语,如:

(129) 海岩:【跟】绝大多数网友观察能力差不多,没有刻意的去观察,只是和人交往当中,有什么体会,有什么想法,可能会表现在我的作品里。

(130) 没有没有,我们中国人都这样儿,夸起来【跟】骂人也差不多——热情奔放。

(131) 老帽也是人,有什么呀,大不了【跟】冯兄去越南一样、逛一圈谁也没打着囫囵着回来了,人也是三等功臣,说起来也有的说。

"跟$_4$"介词短语在句中的作用就是作状语,一方面可作为"比、相比、比较"等的状语,如:

(132)【跟】那些新来的比,我们这些老同志都算夹生的。

(133) 这么说吧,近年来可以【跟】这事相比的只有两件,一是唐山大地震,一是吉林陨石雨。

一方面可作为"(不)一样、差不多、不同、相反"等形容词的状语,请看例句:

(134)【跟】刘明浩当初说的差不多,每月工资奖金一千挂零,管两顿饭,可以在单位里洗澡,上下班还有班车。

(135) 当然我这情况【跟】你们不同,我那个前妻就是个小市民,一天到晚唠唠叨叨,庸俗得很,没什么爱情——我没给过你名片吧?

在"跟……一样"结构中,"一样"之后可加形容词表示程度,如:

(136)【跟】你一样漂亮的小伙子有的是。

(137) 他也就是一句"一江春水向东流",我除了【跟】他一样愁还有好多哲理呢。

而"跟……不一样"结构中,却很少能在后面加形容词,或作谓语动词的状语。通过语料考察发现,"跟……不一样X"几乎没有,这与郭熙(1994)、肖奚强和郑巧斐(2006)的研究结果是一致的。

另外,"跟$_4$"介词短语还可以修饰"(没)有不同、(没)有区别、(没)有差异、(没)有差别"等"有"字成分。

(五) 跟$_5$

"跟$_5$"介引动作的指向对象,其用法同"对$_1$、向$_2$"类似,但并非与它们都可以无条件互换。"跟$_5$"的用法与"跟"的其他用法的不同主要存在于句中的谓语部分。

"跟$_5$"只能与有生名词或代词构成介词短语。介词短语后可加言说类动词，此时"跟$_5$"与"对$_1$、向$_2$、给$_3$"① 有互换关系，这在"跟$_5$"的用法中占了很大一部分，如：

（138）可我又怎么【跟】人解释呢，我怎么能说我的爱人，我的女朋友离家出走了，不知去向了。

（139）钟宁回家【跟】她哥一说，她哥也皱了眉头。

另外"跟$_5$"介词短语后还可加一些抽象的行为动词，也与"对$_1$、向$_2$"有互换关系，但不能跟"给$_3$"互换，如：

（140）长这么大我【跟】谁服过软？

（141）我下车【跟】她赔笑，伸出手去。

（六）跟$_6$

"跟$_6$"介引索取对象，与"向$_3$"有互换关系。它们之间的区别主要是语用上的，也即"跟$_6$"的使用是口语化、非正式的，"向$_3$"的使用是书面化、正式的。"跟$_6$"介词短语后的动词类别跟"向$_3$"介词短语后的动词类别一样，都是表索取的动词，如"要（东西）、学、借、换"等。分析可参看上文"向$_3$"部分，此处不赘。

和

介词"和"的用法与"跟"一样，只是"和"在部分用法上有口语化倾向的问题，不会对使用造成影响。但在语料中"和"没有出现介引动作的索取对象的用例，"和$_1$、和$_2$、和$_3$、和$_4$、和$_5$"分别是表协同、表共同、表关联、表比较、表指向的用法。这些相关用法分析可参看"跟$_1$"——"跟$_5$"部分，此处不赘。

同

介词"同"的用法也和"跟"的相关用法一样，只是"同"更加口语化，但不会对使用造成影响。语料中"同"没有出现介引动作的关联对象的用例，也没有出现"同"介引动作索取对象的用例。"同"在语料中只出现"同$_1$"介引协同对象，"同$_2$"介引共同对象，"同$_3$"介引比较对象，"同$_4$"介引指向对象的用法，分析可参

---

① "给$_3$"的用法是非常口语化的，所以它虽跟"跟$_5$"有互换关系，不过仍以"跟$_5$"的可接受度高。

看"跟"的相关部分，此处不赘。

与

介词"与"的用法跟"和"完全一样，语料中也没有出现"与"介引动作的索取对象的用例，"与$_1$、与$_2$、与$_3$、与$_4$、与$_5$"分别是表协同、表共同、表关联、表比较、表指向的用法。它们的相关用法分析可参看"跟"的相关部分，此处不赘。

随

"随"的动词用法要远多于介词用法，所以不少学者对"随"的介词用法持否定态度。本章对介词"随"的考察以教学大纲的编排为依据。从广义上讲，介词"随"介引的也是动作的协同对象。

1. 介词短语的构成

"随"介词短语的构成成分只能是名词或代词性成分，通常是生命度较强的事物，如：

(142) 我【随】贝贝去美国时都没有向他辞行。

(143) 我不情愿地站起来，【随】他出了门。

若是一些生命度很低的事物，通常也是一些可以有变化或运动的自然现象，如：

(144) 有潮湿微腥的气息【随】风吹来，那是山坡后八一湖水的味道，光闻闻心中也会生出一小片清凉。

(145) 那天，西北高原刮直大风，被吹起的漫天黄土【随】着高空气流带到本市。

2. 介词短语的句法功能

"随"介词短语只能在句中位于谓语动词前作状语，以上几例都是这种情况，再如：

(146) 我【随】他走进一个卖小吃的棚子间。

(147) 车窗外仍是千波万涌，一望无尽，这是真正的稻浪【随】风起伏滚至天边。

表对象的介词"随"，因其动词性还较强，所以以上几例都可以加"着"，语义没有任何变化。"随"不能跟任何其他成分构成介词框架，在句中也不能随便省略。

比

"比"是介引比较对象最典型的介词,用法也比较复杂。因此,学界通常把它作为一个特殊句式来进行研究。"比"字句无论在本体研究方面,还是在对外汉语研究方面,成果都比较多,许国萍(1996)的研究综述把学界以前的"比"字句研究作了十分细致的归纳,陈珺、周小兵(2005)和王茂林(2005)分别作过"比"字句的习得顺序研究和偏误研究。本章在原有研究的基础上,按介词的研究思路进行分析,主要目的是与表比较对象的"跟$_4$、和$_4$、同$_3$、与$_4$"进行比较,不涉及非常细致的句式划分问题。

1. 介词短语的构成

对事物进行比较时,比较的方面或角度可以有很多,因此介词"比"所介引的对象也就多种多样。首先,"比"可以加有生名词或代词构成介词短语,如:

(148) 发言的妇女仇恨地瞅着低头站在一边的元豹,"你们的心比蝎子还毒,【比】地主老财还狠!"

(149) 【比】别人聪明伶俐更会绕着弯子骂人是不是?

其次,"比"还可以跟无生名词或代词构成介词短语,如:

(150) 可城里【比】白天还热闹。

(151) 你一点不必觉得你【比】别人坏。

再次,"比"还可以跟"的"字短语构成介词短语,如:

(152) 方妈妈爱说"朝鲜的大米【比】长春的好吃"。

(153) 说的【比】唱的好听。

然后,"比"还可以跟动词性成分构成介词短语,如:

(154) 小熊见到我【比】见到安心还要亲。

(155) 开人代会【比】打一场战争还紧张的。

最后,甚至还可以加小句构成介词短语,如:

(156) 难为您惦记着,百忙之中还跑一趟,其实不来也罢了,我看见您【比】您看见我还不踏实。

(157) 你要真横,你还不如坐这儿原来倒电子表,那也【比】你调一个军来管用。

无论是哪种成分与"比"构成介词短语,句子的主语都是与它同类的成分。

2. 介词短语句法功能

"比"介词短语作状语的用例非常多,其后多数加形容词性谓语,如:

(158) 一条母狗也【比】你体面点。

(159) 他穿得【比】你整洁多了。

还可以加心理动词构成的谓语,如:

(160) 香港人一个劲儿对台湾人说,"我经常回来,【比】你了解。"

(161) 这我【比】你清楚,漂亮,侦破改言情了——你知不知道后来我们为什么,嗯,分手了?

"比"字短语形式上的否定形式是在"比"之前加"不",不能加"没",而且"不"也不能置于"比"介词短语之后,如:

(162) 家里的饭菜并不【比】保育院的饭菜更丰盛,但每一个米粒,每一根菜叶都那么入味,芳香满口。

(163) 可他忘了云南人见义勇为和爱管闲事的性格一点也不【比】北方的天津人差,马上有人拦住他:"喂,你别走,你说清楚这小孩到底是怎么回事!"

如果要从意义上表达否定,不能用"不比",而要用"没有"。"比"介词短语的否定形式是外国学生很容易犯错的地方。

由$_2$

通过语料考察可以发现,"由"介引施事时并非都是表被动的。事实上,在受限的语料中检索到"由"表被动的例子非常少,所以本章考察的"由"都是表主动的。区别于第三章讨论的空间介词"由$_1$",本章讨论的"由"标记为"由$_2$"。

1. 介词短语的构成

"由"介词短语中的构成成分只能是名词或代词,而且是生命度比较高的名词或代词,如:

(164) 于是人马出动,【由】安心带路,分三辆汽车,十几个人,乘夜色,风驰电掣般地直扑毛杰的家来了。

(165) 主动撤诉对检察院来说，比【由】法庭宣告无罪面子上好看一点。

2. 介词短语的句法功能

"由$_2$"介词短语中的宾语是句中谓语的主事，是谓语动作的具体实施者。以上两例中"安心"是"带路"的实施者，"法庭"是"宣告无罪"的实施者。因此"由$_2$"介词短语通常是作主语的。此时"由$_2$"可以省略，句义不变。再如：

(166) 【由】刘顺明同志接替主持唐元豹培训工作。

(167) 【由】孙国仁同志接任坛子胡同保安司令。

若句中的谓语动词后带宾语，"由$_2$"可以改变原有句子的语序使其变成"宾+由+名+动"，如：

(168) 现在国有企业也都停止福利分房了，已经分的房子也得【由】个人买下来。

(169) 下面的话依然【由】那位方主任继续说下去，安心不用问也知道，他们今天找她，这架势、这表情、这气氛，绝不仅仅是通知并祝贺这桩喜讯。

语序的改变是篇章照应的需求，因此"由$_2$"的这一功能是其他词语无法代替的。

从以上的分析，可以清楚地看到对象介词各用法之间的联系错综复杂。所以，想把各对象介词之间、对象介词各种语义之间的区别完全理清楚是比较困难的，还需要继续研究，切不可采用一刀切的方法。

第二节　对象介词的频率考察

本节考察对象介词在三种语料——汉语母语者语料（150万）、中介语语料（150万）和对外汉语教材语料（约53万）中的频率分布，进而初步了解外国学生的使用与汉语母语者有何异同，以及教材的出现频率与外国学生的使用频率有何异同，为下文的习得考察奠定一个频率基础，请看表4.1：

表 4.1

	汉语母语者		外国学生		教材	
	出现频次	出现频率	出现频次	出现频率	出现频次	出现频率
对$_1$	1 070	7.133	608	4.053	239	4.509
对$_2$	999	6.660	1552	10.347	404	7.623
对$_3$	87	0.580	683	4.553	30	0.566
于$_3$	59	0.393	36	0.240	33	0.623
于$_4$	46	0.307	7	0.047	20	0.377
冲$_2$	187	1.247	6	0.040	17	0.321
朝$_2$	61	0.407	1	0.007	9	0.170
向$_2$	335	2.233	206	1.373	195	3.679
向$_3$	28	0.187	28	0.187	10	0.189
对于	21	0.140	72	0.480	56	1.057
关于	92	0.613	197	1.313	27	0.509
至于	32	0.213	18	0.120	28	0.528
给$_1$	926	6.173	955	6.367	462	8.717
给$_2$	656	4.373	217	1.447	299	5.642
给$_3$	278	1.853	155	1.033	30	0.566
为$_1$	332	2.213	125	0.833	169	3.189
替	132	0.880	32	0.213	76	1.434
跟$_1$	130	0.867	667	4.447	60	1.132
跟$_2$	356	2.373	779	5.193	140	2.642
跟$_3$	45	0.300	118	0.787	21	0.396
跟$_4$	156	1.040	680	4.533	57	1.075
跟$_5$	374	2.493	237	1.580	93	1.755
跟$_6$	27	0.180	13	0.087	16	0.302
和$_1$	237	1.580	65	0.433	54	1.019
和$_2$	576	3.840	79	0.527	132	2.491
和$_3$	42	0.280	17	0.113	11	0.208
和$_4$	187	1.247	133	0.887	72	1.358

续表

	汉语母语者		外国学生		教材	
	出现频次	出现频率	出现频次	出现频率	出现频次	出现频率
和$_5$	34	0.227	4	0.027	8	0.151
同$_1$	15	0.100	1	0.007	3	0.057
同$_2$	34	0.227	3	0.020	14	0.264
同$_3$	12	0.080	2	0.013	9	0.170
同$_4$	2	0.013	0	0	2	0.038
与$_1$	14	0.093	8	0.053	9	0.170
与$_2$	155	1.033	25	0.167	51	0.962
与$_3$	35	0.233	7	0.047	12	0.226
与$_4$	43	0.287	18	0.120	23	0.434
与$_5$	4	0.027	1	0.007	0	0
随	41	0.273	21	0.140	26	0.491
比	545	3.633	988	6.587	218	4.113
由$_2$	148	0.987	78	0.520	55	1.038
总计	8 553	57.020	8 842	58.947	3 190	60.189

注：汉语母语者及外国学生使用频率＝使用频次/语料总量（150万），教材出现频率＝输入频次/语料总量（53万），表中的频率都是万分位的。

从表 4.1 的总计数据来看，汉语母语者、外国学生及对外汉语教材对象介词的出现频率是差不多的，给人一种外国学生对象介词使用情况良好的假象。仔细分析一下每一个对象介词及其不同用法的使用情况就会发现，各对象介词及其不同用法的使用情况大相径庭。

把表 4.1 中的频率转化成以下两张频率图，可以很明显地看出各对象介词及其不同用法的频率变化情况：

从图 4.1 和图 4.2 可以很清楚地看到，在中介语中有四分之三强的对象介词是使用不足的，但它们的数量都比较少。只有四分之一的对象介词"对$_2$、对$_3$、关于、跟$_1$、跟$_2$、跟$_3$、跟$_4$、比"的使用是超量的。它们所占的数量不仅比较多，而且都是严重超量的。只有一个介词"向$_3$"的使用情况三种语料差不多。所以，外国学生对象介词的使用存在很大问题。

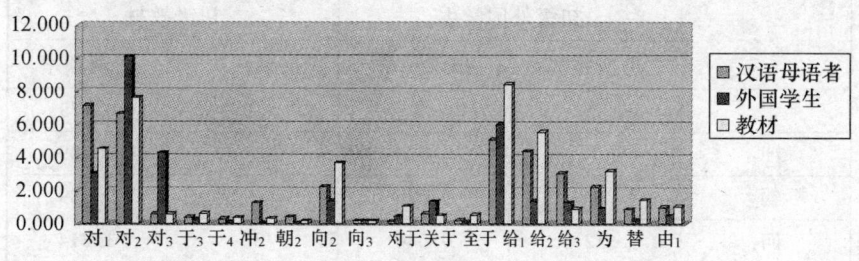

图 4.1

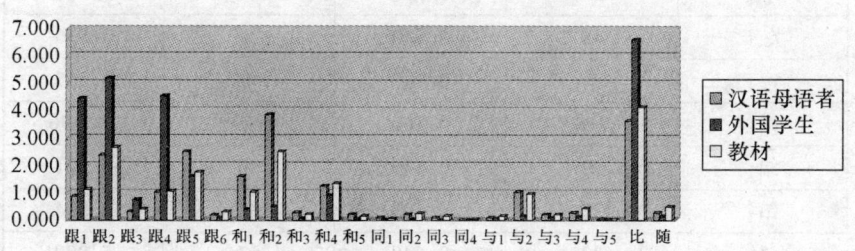

图 4.2

第三节 对象介词习得情况考察

一、初级阶段习得情况考察

首先看一下初级阶段外国学生对象介词的使用情况和教材对象介词的出现情况，请看表 4.2：

表 4.2

	初级外国学生		初级教材	
	出现频次	出现频率	出现频次	出现频率
对$_1$	220	4.400	105	9.375
对$_2$	499	9.980	113	10.089
对$_3$	216	4.320	7	0.625
于$_3$	2	0.040	3	0.268

续表

	初级外国学生		初级教材	
	出现频次	出现频率	出现频次	出现频率
于$_4$	/	/	2	0.179
冲$_2$	1	0.020	1	0.089
朝$_2$	1	0.020	1	0.089
向$_2$	32	0.640	36	3.214
向$_3$	10	0.200	2	0.179
对于	28	0.560	6	0.536
关于	48	0.960	6	0.536
至于	5	0.100	4	0.357
给$_1$	318	6.360	159	14.196
给$_2$	32	0.640	96	8.571
给$_3$	20	0.400	9	0.804
为	32	0.640	57	5.089
替	6	0.120	10	0.893
跟$_1$	292	5.840	37	3.304
跟$_2$	330	6.600	38	3.393
跟$_3$	46	0.920	3	0.268
跟$_4$	262	5.240	27	2.411
跟$_5$	63	1.260	9	0.804
跟$_6$	6	0.120	7	0.625
和$_1$	23	0.460	19	1.696
和$_2$	29	0.580	20	1.786
和$_3$	12	0.240	4	0.357
和$_4$	35	0.700	14	1.250
和$_5$	/	/	2	0.179
同$_1$	/	/	/	/
同$_2$	1	0.020	2	0.179
同$_3$	/	/	2	0.179

续表

	初级外国学生		初级教材	
	出现频次	出现频率	出现频次	出现频率
同$_4$	/	/	/	/
与$_1$	/	/	/	/
与$_2$	1	0.020	17	1.518
与$_3$	/	/	1	0.089
与$_4$	3	0.060	2	0.179
与$_5$	/	/	/	/
随	/	/	7	0.625
比	470	9.400	56	5.000
由$_2$	3	0.060	8	0.714
总计	3 046	60.920	892	79.643

注：外国学生使用频率＝总频次/初级阶段语料总量（50万），教材出现频率＝出现频次/初级课本总量（11.2万），表中频率均是万分位的。

从表4.2可以看出，初级阶段外国学生对象介词的习得情况是不容乐观的，主要表现在：① 初级阶段学生有9个对象介词（包括介词的下位用法，下同）没有出现用例，而教材只有4个对象介词没有出现用例。② 在学生使用的介词中还有7个出现的用例在3例以下。所以，初级阶段外国学生对象介词的出现频率远低于教材的出现频率。对比表1就会发现，初级阶段外国学生的总体出现频率跟汉语母语者差不多，而初级阶段教材的出现频率要远高于教材的总体出现频率。这些都证明外国学生在初级阶段对对象介词的掌握非常不好，教材的高出现频率也没有导致学生的高出现频率。③ 上文提到的使用超量的对象介词在初级阶段的出现频率却跟教材出现频率差不多，甚至远高于教材出现频率，说明外国学生对这些介词的使用存在泛化的情况。这证明教材的输入与学生的使用情况不太一致，为了更好地促进学生的习得，应该对教材进行一些改进。使其与外国学生的习得情况趋于一致，这样才会对学生的学习有促进作用。

初级阶段不同对象介词的正确率情况，请看表4.3：

表 4.3

	总频次	正确频次	正确率
对$_1$	220	141	0.641
对$_2$	499	380	0.762
对$_3$	216	137	0.634
于$_3$	2	1	0.500
于$_4$	/	/	/
冲$_2$	1	1	1.000
朝$_2$	1	1	1.000
向$_2$	32	19	0.594
向$_3$	10	9	0.900
对于	28	15	0.536
关于	48	29	0.604
至于	5	2	0.400
给$_1$	318	293	0.921
给$_2$	32	27	0.844
给$_3$	20	17	0.850
为$_1$	32	22	0.688
替	6	5	0.833
跟$_1$	292	237	0.812
跟$_2$	330	249	0.755
跟$_3$	46	34	0.739
跟$_4$	262	244	0.931
跟$_5$	63	36	0.571
跟$_6$	6	5	0.833
和$_1$	23	14	0.609
和$_2$	29	20	0.690
和$_3$	12	4	0.333
和$_4$	35	34	0.971
和$_5$	/	/	/
同$_1$	/	/	/
同$_2$	1	1	1.000
同$_3$	/	/	/

续表

	总频次	正确频次	正确率
同$_4$	/	/	/
与$_1$	/	/	/
与$_2$	1	1	1.000
与$_3$	/	/	/
与$_4$	3	3	1.000
与$_5$	/	/	/
随	/	/	/
比	470	354	0.753
由$_2$	3	2	0.667
总计	3 046	2 337	0.767

注：正确率＝正确频次/总频次，正确率是百分位的。

从表 4.3 的总体正确率来看，达到了 0.767，说明初级阶段学生对象介词的使用正确率情况并不是非常好。具体到每一个对象介词就会发现更多问题：正确率达到 1 的都是用例在 3 例以下的，学生的使用数量太少，虽然其正确率达到了 1，也不能说明学生完全习得了该介词。这样的情况有 5 个，它们对提高整体的正确率影响很大，从而造成初级阶段学生正确率几乎达到习得标准的假象。在其他用例数超过 3 例的对象介词中正确率超过 0.8 的仅有 8 个，只占了所有考察项目的五分之一。

(一) 对

对象介词"对"有三种用法，学生对这三种用法的使用有明显的倾向。从频率上看，以"对$_2$"的频率最高，"对$_1$"的出现频率跟"对$_3$"差不多，都比"从$_2$"低了一倍。从正确率来看，这三个用法的正确率都不高，均没达到 0.8 的习得标准，说明"对"的习得情况并不好。

1. 对$_1$

在初级阶段，学生对"对$_1$"的使用是比较局限的，构成介词短语的全部是有生名词或代词，而且代词占了绝大部分。介词短语后的动词几乎只局限在"说"，如：

(171) 我们班的老师常常说汉语不太难，还【对】我说"别担

心"。(初级 坦桑尼亚)

(172) 考试终于到来了,临进考场,我【对】自己说,你必须通过8级。(初级 老挝)

其他的动词形式只出现两例(其中一例是偏误用例):

(173) 还经常【对】我发脾气,是因为我生活的一切都跟母亲讲的。(初级 孟加拉)

这些情况都能说明外国学生对"对$_1$"的使用很局限,初级阶段学生只是初步掌握了"对$_1$"的基本用法。

2. 对$_2$

"对$_2$"在初级阶段的出现频率就超量,而且远远超过汉语母语的出现频率。这可能受到外国学生交际需要的影响,而且教材的输入量也非常大。分析学生的语料就会发现,学生大量地使用"对$_2$"来表达对某人或某物的态度,介词短语后常用的形容词和动词有"热情、亲切、好、感兴趣、满意、习惯"等,如:

(174) 他【对】别人很热情。(初级 美国)

(175) 现在我们【对】南京的生活差不多习惯了。(初级 韩国)

另外,学生的用例中也出现了"有+名词"的用法,如:

(176) 还有她【对】服装有兴趣。(初级 韩国)

(177) 很多学生【对】她有感情。(初级 尼泊尔)

除此之外,还有"对$_2$"介词短语作定语的用例,如:

(178) 他亲身经历中国人【对】日本人的感情。(初级 日本)

(179) 上面这两个情况是表示那位老人【对】坏事的看法。(初级 蔡凯文)

学生在这类用法中最容易出现的偏误是把一些可作名词用的"感谢、感激"等词直接放在介词短语的后面,然而这些词必须加动词"表示"或"充满"才能置于介词短语之后。

由于"对$_2$"在日常交际中需求量大,使用得多,出现的偏误相应也就会多一些,所以未达到0.8的习得标准,不过已经比较接近了。这说明"对$_2$"对于学生来说,难度并不是非常高,学习过程中出现偏误也是正常的。了解学生"对$_2$"偏误的规律,在教学中加以指导,会帮助学生较快地习得它。

3. 对$_3$

"对$_3$"在初级阶段的出现频率虽然跟"对$_1$"差不多,但与汉语母语者和教材比较起来,都超量很多。使用超量主要是因为外国学生倾向于在交际中追求准确表达自己观点的需求。正确率只有0.634,远没有达到0.8的习得标准。这说明外国学生对"对$_3$"的使用存在过度泛化的趋势。

初级阶段学生基本上都是使用"对……来说/来讲"介词框架,如:

(180) 但是【对】我来说,幸福就是有一个家。(初级 越南)
(181) 我的朋友是一个幸福的人,【对】他来说一看你的父母高兴他觉得这是幸福。(初级 哈萨克斯坦)

没有使用介词框架的只有几例,而且介词短语之后的谓语都是形容词"重要",如:

(182) 所以中文【对】我很重要。(初级 坦桑尼亚)
(183) 因为这是结婚十周年纪念的旅行,所以【对】我很重要的。(初级 日本)

(二) 向

对象介词"向"的两种用法,在出现频率和正确率上表现也不一致:

1. 向$_2$

"向$_2$"在初级阶段出现32例,出现频率是0.640,低于汉语母语者和教材。其中正确用例19例,正确率只有0.594。这说明学生对"向$_2$"的掌握很差,有回避使用"向$_2$"的倾向。

学生的用例中多包含"感谢、问好、保证、(说)对不起"等词语,如:

(184) 我【向】偶然发现(秦始皇墓)的四位农民表示感谢。(初级 日本)
(185) 所以临来中国学习,我【向】他保证了以后我一定去找他,也永远爱他。(初级 老挝)

只有几例含有"敬酒、挥手"这样的动作动词,如:

(186) 摆好桌子后,新郎、新娘互相磕头,很多人【向】他们敬酒。(初级 韩国)

(187) 已经看不见他们,但是我【向】他们挥了手,在心里说"再见"。(初级　日本)

2. 向$_3$

"向$_3$"在初级阶段的用例并不多,只有10例,但和汉语母语者以及教材中的频率差不多,而且正确率是0.9。这说明"向$_3$"的认知难度较低。结合前文的句法分析可以得知,"向$_3$"主要是要求其后的谓语动词是表"索取"义的,这类动词在世界各国语言中都普遍存在,共性很强。所以,学生使用起来并不感到十分困难。

初级阶段学生使用的动词主要有"学(习)、要(东西)、打听、寻求"等,如:

(188) 他的行动让我也很感动,我要【向】他学习"助人为乐"的行动。(初级　越南)

(189) 每次穷人【向】我要钱时,感得非常不好意思。(初级　瑞典)

(三) 对于

"对于"在初级阶段的出现频率是0.560,跟教材差不多,但比汉语母语者要高。"对于"出现频率较高的原因是外国学生为了追求表达的具体性,在可能的情况下都会使用"对于"来引出话题,而汉语母语者往往会依据语境有所取舍。至于教材,它的出现频率变化多数是基于教学的原因。不过"对于"在初级阶段的正确率很低,只有0.536。这说明学生虽倾向于用"对于"来增强语言表达的具体性,但对"对于"的用法掌握得并不太好。

初级阶段学生的用例不是很丰富,"对于"短语都是置于句首作为话题成分的,如:

(190) 所以,【对于】数子的意思,我不太清楚。(初级　韩国)

(191) 【对于】年轻人来说骑自行车不太时髦但是这是不对的。(初级　尼泊尔)

(四) 关于

初级阶段学生"关于"的使用比"对于"多,也比汉语母语者多,因为"关于"是更典型介引话题成分的介词。其正确率同样比较低,只有0.604。这说明外国学生对"关于"的使用也同样具有过度泛化的倾向。

初级阶段学生的用例出现两种情况，一种是"关于"置于句首介引话题，一种是"关于"介词短语作定语，如：

(192) 我开始学习汉语的时候，【关于】中文什么都不知道。（初级　意大利）

(193) 一次，在一张杂志上，我看过了一个【关于】秦世皇帝的文章。（初级　波兰）

（五）至于

"至于"的句法功能相对"对于"和"关于"要简单，所以其出现频率也较低。初级阶段的中介语中只出现5例，比汉语母语者和教材都低，其正确率也只有0.4。这说明"至于"对于外国学生来说比较难掌握，他们或多或少地在回避使用"至于"。用例都是置于句首介引话题的用法，如：

(194) 我跟朋友过的这个地方跟我以前来过很不一样，【至于】我以前来的地方的名字我也不知道。（初级　尼泊尔）

(195) 幸福这个词的感觉每天人在世界上都希望得到它，【至于】怎么觉得幸福每个人不一样。（初级　罗马尼亚）

（六）给

介词"给"有三种用法，它们同样在出现频率和正确率上差别很大。外国学生的使用情况也是如此。

1. 给$_1$

"给$_1$"是介词"给"的典型用法，受动词的影响最大，在使用"给$_1$"的句子中，整个句子含有"给予"义。它在初级阶段的中介语语料中出现318例，出现频率是6.36，要高于汉语母语者的出现频率，但要远低于教材的输入频率。"给$_1$"在初级阶段的正确率是0.921，说明外国学生对"给$_1$"的掌握非常好。

在初级阶段"给$_1$"的三种句式均已出现，如：

(196) 下班的时候同时把钱拿【给】他，一定他很高兴。（初级　爱尔兰）

(197) 他们写信【给】我，我也写信【给】他们。（初级　美国）

(198) 昨天晚上她【给】我打了一个电话，她问我我的学习的

情况和我的建康。(初级 韩国)

2. 给$_2$

"给$_2$"在初级阶段出现32例,出现频率是0.64,比汉语母语者和教材要低得多,说明"给$_2$"的使用在初级阶段还比较少。学生的正确率是0.844,超过了习得的标准。但正确率比"给$_1$"要低一些,说明"给$_2$"要比"给$_1$"难一点。

"给$_2$"在初级阶段的用例如:

(199) 这次是第一次我父母【给】我举行生日,我很高兴。(初级 老挝)

(200) 要是我不知道怎么办他们总是【给】我出主意。(初级 加拿大)

3. 给$_3$

"给$_3$"在初级阶段出现20例,出现频率同样比汉语母语者和教材低,说明外国学生的使用不足。但其正确率为0.85,说明"给$_3$"的认知难度并不高。学生的用例如:

(201) 平辈人之间这样做,即使平辈【给】长辈行这样的礼后,长辈也会以同样的方式还礼。(初级 老挝)

(202) 我有一位中国朋友,我要【给】大家介绍一下儿。(初级 老挝)

综合起来看,在初级阶段"给$_1$"是三个"给"中难度最低的,"给$_2$"、"给$_3$"的难度要高一些。

(七) 为$_1$

"为$_1$"在初级阶段出现32例,出现频率是0.64,远低于汉语母语者和教材,其正确率也只有0.688。这说明"为$_1$"对初级阶段学生来说是一个比较难的语言项目。学生的正确用例如:

(203) 前出国几天,朋友们【为】我开个晚会。(初级 韩国)

(204) 有一次英国人请我【为】他们给北京的旅馆打电话预定房间。(初级 德国)

(八) 替

介词"替"在初级阶段仅出现6例,频率不高,低于汉语母语者和教材。虽然其正确率是0.833,也不能说明学生的习得情况很好,因为学生可能使用他们很有把握的句子。这样就会产生出现频率不高，但正确率很高的情况。这种情况在中介语中是很常见的。

初级阶段学生的用例基本都是用于"问好/问候"这样的情况，有格式化使用的倾向，如：

(205)【替】我跟家里人打招呼，我等着你们回信，我爱你们！（初级　尼泊尔）

(206) 他让我很感动，明节的时候他给妈妈打电话，【替】我问候她。（初级　韩国）

（九）跟

介词"跟"的六种用法在初级阶段都出现了，而且用例数都在6例以上。是"跟、和、同、与"四个介词中使用情况最好的一个。

1. 跟$_1$

"跟$_1$"在初级阶段出现292例，出现频率比汉语母语者和教材多得多，正确率也达到了0.812，看来初级阶段学生"跟$_1$"的习得情况不错。

初级阶段学生的用例绝大部分是带协同副词"一起"的，如：

(207) 我有三节课，课间的时候，我常常【跟】朋友一起谈话。（初级　乌干达）

(208) 还有时候看电视，有时候【跟】朋友一起去玩儿。（初级　尼泊尔）

不带协同副词的用例很少，如：

(209) 一下课，就【跟】我的朋友去吃饭。（初级　俄罗斯）

(210) 我喜欢【跟】中国人玩。（初级　法国）

2. 跟$_2$

"跟$_2$"在初级阶段出现330例，是介词"跟"的用法中用例最多的一个，其出现频率要远高于汉语母语者和教材，说明学生对"跟$_2$"的使用有超量的倾向。但其正确率并不太理想，只有0.755，未达到习得标准。这说明学生虽然超量使用"跟$_2$"，但在使用的过程中会出现不少问题。

"跟$_2$"在使用中一个明显的特征是句中的动词必须是双方共同完成的动作，比如"谈话、聊天、结婚、谈恋爱、交往、联系"等，学生可能对于这类动词的理解有偏差，所以导致"跟$_2$"的使用有很多偏误，具体分析见下文。学生的正确用例如：

(211) 但是因为自己的汉语水平不太高，所以【跟】中国人交往不太顺利。（初级　日本）

(212)【跟】国内的朋友联系的时候他们问我：外国朋友交得多吗？（初级　韩国）

3. 跟$_3$

"跟$_3$"在初级阶段出现 46 例，出现频率比汉语母语者和教材都高，但正确率只有 0.739，也未达到习得标准。这说明学生虽超量使用，但对其使用规则掌握得还不是很好，容易出错。

初级阶段学生的用例绝大多数包含动词结构"有……关系"，说明学生的使用比较局限，如：

(213) 别人说【跟】汉语有什么关系。（初级　韩国）

(214) 看来幸福【跟】愉快的感觉有一种根本的关系。（初级　法国）

4. 跟$_4$

"跟$_4$"在初级阶段出现 262 例，出现频率同样远高于汉语母语者和教材，而且正确率达到了 0.931，说明初级阶段学生对"跟$_4$"的使用基本上不存在太大的问题。

学生的用例只有三例是"跟……差不多"，剩下都是"跟……（不）一样"，如：

(215) 在韩国时我也【跟】别人差不多。（初级　韩国）

(216) 南京菜【跟】我们家乡的不一样，南京人喜欢吃很多 you 我们不习 guan。（初级　越南）

(217) 他是日本人，还有年龄是【跟】我一样，所以我们成了好朋友。（初级　韩国）

5. 跟$_5$

"跟$_5$"在初级阶段出现 63 例，出现频率也高于汉语母语者和教材，但正确率只有 0.571，离习得标准很远。这说明初级阶段学生对"跟$_5$"的使用存在很大问题。

初级阶段学生"跟$_5$"用例中的动词只有"说和讲"两个，如：

(218) 我的朋友【跟】老师说，我慢慢学习就好了。（初级　老挝）

(219) 还经常对我发脾气，是因为我生活的一切都【跟】母亲

讲的。(初级 孟加拉)

说明学生对"跟$_5$"的使用还很局限,没有达到自由运用的地步。

6. 跟$_6$

"跟$_6$"在初级阶段仅出现6例,是介词"跟"中唯一一个出现频率比汉语母语者和教材低的用法。但其正确率是0.833,超过了习得标准。这说明学生只是在使用中较少使用"跟$_6$",但"跟$_6$"的难度对于外国学生来说并不高。学生"跟$_6$"使用较少,可能是受"向$_3$"使用及"跟$_6$"语体限制的影响。

学生的5个正确用例中有4个动词是"学习",另一个动词是"问路",如:

(220) 每天我【跟】他们学习。(初级 西班牙)

(221) 他【跟】我问路,我说我不知道,我不是中国人。(初级 越南)

(十) 和

介词"和"在初级阶段只出现4种用法,而且出现的数量都不是很多,详细分析如下。

1. 和$_1$

"和$_1$"在初级阶段出现23例,出现频率比汉语母语者和教材都低,而且正确率只有0.609。这说明初级阶段学生对"和$_1$"的使用存在比较大的问题。

学生的用例也多是加协同副词"一起"的,不加协同副词的用例很少,如:

(222) 幸福是帮助一个人,了解跟我不同文化的人,【和】女朋友一起看电影,上对方永远幸福。(初级 意大利)

(223) 每天我常常【和】我的朋友去玩。(初级 越南)

2. 和$_2$

"和$_2$"在初级阶段出现29例,跟"和$_1$"一样,出现频率比汉语母语者和教材都低,正确率也只有0.69。这说明"和$_2$"在初级阶段的使用情况也很不理想。学生的正确用例如:

(224) 来南京以后【和】父母离别,跟家促在别的地方住只我,真想念他们。(初级 韩国)

(225) 我很想【和】您见面,很想搂您。(初级 蒙古)

3. 和₃

"和₃"在初级阶段仅出现 12 例，也比汉语母语者和教材低，正确率仅有 0.333，是出现 3 例以上介词用法中正确率最低的。

初级阶段出现的 4 个正确用例都是"和……有关系"的用法，如：

(226) 字里好像冰山，动物，都【和】生活有关的东西。（初级　德国）

(227) 最后我问他功夫【和】太极拳有什么关系，他说了不一样尽管你不会功夫但是你可以知道这两种有什么差别。（初级　卢旺达）

4. 和₄

"和₄"在初级阶段出现 35 例，出现频率没有汉语母语者和教材高，因为学生多选择使用"跟₄"。但"和₄"的正确率是 0.971，是介词"和"的各种用法中正确率最高的。

学生的用例绝大部分是"和……（不）一样"的用法，如：

(228) 我觉得中国的生活方式【和】泰国的不一样，比如吃饭的时候用筷子，上公共汽车没排队，在路上常常看到人扔垃圾和吐口水。（初级　泰国）

(229) 比例中国的自行车【和】我们中国的摩托车一样多。（初级　老挝）

其他的用法只有寥寥数例，有"和……不同"、"和……差不多"等，如：

(230) 这个也是我的国家【和】中国不同。（初级　越南）

(231) 她的个子【和】我差不多，她是一米七一高。（初级　德国）

（十一）比

介词"比"在初级阶段出现 470 例，出现频率比汉语母语者和教材高得多，但正确率只有 0.753，说明外国学生的使用存在问题。

"比"介词短语的各种构成方式在初级阶段都出现了，如：

(232) 他现在工作，【比】我小一岁。（初级　韩国）

(233) 汉语【比】欧洲的语言难，我学得很慢。（初级　比利时）

(234) 中国现在【比】以前进步。(初级　韩国)
(235) 学习汉语不但是为了工作,而且是为了了解中国的文化,习惯,坏境,我觉得这部分【比】学习语言更难。(初级　比利时)

剩下的介词"于、冲$_2$、朝$_2$、同、与、随、由$_2$"及其不同用法的出现频率都在3例以下,或根本没有出现,可以说它们在初级阶段未被习得。在出现的介词及其用法中,语义相近的介词用法之中,学生也有比较明显的使用倾向。

二、中级阶段习得情况考察

首先看一下中级阶段学生的使用情况和教材的出现情况,见表4.4:

表 4.4

	中级外国学生		中级教材	
	出现频次	出现频率	出现频次	出现频率
对$_1$	219	4.38	53	4.173
对$_2$	600	12	134	10.551
对$_3$	272	5.44	15	1.181
于$_3$	17	0.34	1	0.079
于$_4$	5	0.1	2	0.157
冲$_2$	5	0.1	3	0.236
朝$_2$	/	/	2	0.157
向$_2$	62	1.24	52	4.094
向$_3$	4	0.08	5	0.394
对于	22	0.44	4	0.315
关于	89	1.78	4	0.315
至于	5	0.1	3	0.236
给$_1$	383	7.66	126	9.921
给$_2$	80	1.6	62	4.882
给$_3$	76	1.52	7	0.551
为$_1$	38	0.76	51	4.016
替	12	0.24	10	0.787

续表

	中级外国学生		中级教材	
	出现频次	出现频率	出现频次	出现频率
跟$_1$	226	4.52	10	0.787
跟$_2$	277	5.54	42	3.307
跟$_3$	38	0.76	14	1.102
跟$_4$	240	4.8	15	1.181
跟$_5$	86	1.72	25	1.969
跟$_6$	7	0.14	3	0.236
和$_1$	11	0.22	12	0.945
和$_2$	23	0.46	18	1.417
和$_3$	4	0.08	4	0.315
和$_4$	51	1.02	21	1.654
和$_5$	2	0.04	2	0.157
同$_1$	1	0.02	1	0.079
同$_2$	2	0.04	2	0.157
同$_3$	1	0.02	6	0.472
同$_4$	/	/	1	0.079
与$_1$	2	0.04	2	0.157
与$_2$	4	0.08	11	0.866
与$_3$	5	0.1	1	0.079
与$_4$	9	0.18	5	0.394
与$_5$	/	/	/	/
随	9	0.18	8	0.630
比	307	6.14	49	3.858
由$_2$	28	0.56	15	1.181
总计	3 222	64.44	801	63.071

注：外国学生使用频率＝出现频次/中级阶段语料总量（50万），教材出现频率＝出现频次/中级课本总量（12.7万），表中的频率均是万分位的。

从表4.4可以看出，中级阶段外国学生的总体出现频率比教材的出现频率要高一点了。与表4.2比较，中级阶段出现的介词用法也明显多于初级阶段：在中级阶段只有"朝$_2$、同$_4$、与$_5$"等三个介词用法没有出现用例,"和$_5$、同$_1$、同$_2$、同$_3$、与$_1$"等五个介词用法出现在2例以下。其他的用例都在4例以上,明显好于初级阶段。

中级阶段各对象介词及其用法的正确率情况,请看表4.5:

表 4.5

	总频次	正确频次	正确率
对$_1$	219	133	0.607
对$_2$	600	510	0.850
对$_3$	272	224	0.824
于$_3$	17	15	0.882
于$_4$	5	5	1.000
冲$_2$	5	4	0.800
朝$_2$	/	/	/
向$_2$	62	43	0.694
向$_3$	4	4	1.000
对于	22	15	0.682
关于	89	60	0.674
至于	5	5	1.000
给$_1$	383	352	0.919
给$_2$	80	79	0.988
给$_3$	76	52	0.684
为$_1$	38	35	0.921
替	12	11	0.917
跟$_1$	226	198	0.876
跟$_2$	277	243	0.877
跟$_3$	38	31	0.816
跟$_4$	240	229	0.954
跟$_5$	86	74	0.860
跟$_6$	7	6	0.857
和$_1$	11	10	0.909
和$_2$	23	22	0.957
和$_3$	4	2	0.500
和$_4$	51	51	1.000

续表

	总频次	正确频次	正确率
和$_5$	2	1	0.500
同$_1$	1	1	1.000
同$_2$	2	2	1.000
同$_3$	1	0	0
同$_4$	/	/	/
与$_1$	2	2	1.000
与$_2$	4	4	1.000
与$_3$	5	4	0.800
与$_4$	9	9	1.000
与$_5$	/	/	/
随	9	9	1.000
比	307	246	0.801
由$_2$	28	26	0.929
总计	3 222	2 717	0.843

注：正确率=正确频次/总频次，正确率是百分位的。

从表4.5可以看出，中级阶段对象介词的总体正确率是0.843，比初级阶段（0.767）提高不少。看一下内部情况也比初级阶段有了很大的改善：除去用例数在2例以下的介词用法，正确率在0.8以上的有26个，其中正确率为1的就有7个。下面就结合出现频率和正确率逐一分析各介词用法在中级阶段的使用情况。

（一）对

介词"对"的三个用法在中级阶段的频率分布高低顺序没有改变，仍然是对$_2$>对$_1$>对$_3$，但其使用的具体频率和正确率情况有了一定的变化。

1. 对$_1$

"对$_1$"在中级阶段出现219例，跟初级阶段差不多，仍然比汉语母语者低。但其正确率对比初级阶段略有下降，降到了0.607。为什么会出现这种情况呢？分析一下语料就会发现，初级阶段学生的用例中动词几乎只局限于"说"，其他动词出现得非常少，说明学生在很大程度上是机械地模仿使用。而到了中级阶段，学生使用在

"对₁"句中的动词增多了,如:

(236) 她【对】我笑了一下,我似乎感到很怕,赶紧向出口走去。(中级 俄罗斯)

(237) 有的时候他【对】我们发脾气,我们都会安慰他,告诉他这样是无济于事,别令到自己不开兴。(中级 加拿大)

学生没有掌握好动词的特征限制,往往会把一些不能用于"对₁"句的动词用于"对₁"句,从而产生偏误,详见下文偏误分析部分。

2. 对₂

"对₂"在中级阶段出现600例,比初级阶段稍多一点,正确率也较初级阶段有了很大提高,达到了0.85。这说明中级阶段学生对"对₂"的掌握是很好的,已完全习得。从语料考察来看,学生的用例也丰富了很多,"对₂"的各种句法形式均已出现,如:

(238) 另一方面是【对】艺术本身的了解程度,这是潜在的,经过学习能加深的。(中级 罗马尼亚)

(239) 由于【对】中国历史很感兴趣,我就准备了出发!(中级 意大利)

(240) 所以我想现在学中文,以后【对】我有利。(中级 韩国)

(241) 考试【对】学生的精神也没有好处。(中级 日本)

3. 对₃

"对₃"在中级阶段出现272例,出现频率仍然是异乎常态地高,正确率也提高到了0.824,说明学生在中级阶段完全习得了"对₃"。而且学生的使用倾向依然存在。

学生的用例仍然以"对……来说/来讲"为主,同时也出现了近20例不带"来说/来讲"的用例,如:

(242)【对】父母,孩子是什么?(中级 韩国)

(243) 书籍的重要性显出两方面:【对】作家是表达感情、意见等等的特好机会,【对】读者也有各种各样的好处。(中级 法国)

(二) 于

对象介词"于"的两种用法在中级阶段都首次出现了,而且用例都不算太少。请看具体分析。

1. 于$_3$

"于$_3$"在中级阶段出现了17例，比初级阶段（2例）多了七倍多。"于$_3$"的正确率是0.882，说明学生的使用情况较好。学生的正确用例如：

(244) 所以我觉得国外生活不仅有利【于】一个人对那个国家的理解，也对一个人真正理解自己的国家很有好处。（中级　意大利）

(245) 比如，很多的人求助【于】各种各样的嗜好（像喝酒等）来填补精神上的空虚，维持自己人生充实的那种虚假的感觉。（中级　俄罗斯）

2. 于$_4$

"于$_4$"在中级阶段出现了5例，实现了零的突破。出现频率不高，但正确率是1。分析语料就会发现，中级阶段"于$_4$"的使用只局限于两个形容词"次、少"，如：

(246) 湖的淡水量次【于】俄罗斯的贝加尔湖，居世界第二位。（中级　蒙古）

(247) 还要放一点儿香水准备去礼拜场做礼拜，礼拜场的那天有不少【于】一万个祈祷者。（中级　伊斯兰）

学生的使用还有模仿的倾向，所以还不能说学生完全习得了"于$_4$"，要看高级阶段的习得情况才能定。

（三）冲$_2$

"冲$_2$"在中级阶段出现5例，出现频率不高，但正确率是0.8，达到了习得标准。不过"冲$_2$"的用法非常口语化，只在汉语母语者语料中有较多的出现，教材和中介语中出现得很少。"冲$_2$"介词短语后的动词有3例是"说"类动词，只有1例是"发火"，如：

(248) 第二天午饭的时候儿，坐在我旁边的一个朋友【冲】我小声地说："你今天也不想吃吗？"（中级　古巴）

(249) 我回来看到这部场面，就【冲】它发火。（中级　韩国）

所以，"冲$_2$"不能算是习得较好的介词。

（四）向

"向"的两种用法在中级阶段的使用倾向与初级阶段一致。

1. 向$_2$

"向$_2$"在中级阶段出现62例，比初级阶段多了近一倍。正确率比初级阶段有所提高，达到了0.694，不过仍然没有达到习得标准。

中级阶段的学生用例中，动词比初级阶段丰富多了，如：

(250) 我【向】你们道歉，因为我给你们介绍的内容不太多。（中级　韩国）

(251) 他站在花丛中轻轻地【向】我挥手，挥手。（中级　乌克兰）。

2. 向$_3$

"向$_3$"在中级阶段只出现4例，比初级阶段少了，但正确率达到了1。这说明外国学生对"向$_3$"的使用更谨慎了。所以用例在减少，而正确率在提高。

学生的4例中，2例中的动词是"学习"，2例中的动词是"借"，如：

(252) 你应该【向】她学习吧。（中级　朝鲜）

(253) 几天下来蝈蝈又饥又寒，只好来到蚂蚁家，【向】蚂蚁借粮食。（中级　乌克兰）

（五）对于

"对于"在中级阶段出现22例，比初级阶段少，出现频率仍然比教材高一点点，但还是要比汉语母语者高很多。所以，学生的使用倾向性没有变。正确率提高到了0.682，仍然没有达到习得标准，说明到了中级阶段学生的使用还存在问题。学生的正确用例如：

(254) 我有些不习惯喝茶，但【对于】茶产生了兴趣。（中级　韩国）

(255) 【对于】幸福这个问题，人们一直是众说纷纭，莫衷一是的。（中级　俄罗斯）

（六）关于

"关于"在中级阶段出现89例，出现频率比汉语母语者和教材更高了。这和外国学生的交际需要及使用倾向都有关系。正确率是0.674，比初级阶段高一些，但仍然没有达到习得标准。

"关于"的使用形式更加丰富，有介词短语作定语的用法，如：

(256) 不过，对我来说，最难忘的事【关于】一个越南阿姨的

事情。(中级 越南)
(257) 东方的妈妈却不同了,最明显的现象就【关于】"吃"的习惯。(中级 瑞士)

更多的是介词短语作话题的用法,如:
(258)【关于】长城,还有很多故事,其中最有名的是"孟姜女哭长城"的故事。(中级 斯里兰卡)
(259)【关于】气候,东京和南京的气候差不多。(中级 日本)

(七) 至于

"至于"在中级阶段出现5例,跟初级阶段一样,但正确率提高到了1。这说明外国学生对"至于"的使用规则比初级阶段掌握得要好得多。学生的正确用例如:
(260)【至于】人类对动物的态度,世界上已经有了不少的理论,不过仿佛都是那样"光说不做"的。(中级 斯洛文尼亚)
(261)【至于】我喜欢她,是因为她常常进(讲)故事。(中级 法国)

(八) 给

1. 给$_1$

"给$_1$"在中级阶段出现383例,出现频率比初级高一点,但仍没有教材的输入频率高。"给$_1$"在中级阶段的正确率是0.919,说明学生在使用的过程中出现的问题较少。"给$_1$"的三种句式在中级阶段也都有体现,如:
(262) 她教【给】我孩子养育的办法,对丈夫态度,人生中喜怒哀乐等等。(中级 韩国)
(263) 我赶快发短息【给】弟弟,他开玩笑说:"妈妈就是越来越老。"(中级 西班牙)
(264) 这次碑林之见【给】我留下了深刻的印象,同时也为我的西安之行画上了圆满的句号。(中级 日本)

2. 给$_2$

"给$_2$"在中级阶段出现80例,出现频率仍然比汉语母语者和教材低,正确率是0.988,说明学生掌握得相当不错。学生的用例如:
(265) 她对我也很好,经常【给】我辅导,我不懂的地方她都

热情地帮助我。(中级　越南)
(266) 后来我们都长大以后她自学而学会了写韩语，读韩语，她那么认真那么用功学习【给】我们树立了好的榜样。(中级　韩国)

3. 给$_3$

"给$_3$"在中级阶段出现 76 例，正确率是 0.684，说明外国学生在中级阶段使用"给$_3$"的过程中还存在不少问题，应该引起教学的注意。学生的正确用例如：

(267) 所以【给】你们解释一下大概的情况。(中级　俄罗斯)
(268) 她的失败不胜枚举，但她毫不介意，哈哈大笑地【给】别人讲。(中级　日本)

(九) 为$_1$

"为$_1$"在中级阶段出现 38 例，虽仍比汉语母语者和教材的出现频率低，但出现频率比初级要高一些，且正确率提高到了 0.921，说明外国学生对"为$_1$"的使用规则掌握得不错。学生的正确用例如：

(269) 不管妈妈有多忙，每天晚上都能看到她【为】我们补习功课的身影。(中级　斯里兰卡)
(270) 所以我觉得我的妈妈无穷无尽的【为】我担心。(中级　蒙古)

(十) 替

"替"在中级阶段出现 12 例，情况跟"为$_1$"差不多。虽然出现频率比汉语母语者和教材低，但出现频率比初级阶段提高，正确率也提高到了 0.917，说明外国学生对"替"的使用规则掌握得也不错。学生的正确用例如：

(271) 他【替】我办大部分的手续。(中级　法国)
(272) 但是那时候不喜欢打架，所以常常去找玛歌尔【替】我打架。(中级　刚果)

(十一) 跟

介词"跟"在中级阶段仍然是同类介词"跟、和、同、与"中使用最多的一个，从出现频率上看，很多用法都比初级阶段低了，但与汉语母语者的出现频率更接近了一点，且正确率都有了不同程度的提高。介词"跟"的各种用法在中级阶段的正确率都在 0.8 以上,说明到了中级阶段学生就完全习得了"跟"的各种用法。

1. 跟$_1$

"跟$_1$"在中级阶段出现226例,比初级阶段少了一些,但仍然远多于汉语母语者和教材。中级阶段"跟$_1$"的正确率提高到了0.876,比初级阶段有了一些进步,说明学生正在逐步完善"跟$_1$"的使用规则。学生的正确用例如:

(273) 这样的话,你可以【跟】小溪一起到太平洋。(中级 朝鲜)

(274) 因为我在中国留学,所以去年不能【跟】我的家人一起过圣诞节。(中级 波兰)

2. 跟$_2$

"跟$_2$"在中级阶段出现277例,比初级阶段少了一些,但与汉语母语者和教材的出现频率差距减小了,正确率也提高到了0.877。学生的正确用例如:

(275) 他为了老师的报仇【跟】坏人打贺(架)。(中级 韩国)

(276) 我不是不想【跟】他见面,心里我非常想念他。(中级 吉尔吉斯斯坦)

3. 跟$_3$

"跟$_3$"在中级阶段出现38例,与汉语母语者的出现频率接近了,正确率也提高到了0.816,说明"跟$_3$"在中级阶段才被习得。学生的正确用例如下:

(277) 圣诞节是【跟】天主教有密切关系的一种节日。(中级 波兰)

(278) 她结了婚以后【跟】她爱人有一些矛盾,后来她们两个分居了。(中级 美国)

4. 跟$_4$

"跟$_4$"在中级阶段出现240例,出现频率情况跟上述"跟"的三种用法一样,正确率也提高到了0.954,仍然是"跟"的几种用法中正确率最高的一个。这说明"跟$_4$"的用法对学生来说没有什么问题。中级阶段学生的用例中与"跟$_4$"组合的词更加丰富了,除了初级阶段就出现的"一样、差不多"等以外,还出现了"没什么、不同、相反"等，如：

(279) 我妈妈【跟】爸爸相反，很乐观。（中级　日本）

(280) 天安门广场是【跟】电视上看到的没什么区别。（中级　韩国）

另外，"跟……相比/比/比较"的用例也出现了，如：

(281) 大人的生活急的要命，【跟】大人相比，孩子是无忧无虑的。（中级　加拿大）

(282) 这样才没有人能用钱来【跟】人比。（中级　越南）

5. 跟$_5$

"跟$_5$"在中级阶段出现 86 例，比初级阶段增多了一些，与汉语母语者的差距减小。正确率也达到了 0.86，说明到了中级阶段学生习得了"跟$_5$"。除了初级阶段就已使用的动词"说"以外，学生使用了更多其他形式的动词，如：

(283) 我现在【跟】你赔过不是，原亮我吧。（中级　瑞士）

(284) 小妹妹还只是十三岁的小孩子，所以她还【跟】妈妈撒娇。（中级　日本）

6. 跟$_6$

"跟$_6$"在中级阶段才出现 7 例，不过跟汉语母语者的出现频率是基本一致的，也就是说"跟$_6$"在日常交际中的出现频率就不高。这说明学生的出现频率低也是正常的。学生的正确率是 0.857，跟初级阶段差不多，说明"跟$_6$"对学生来说的确没有什么难度。学生的正确用例如：

(285) 所以我正【跟】我爱人学唱歌。（中级　韩国）

(286) 我有一个同年的亲戚他整天不干什么学校也不想去，整天只想玩儿【跟】爸爸妈妈要钱，欺骗他们说要去买有用的东西，但是钱是拿来买毒品的。（中级　老挝）

（十二）和

"和"的五种用法在中级阶段也都出现了，不过"和$_5$"只出现 2 例，且有 1 例偏误用例，无法讨论。

1. 和$_1$

"和$_1$"在中级阶段出现 11 例，比初级阶段减少了一倍，不过正确率提高到了 0.909。这说明"和$_1$"虽在中介语中出现的频率不高，

但对于中级阶段学生来说难度不大,学生在中级阶段习得了"和$_1$"。学生正确用例如下:

(287) 我办手续完以后,【和】家人一起等了等。（中级 韩国）

(288) 从小我就【和】爷爷住在一起,而我父母却住在另一个地方,所以跟他们接触的机会很少。（中级 越南）

2. 和$_2$

"和$_2$"在中级阶段出现 23 例,也比初级阶段少了,跟汉语母语者的出现频率差距加大。不过正确率提高到了 0.957,说明到了中级阶段学生也习得了"和$_2$"。学生的正确用例如下:

(289) 我非常希望用中文【和】他们交流。（中级 日本）

(290) 她说:"我有一个条件,如果你能答应,我就愿意【和】你结婚。"（中级 巴基斯坦）

3. 和$_3$

"和$_3$"在中级阶段只出现 4 例,出现频率比初级阶段、汉语母语者和教材都低得多,正确率也只有 0.5,远达不到习得的标准。证明在中级阶段学生仍没有习得"和$_3$"。而跟它用法相近、认知难度差不多的"跟$_3$"在中级阶段就已习得,这说明学生在使用上是有倾向性的。学生的用例跟初级阶段情况差不多,不再赘举。

4. 和$_4$

"和$_4$"在中级阶段出现 51 例,是唯一一个比初级阶段出现频率提高的用法,且正确率是 1。这说明"和$_4$"对学生来说难度最低,学生的使用没有问题。学生的正确用例如:

(291) 她今年五十岁,他的脸【和】年龄很不相称,看起来好像四十岁左右。（中级 韩国）

(292) 每个地区的出口额【和】进口额相差不大。（中级 越南）

(十三) 与

"与"在中级阶段出现了 4 种用法,但"与$_1$"只出现 2 例,不具有分析的价值,暂不讨论。下面分析一下用例在 3 例以上的三种用法。

1. 与$_2$

"与$_2$"在中级阶段出现 4 例,达到了初现率的要求。"与$_2$"的正确率是1，说明它的认知难度不高，学生出现频率低可能与选择倾向有关，因为"与$_2$"有"跟$_2$"与"和$_2$"可以替代。学生正确用例如：

(293) 尽管她非常地舍不得【与】我分开，可是为了我的前途她还是忍受着与我分离的痛苦……（中级　斯里兰卡）

(294) 喜欢就是想【与】对方再见面，想任何时候都在一起，想到分别时就会很难过。（中级　日本）

2. 与$_3$

"与$_3$"在中级阶段出现5例，实现了零的突破。正确率是0.8，达到了习得标准。其情况跟"和$_3$"、"跟$_3$"差不多，也是由于使用倾向的原因，学生使用较少，但难度并不高。学生的用例跟初级阶段情况差不多，不再赘举。

3. 与$_4$

"与$_4$"在中级阶段出现9例，比初级阶段提高不少，正确率也达到了1。这说明"与$_4$"对于中级阶段学生来说，没有难度。学生的用例跟初级阶段情况差不多，不再赘举。

(十四) 随

"随"在中级阶段出现9例，也实现了零的突破，正确率是1。分析一下学生的用例就会发现，其中有7例是"随信寄去……"，只有2例是其他用法：

(295) 一阵风吹来，树枝轻轻地摇晃，美丽的银条儿和雪球儿落下来，玉屑似的雪末【随】风飘扬，映着阳光，显出一道道五光十色的彩虹。（中级　蒙古）

(296) 原来，它【随】着那气流飘啊，飘啊，没注意到气流突然在一个峡谷里，它差一点没有跟着摔下来。（中级　罗马尼亚）

说明中级阶段学生对"随"的使用还停留在格式化的阶段，更多的是模仿，缺少灵活运用。不能证明学生在中级阶段完全习得了"随"。

(十五) 比

"比"在中级阶段出现307例，出现频率比初级阶段降低了，但仍然高于汉语母语者和教材。中级阶段"比"的正确率提高到了

0.801,刚达到习得标准。这说明学生在使用过程中仍存在许多问题。学生的用例情况跟初级阶段差不多,不再赘举。

(十六)由$_2$

"由$_2$"在中级阶段出现28例,比初级阶段多得多,出现频率接近汉语母语者的出现频率,且正确率达到了0.929。这说明中级阶段学生已完全习得"由$_2$"。学生的正确用例如:

(297)小时候,我们的吃、睡、学、洗等等都【由】我爸来负担。(中级 越南)

(298)古代的时候儿【由】父母决定孩子们的婚礼,现在自由了。(中级 蒙古)

纵观中级阶段学生的习得情况,明显好于初级阶段。同时,学生在初级阶段所体现出来对近义介词的使用倾向,在中级阶段得到进一步验证,这为教学时的取舍和安排提供了很好的参照。

三、高级阶段习得情况考察

本节考察高级阶段学生对象介词的习得情况,首先看一下外国学生和教材对象介词的出现频率情况,请看表4.6:

表 4.6

	高级学生		高级教材	
	出现频次	出现频率	出现频次	出现频率
对$_1$	169	3.38	81	2.784
对$_2$	453	9.06	157	5.395
对$_3$	195	3.9	8	0.275
于$_3$	17	0.34	29	0.997
于$_4$	2	0.04	16	0.550
冲$_2$	/	/	13	0.447
朝$_2$	/	/	6	0.206
向$_2$	112	2.24	107	3.677
向$_3$	14	0.28	3	0.103
对于	22	0.44	46	1.581
关于	60	1.2	17	0.584

续表

	高级学生		高级教材	
	出现频次	出现频率	出现频次	出现频率
至于	8	0.16	21	0.722
给$_1$	254	5.08	177	6.082
给$_2$	105	2.1	141	4.845
给$_3$	59	1.18	14	0.481
为$_1$	55	1.1	61	2.096
替	14	0.28	56	1.924
跟$_1$	149	2.98	13	0.447
跟$_2$	172	3.44	60	2.062
跟$_3$	34	0.68	4	0.137
跟$_4$	178	3.56	15	0.515
跟$_5$	88	1.76	59	2.027
跟$_6$	/	/	6	0.206
和$_1$	31	0.62	23	0.790
和$_2$	27	0.54	94	3.230
和$_3$	1	0.02	3	0.103
和$_4$	47	0.94	37	1.271
和$_5$	2	0.04	4	0.137
同$_1$	/	/	2	0.069
同$_2$	/	/	10	0.344
同$_3$	1	0.02	1	0.034
同$_4$	/	/	1	0.034
与$_1$	6	0.12	7	0.241
与$_2$	20	0.4	23	0.790
与$_3$	2	0.04	10	0.344
与$_4$	6	0.12	16	0.550
与$_5$	1	0.02	/	/
随	12	0.24	11	0.378
比	211	4.22	113	3.883
由$_2$	47	0.94	32	1.100
总计	2574	51.48	1497	51.443

注：外国学生使用频率＝出现频次/高级阶段语料总量（50万），教材出现频率＝出现频次/高级课本总量（29.1万），表中的频率均是万分位的。

从表 4.6 可以看出,高级阶段对象介词的出现频率与教材的出现频率几乎一样。没有出现用例的有 6 个介词用法,这其中包括以前两个学习阶段出现过较少用例的用法。另外有 5 个介词用法出现的用例在 2 例以下。这些介词在初、中级阶段的出现频率也都非常低。这说明学生的使用倾向在高级阶段也有明显的体现。其他的用例都在 4 例以上。

高级阶段各对象介词及其用法的正确率情况,请看表 4.7:

表 4.7

	总频次	正确频次	正确率
对$_1$	169	116	0.686
对$_2$	453	400	0.883
对$_3$	195	170	0.872
于$_3$	17	13	0.765
于$_4$	2	2	1.000
冲$_2$	0	0	0
朝$_2$	0	0	0
向$_2$	112	83	0.741
向$_3$	14	13	0.929
对于	22	16	0.727
关于	60	46	0.767
至于	8	7	0.875
给$_1$	254	236	0.929
给$_2$	105	100	0.952
给$_3$	59	45	0.763
为$_1$	55	47	0.855
替	14	13	0.929
跟$_1$	149	144	0.966
跟$_2$	172	162	0.942
跟$_3$	34	31	0.912
跟$_4$	178	170	0.955
跟$_5$	88	75	0.852
跟$_6$	0	0	0

续表

	总频次	正确频次	正确率
和$_1$	31	29	0.935
和$_2$	27	24	0.889
和$_3$	1	1	1.000
和$_4$	47	47	1.000
和$_5$	2	1	0.500
同$_1$	0	0	0
同$_2$	0	0	0
同$_3$	1	1	1.000
同$_4$	0	0	0
与$_1$	6	6	1.000
与$_2$	20	19	0.950
与$_3$	2	2	1.000
与$_4$	6	6	1.000
与$_5$	1	1	1.000
随	12	12	1.000
比	211	179	0.848
由$_2$	47	34	0.723
总计	2 574	2 251	0.875

注：正确率＝正确频次/总频次，正确率是百分位的。

从表 4.7 可以看出，高级阶段学生的正确率是 0.875，比中级阶段又提高了一些。在习得标准（0.8）以上的有 21 个介词用法（排除用例在 2 例以下的介词用法）。其中有 4 个的正确率是 1，正确率在 0.9 以上的有 10 个。下面就结合出现频率和正确率逐一分析各介词用法在高级阶段的使用情况。

（一）对

介词"对"在高级阶段的出现频率都很高，频率分布跟初、中级阶段类似。

1. 对$_1$

"对$_1$"在高级阶段出现 169 例，频率下降了，比汉语母语者更低了。正确率提升到了 0.686，仍没有达到习得水平。这说明外国学生对"对$_1$"的使用仍存在很大的问题,主要问题是"对$_1$"的误加和误代,具体分析见下文偏误分析部分。正确用例的情况跟初、中级阶段差不多,如:

(299) 我们【对】汽车站工作的人说明了我们的情况,并且告诉他我们行李的颜色,形状,大小。(高级 韩国)

(300) 花儿一朵朵【对】春天显出了笑容,鸟儿也兴高彩列跳这跳那卖弄自己的喉咙,整个大自然界踊跃欢迎春天。(高级 越南)

2. 对$_2$

"对$_2$"在高级阶段出现453例,仍然是"对"用法中出现频率最高的,也还比汉语母语者出现频率高。正确率比中级阶段又有了一点提升,达到了0.883。这说明学生在中级阶段习得"对$_2$"以后,高级阶段保持了较好的习得状态。学生的正确用例如:

(301) 但有很多人【对】"Dacha"的感觉都不一样。(高级 俄罗斯)

(302) 但是应该每天努力试试帮别人,【对】别人好,这样我才能感谢我曾经遇到过的那位善良的印度人!(高级 瑞士)

3. 对$_3$

"对$_3$"在高级阶段出现195例,用例虽比中级阶段少了一些,但出现频率仍比汉语母语者和教材高很多。正确率是0.872,也比中级阶段有所提高,说明学生的习得也进入了稳定期。学生的正确用例如:

(303) 那天【对】我来说是非常不好的日子。(高级 蒙古)

(304)【对】我们韩国人,长白山有非常特别的意义。(高级 韩国)

(二)于

"于"在高级阶段的出现仍以"于$_3$"为主。"于$_4$"仅出现两例,虽然其正确率是1,但出现频率太低不足以考察,同时"于$_4$"的用法也可由其他相关介词替代,所以"于$_4$"对于外国学生的学习来说并不太重要。

"于$_3$"在高级阶段出现17例,跟中级阶段的出现频率一样。但其正确率只有 0.765，比中级阶段还低了，说明学生对"于$_3$"的使用并不稳定，学生在使用的过程中存在问题。高级阶段学生的正确用例情况跟中级阶段差不多，都是"于$_3$"的常规用法，如：

(305) 从这个角度看来，在比里和小玫的关系之中前者满足【于】现状。（高级　罗马尼亚）

(306) 因为酸奶干的味道不仅很好而且有助【于】我们的口腔问题和胃。（高级　蒙古）

至此，可以发现"于$_3$"、"于$_4$"的使用情况在三个学习阶段极不稳定，说明学生的习得状况并不理想。

（三）向

"向"的两种用法在高级阶段的情况都比中级阶段要好一些。

1. 向$_2$

"向$_2$"在高级阶段出现 112 例，比中级阶段高很多，跟汉语母语者的出现频率差不多，不过仍然比教材的出现频率低。"向$_2$"在高级阶段的正确率是 0.741，也比中级阶段提高了一些，但仍没达到习得标准，说明学生在使用过程中存在的问题比较多，应该引起教学的高度注意。正确用例情况跟中级阶段差不多，只是用法更丰富了一些，如：

(307) 他的同学，父母与其他朋友听到这个消息感到十分高兴，到他回来时，【向】他表示热烈的欢迎，感谢真主他们的祈祷不是白做的。（高级　巴基斯坦）

(308) 真想打电话【向】爸爸，妈妈哭诉，但又怕让他们担心。（高级　斯里兰卡）

2. 向$_3$

"向$_3$"在高级阶段出现 14 例，比中级阶段多，也比汉语母语者出现频率高，说明学生倾向于使用"向$_3$"。学生的正确率是 0.929，说明"向$_3$"的难度不高，学生的掌握情况较好。正确用例中的动词仍然以"学习"为主，其他取得类的动词较少，如：

(309) 我常常去图书馆查养鸡方面的资料，还【向】爷爷请教。（高级　韩国）

(310) 它无条件地给了我们它的一切，但人类对它进行有目的的饲养，不停地【向】它索取。（高级　韩国）

（四）对于

"对于"在高级阶段出现22例，跟中级阶段一样，也比汉语母语者的出现频率高一些，但没有教材的输入频率高。这说明外国学生的使用倾向没有变化。高级阶段"对于"的正确率提高到了0.727，但仍没达到习得标准。这说明外国学生虽有使用"对于"的倾向，但在使用过程中一直存在问题。

正确用例方面没有大的变化，跟中级阶段差不多，如：

(311)【对于】他们来说，考试是具有操纵自己命运的决定因素。（高级　日本）

(312)【对于】这个问题，我心有恐惧。（高级　泰国）

（五）关于

"关于"在高级阶段出现60例，虽比中级阶段的用例少了，但出现频率仍然高于汉语母语者和教材。这说明外国学生的使用倾向仍没改变。正确率提高到了0.767，但仍没达到习得标准。这说明外国学生虽有使用"关于"的倾向，但在使用过程中一直存在问题。

正确用例方面没有大的变化，跟中级阶段差不多，如：

(313) 在韩国搜集【关于】中国的资料，其实介绍南京的资料还少。（高级　韩国）

(314) 所以【关于】秋天我们还有一种说法："秋天有叶子的味道。"（高级　俄罗斯）

（六）至于

"至于"在高级阶段出现8例，频率对比跟中级阶段一样低于汉语母语者和教材。高级阶段"至于"的正确率是0.875。所以，总体来说"至于"的难度并不太高。学生的正确用例如：

(315)【至于】学的东西，不考也很容易忘记。（高级　斯里兰卡）

(316)【至于】中国的小朋友我不太清楚。（高级　瑞典）

（七）给

1. 给$_1$

"给$_1$"在高级阶段出现254例，比中级阶段少了一些，但是与汉语母语者的出现频率相差不是很大。"给$_1$"在高级阶段的正确率仍然保持在 0.9 以上，说明"给$_1$"的使用对于外国学生来说的确难度不大。学生的正确用例如：

(317) 封建社会要求死了丈夫的妇女守寡表示对丈夫的忠诚，但是婆婆为了自己的利益强迫儿息许【给】别人，这真是荒唐的事。（高级　泰国）

(318) 父亲也把他的一块珍贵的宝石卖掉，终于付完 10 万元【给】小丽了。（高级　也门）

2. 给$_2$

"给$_2$"在高级阶段出现 105 例，比中级阶段多了一些，也与汉语母语者和教材的出现频率接近了一些。正确率也保持在 0.9 以上，说明学生对"给$_2$"的习得是稳定的。学生的正确用例如：

(319) 她照顾我，每天早上吻我的脸，晚上【给】我唱很好听的歌儿。（高级　塞尔维亚）

(320) 过了几个月，她打电话来提扇子的事，没想到她竟然向我提了【给】她交钱的要求，这让我吃惊。（高级　巴基斯坦）

3. 给$_3$

"给$_3$"在高级阶段出现 59 例，数量比中级阶段减少了，不过正确率提高了。这说明学生对"给$_3$"的习得在向好的方向发展，不过仍然不是很理想，因为正确率只有 0.763。在教学中仍要关注"给$_3$"的偏误。学生的正确用例如：

(321) 我【给】他们讲，怎么迷路，到了什么地方，然后那匹骆驼怎率领我到家。（高级　蒙古）

(322) 如果哪个同学对汉语有不懂的地方，他就甘心【给】她解释那个问题。（高级　泰国）

（八）为$_1$

"为$_1$"在高级阶段出现 55 例，比中级阶段多了十几例，与汉语母语者的出现频率更接近了。高级阶段"为$_1$"的正确率是 0.855，比中级阶段有所下降。这说明学生对"为$_1$"的使用规则掌握得不是很牢，在使用过程中还会出现问题。学生的正确用例如：

(323) 但是我想不到我的奶奶也想起来【为】我的朋友准备一束花儿。（高级　塞尔维亚）

（324）她【为】我们每天选择了对我们有兴趣的故事。（高级　古巴）

（九）替

"替"在高级阶段出现14例，出现频率仍然没有汉语母语者高，但正确率是0.929，比中级阶段又有所提高。这说明"替"对于学生来说难度并不是太大。学生的正确用例如：

（325）现在休息吧，我【替】你守。（高级　韩国）

（326）他无论何时帮助我，鼓励我，至于我对客人犯错误时，他【替】我向客人道歉了。（高级　日本）

（十）跟

"跟"仍然是几个近义介词中使用最丰富的一个，而且正确率都有不同程度的提高。只是"跟$_6$"在高级阶段没有出现用例。

1. 跟$_1$

"跟$_1$"在高级阶段出现149例，出现频率在下降，不过仍然比汉语母语者高。"跟$_1$"的正确率是0.966，比中级阶段有了很大的进步，说明学生的掌握情况很好。学生的正确用例如：

（327）有时间时【跟】他们一起吃一顿饭，去买东西，或者去旅游。（高级　克罗地亚）

（328）在南京我有很多新朋友，他们从很多国家来【跟】我们一起上课。（高级　越南）

2. 跟$_2$

"跟$_2$"在高级阶段出现172例，情况与"跟$_1$"一样：出现频率在下降，不过仍然比汉语母语者高。正确率是0.942，比中级阶段有了很大的进步。这说明学生的掌握情况很好。学生的正确用例如：

（329）但因为【跟】情人分手，考得不太好，这不行。（高级　日本）

（330）就开始活动经常到外边，【跟】朋友聊天，买东西等等。（高级　老挝）

3. 跟$_3$

"跟$_3$"在高级阶段出现34例，正确率是0.912。出现频率和正确率的变化情况与"跟$_1$"、"跟$_2$"一样。这说明学生对"跟$_3$"的掌握情况也很好。学生的正确用例如：

(331) 这原因是【跟】日语的发音有关的。(高级　日本)
(332) 这些地方都很好玩而且都【跟】蒙古历史有很大的关系。(高级　蒙古)

4. 跟$_4$

"跟$_4$"在高级阶段出现178例，正确率是0.955。出现频率和正确率情况与"跟"的前三种用法一样。这说明学生对"跟$_4$"的掌握也很好。学生的正确用例如：

(333) 明年春节我要在中国过，但留学当中感到的中国的春节是【跟】韩国的春节大同小异的。(高级　韩国)
(334) 她【跟】其他的明星也一样，不管以前的还是现在的明星，他们一般有同样最大的问题，就是孤独。(高级　印度尼西亚)

5. 跟$_5$

"跟$_5$"在高级阶段出现88例，正确率是0.852。不如"跟"的前四种用法掌握得好，不过习得也是比较稳定的。学生的正确用例如：

(335) 就这样它【跟】我告别了。(高级　日本)
(336) 我【跟】弟弟说，然后我们每个人都想怎么让我母亲过一个好的生日。(高级　越南)

(十一) 和

"和"在高级阶段所有用法都出现了，但"和$_3$"和"和$_5$"的用例数在2例以下，暂不讨论。

1. 和$_1$

"和$_1$"在高级阶段出现31例，虽然比中级阶段增加不少，不过出现频率仍然低于汉语母语者和教材，说明学生到了高级阶段仍然对"和$_1$"的使用不足。学生的正确率是0.935，比中级阶段又提高了一些，说明"和$_1$"的难度不是很大。学生掌握得也不错。学生的正确用例如：

(337) 我总爱扎着一个马尾辫，【和】朋友们一起快快乐乐玩耍。(高级　俄罗斯)
(338) 看到很多各种各样的鸟飞在有元的天空，我就想【和】它们一起飞，感觉非常的自然。(高级　塔吉克斯坦)

2. 和₂

"和₂"在高级阶段出现27例,出现频率变化不大,仍低于汉语母语者和教材。正确率是0.889,对比中级阶段有点下降,不过仍在习得范围内。学生的正确用例如:

(339) 就在这个宽大的沙滩上已经见证雅状人怎么勇敢【和】敌人战斗以保护他们的土地。(高级　越南)

(340) 它为了【和】春天接个吻早就开了,至今去世了,但是过一年我再在森林里会找到它。(高级　俄罗斯)

3. 和₄

"和₄"在高级阶段出现47例,出现频率变化不大,正确率仍然是1。这说明"和₄"的习得情况非常好。学生的正确用例如:

(341) 姑娘【和】春天一样变美丽。(高级　塔吉克斯坦)

(342) 在路上我见到了一个男的年龄【和】我差不多。(高级　老挝)

(十二) 与

"与"的5种用法在高级阶段也都出现了,不过"与₃"和"与₅"的用例数都在2例以下,暂不讨论。

1. 与₁

"与₁"在高级阶段出现6例,正确率是1。因为"与₁"是很口语化的用法,其用法多可用"跟₁"、"和₁"替代,所以在汉语母语语料中出现频率也不高。学生出现这样的出现频率和正确率是正常的,说明学生对"与₁"掌握得不错。不过从语料统计来看,用例多出自日韩学生,如:

(343) 每年春节前人们要回到家乡【与】父母一道过年,因而,公路济满回家乡的汽车,火车和长途汽车也会加班,加点运送回家乡的人们。(高级　韩国)

(344) 虽然我知道不可能实现的,可是想什么时候【与】他在那儿再一起工作。(高级　日本)

2. 与₂

"与₂"在高级阶段出现20例,比中级阶段多了不少,不过仍然远低于汉语母语者和教材。学生的正确率是0.95,说明学生掌握得不错。学生的正确用例如:

(345) 小丁在这时候跟小丽（总经理）的秘书建立了暗地里的男女朋友关系，【与】她暗地里来往。（高级　也门）

(346) 我的祖父原本被日本帝国殖民政府抓住到日本，在强制劳动中【与】一位日本小姐结婚。（高级　韩国）

3. 与$_4$

"与$_4$"的用例也比较少，只出现6例，不过正确率是1。这说明"与$_4$"的难度不高，学生在使用的过程中没有困难。学生的正确用例如：

(347) 比如水本身是阴，但温水【与】冷水比，温水为阳，冷水为阴，又温水与热水比热水为阳，温水为阴。（高级　韩国）

(348) 但是这次【与】以前的却不同了。（高级　越南）

（十三）随

"随"在高级阶段出现12例，与汉语母语者的出现频率接近。正确率仍然是1，说明"随"的难度的确不高，学生掌握的情况也不错。学生的用例比中级阶段丰富了许多，不再只局限于"随风、随信"这样固定的用法，如：

(349) 九点正我们【随】导游坐上小船向着我们要去的目标——海参崴绿岛出发了。（高级　俄罗斯）

(350) 但是有一天我爸爸派去中国工作，所以不得不我们家【随】着爸爸去了中国。（高级　蒙古）

（十四）比

"比"在高级阶段出现211例，比初、中级阶段少了很多，但仍然比汉语母语者和教材多。这说明学生的使用倾向没有变。高级阶段的正确率是0.848，比初、中级阶段都高，说明"比"的习得比较稳定。学生的正确用例形式更丰富了，如：

(351) 有什么痛苦【比】失去自由还要痛苦呢？（高级　韩国）

(352) 雨终于过去了，鸟一群一群地飞起来了，现在风光【比】下雨前更美丽，空气变得更新鲜。（高级　越南）

（十五）由$_2$

"由$_2$"在高级阶段出现47例，与汉语母语者的出现频率接近，不过正确率是0.723，说明外国学生对"由$_2$"的使用还存在问题，在教学中不能忽视。学生的正确用例如：

(353) 不仅这样而且天天照顾孩子的事是【由】爸爸来负责的，如果有人说："你整天在外边干活不是很累了吗？"（高级　越南）

(354) 有人说寻找复活节彩蛋习俗，据民间传说，是【由】一位德国人兴起的。（高级　乌克兰）

四、三阶段习得情况纵向对比分析

本节把对象介词的各用法的使用频率和正确率按学习阶段进行一个纵向的对比，首先请看表4.8：

表 4.8

	使用频率				正确率		
	汉语母语者	初级学生	中级学生	高级学生	初级学生	中级学生	高级学生
对$_1$	7.133	4.360	4.38	3.38	0.647	0.607	0.686
对$_2$	6.660	10.020	12	9.06	0.758	0.850	0.883
对$_3$	0.580	4.320	5.44	3.9	0.634	0.824	0.872
于$_3$	0.393	0.040	0.34	0.34	0.500	0.882	0.765
于$_4$	0.307	/	0.1	0.04	/	1.000	1.000
冲$_2$	1.247	0.020	0.1	/	1.000	0.800	/
朝$_2$	0.407	0.020	/	/	1.000	/	/
向$_2$	2.233	0.640	1.24	2.24	0.594	0.694	0.741
向$_3$	0.187	0.200	0.08	0.28	0.900	1.000	0.929
对于	0.140	0.560	0.44	0.44	0.536	0.682	0.727
关于	0.613	0.960	1.78	1.2	0.604	0.674	0.767
至于	0.213	0.100	0.1	0.16	0.400	1.000	0.875
给$_1$	6.173	6.360	7.66	5.08	0.921	0.919	0.929
给$_2$	4.373	0.640	1.6	2.1	0.844	0.988	0.952
给$_3$	1.853	0.400	1.52	1.18	0.850	0.684	0.763
为$_1$	2.213	0.640	0.76	1.1	0.688	0.921	0.855
替	0.880	0.120	0.24	0.28	0.833	0.917	0.929
跟$_1$	0.867	5.840	4.48	2.98	0.812	0.884	0.966

续表

	使用频率				正确率		
	汉语母语者	初级学生	中级学生	高级学生	初级学生	中级学生	高级学生
跟$_2$	2.373	6.600	5.54	3.44	0.755	0.877	0.942
跟$_3$	0.300	0.920	0.78	0.68	0.739	0.795	0.912
跟$_4$	1.040	5.240	4.82	3.56	0.931	0.950	0.955
跟$_5$	2.493	1.260	1.72	1.76	0.571	0.860	0.852
跟$_6$	0.180	0.120	0.14	/	0.833	0.857	/
和$_1$	1.580	0.460	0.22	0.62	0.609	0.909	0.935
和$_2$	3.840	0.580	0.46	0.54	0.690	0.957	0.889
和$_3$	0.280	0.240	0.08	0.02	0.333	0.500	1.000
和$_4$	1.247	0.700	1.02	0.94	0.971	1.000	1.000
和$_5$	0.227	/	0.04	0.04	/	0.500	0.500
同$_1$	0.100	/	0.02	/	/	1.000	/
同$_2$	0.227	0.020	0.04	/	1.000	/	/
同$_3$	0.080	/	0.02	0.02	/	0.000	1.000
同$_4$	0.013	/	/	/	/	/	/
与$_1$	0.093	/	0.04	0.12	/	1.000	1.000
与$_2$	1.033	0.020	0.08	0.4	1.000	/	0.950
与$_3$	0.233	/	0.1	0.04	/	0.800	1.000
与$_4$	0.287	0.060	0.18	0.12	1.000	1.000	1.000
与$_5$	0.027	/	/	0.02	/	/	1.000
随	0.273	/	0.18	0.24	/	1.000	1.000
比	3.633	9.400	6.14	4.22	0.753	0.801	0.848
由$_2$	0.987	0.060	0.56	0.78	0.667	0.929	0.872
总计	57.020	60.920	64.44	51.32	0.767	0.843	0.877

从表4.8可以看出,学生的总体使用频率按学习阶段呈倒"U"形分布,说明中级阶段学生的使用最丰富。总体正确率则逐级增高,说明学生的使用情况逐渐变好。但是不同的介词用法所体现出来的习得情况是不一致的,它们之间的习得难度也是不一致的。

在"对"的三种用法中"对$_1$"的出现频率一直都比汉语母语者

低，而且从正确率看，"对$_1$"在三个学习阶段都没有超过0.8，说明学生的使用一直存在比较严重的问题。"对$_1$"是外国学生最难习得的对象介词用法之一。"对$_2$"和"对$_3$"的出现频率在三个学习阶段都比汉语母语者高很多，正确率在中级阶段以后就超过了0.8，说明"对$_2$"和"对$_3$"在初级阶段初现，到中级阶段习得，到高级阶段进入稳定期。

"于"的两种用法的出现频率都低于汉语母语者，"于$_3$"在初级阶段的出现频率才0.04，达不到初现率的标准。到中级阶段才上升到0.34，正确率达到了0.882，说明学生在中级阶段习得了"于$_3$"。但高级阶段正确率又降到了0.765，说明学生对"于$_3$"的使用还存在困难，习得之后不能很好地保持。"于$_4$"在初级阶段没有出现，中、高级阶段出现了，但出现频率都比较低。不过中、高级阶段的正确率都是1，说明"于$_4$"的认知难度不高，不是学生学习的难点。

"冲$_2$"、"朝$_2$"与"对$_1$"有可互换关系，它们基本上都可用"对$_1$"来替换，所以在实际运用中它们的出现频率也都远低于汉语母语者。除了"冲$_2$"在中级阶段达到初现率标准以外，"冲$_2$"和"朝$_2$"在其他学习阶段都没有达到初现率标准。所以它们百分百的正确率也就没有太大的价值了。综合来看，这两个用法都属于未习得的范围，完全可作为扩展知识教给学生，而无需在课堂上花大量的时间教授。

"向"的两种用法中，"向$_2$"可与"对$_1$"互换，其出现频率逐级增高，到高级阶段跟汉语母语者的出现频率持平，正确率也逐级增高，但到高级阶段也没达到0.8的习得标准。这说明学生对"向$_2$"的使用与"对$_1$"一样存在问题，应该引起教学的重视。"向$_3$"用法中的动词比较特别，对于学生来说比较容易掌握，所以出现频率跟汉语母语者差不多，正确率也一直在0.9以上。这说明学生对"向$_3$"的使用不存在任何问题，初级阶段就已习得。

"对于"、"关于"和"至于"三个介词在使用方面有诸多相同之处，学生的使用情况也有相似之处。中介语中"对于"和"关于"的出现频率都高于汉语母语者出现频率，它们的正确率虽逐级增高，但都没有超过0.8的习得标准。这说明学生到高级阶段也没有完全习得这两个介词，使用中存在比较多的问题，应该引起教学的重视。"至于"的使用规则相对于"对于"和"关于"来说要简单一些，很多情况下可用它们替代，所以"至于"的出现频率一直比汉语母语者低。"至于"的正确率在中级阶段就达到了1，高级阶段有所下降，也达到了0.875。这说明学生在中、高级阶段习得了"至于"。

"给"的三种用法跟汉语母语者的出现频率分布一样，证明三种用法的频率分布是合理的。"给$_1$"在初级阶段的出现频率跟汉语母语者差不多，中、高级阶段有所起伏。正确率在三个学习阶段都超过了0.9，说明"给$_1$"的用法对于学生来说比较容易，学生在初级阶段就已习得"给$_1$"。"给$_2$"的出现频率在三个学习阶段逐级上升，但到高级阶段也只有汉语母语者出现频率的一半，说明学生对"给$_2$"的使用不足。不过从正确率来看，初级阶段就超过了0.8，中、高级阶段更是超过了0.9。这说明"给$_2$"的难度不高，学生在初级阶段就已习得，中、高级阶段进入习得的稳定期。"给$_3$"在用法上与"对$_1$"、"向$_2$"、"跟$_5$"有互换关系，其出现频率低于汉语母语者，而且只有初级阶段的正确率超过0.8，中、高级阶段都低于0.8。这说明"给$_3$"的使用情况跟"对$_1$"和"向$_2$"一样存问题。学生并没有真正习得"给$_3$"，从上文分析可知，它在初级阶段0.85的正确率也是由于格式化的模仿造成的。

"为$_1$"的出现频率也是逐级增高的，在初级阶段的正确率是0.688，但中级阶段的正确率达到0.921，说明学生在中级阶段习得了"为$_1$"。高级阶段正确率下降了一点，但也达到了0.855，说明学生的习得相对来说是稳定的，不过使用中的偏误不能忽视。

"替"和"为$_1$"、"给$_2$"有替换关系，出现频率也比汉语母语者低。但由于其表义和用法比较单一，正确率在初级阶段就超过0.8，说明学生已习得该介词。中、高级阶段的正确率都在0.9以上，学生的习得进入稳定期。

"跟"是类似介词"和、跟、同、与"中使用最多、习得情况最好的一个介词。"跟$_1$"、"跟$_2$"、"跟$_3$"、"跟$_4$"的出现频率都高于汉语母语者。"跟$_1$"、"跟$_4$"的正确率在初级阶段就超过了0.8，中、高级阶段的正确率都在0.8，0.9以上。这说明学生在初级阶段就习得了它们，中级阶段进入习得稳定期。"跟$_2$"、"跟$_3$"的正确率在中级阶段超过 0.8，高级阶段达到 0.9 以上，说明学生在中级阶段习得它们，高级阶段进入习得稳定期。"跟$_5$"与"给$_3$"、"对$_1$"、"向$_2$"等有互换关系，其出现频率一直低于汉语母语者，但相差不是很大，尤其是到高级阶段以后。"跟$_5$"的正确率在中级阶段超过 0.8，说明学生已习得该用法，高级阶段继续保持在 0.8 以上，习得进入稳定期。"跟$_6$"与"向$_3$"有互换关系，出现频率不高且低于汉语母语者，但其正确率都在 0.8 以上。跟"向$_3$"一样，由于所修饰动词比较单一、特征明显，所以"跟$_6$"的认知难度也不高。基本在初级阶段就已习得。

"和"的五种用法与"跟"都有相对应的互换用法，所以从出现频率看，它们都不如"跟"的相关用法高，而且都低于汉语母语者，说明外国学生有很明显的使用倾向。从分级的频率比较来看，没有一种用法是逐级增多的，说明学生的使用选择有随意性。从正确率来看，"和$_1$"、"和$_2$"在初级阶段都在 0.7 以下，错误较多，未达到习得标准。中级都达到 0.9 以上，说明学生在中级阶段习得了它们。高级阶段的正确率也都在 0.8，说明学生的习得是稳定的。"和$_3$"、"和$_5$"的正确率在三个学习阶段都没有超过 0.5（"和$_3$"在高级阶段只出现 1 例，不具有统计学意义），可以说学生没有习得这两种用法。"和$_4$"的正确率在初级阶段就达到了 0.971，说明学生已习得。中、高级阶段正确率都是 1，说明学生掌握的情况非常好。

"同"有四种用法，它们在汉语母语者语料中出现的频率就很低，在中介语中更是如此，各种用法在各学习阶段的用例几乎都在 2 例以下，甚至没有出现。属于未习得的范围，在教学中也无需对"同"进行大量的教授。

"与"的前四种用法出现频率同样不是很高，不过基本都超过 3 例，正确率最低也是 0.8，说明"与"的用法比较简单。"与$_2$"、"与$_4$"在中级阶段才出现用例，且正确率都在 0.8 以上，说明学生在中级阶段习得了它们。"与$_1$"、"与$_3$"在初级阶段就出现用例，且正确率都是 1，说明学生在初级阶段就习得了它们。"与$_5$"的出现频次在三个学习阶段均达不到初现率标准，说明学生未习得它。

"随"在中级阶段才出现用例,且正确率是1,说明学生在中级阶段习得"随"。高级阶段用例增加,正确率仍然是1。这说明学生的习得稳定。

"比"在三个学习阶段的出现频率都比汉语母语者高,且是逐级降低的,这可能是受到教学和交际需求的影响。从正确率看,初级阶段是0.753,未达到习得标准。中级阶段达到0.801,说明学生习得了"比"。高级阶段正确率是0.853,学生的习得进入稳定阶段,但使用中仍然存在问题。

"由$_2$"出现频率不高,到高级阶段才和汉语母语者接近,说明学生使用得不足。正确率在中级达到0.929,高级阶段又降到0.723,说明学生的习得不稳定,需要在教学中加以注意。

综上所述,18个对象介词及其用法的难度等级和习得顺序如下:

(1)难度较低,在初级阶段就已习得的有:向$_3$、给$_1$、给$_2$、替、跟$_1$、跟$_4$、跟$_6$、和$_4$、与$_2$、与$_4$。

(2)难度中等,在中级阶段习得的有:对$_2$、对$_3$、于$_3$、于$_4$、冲$_2$、至于、为$_1$、跟$_2$、跟$_3$、跟$_5$、和$_1$、和$_2$、与$_1$、与$_3$、随、比、由$_2$。

(3)难度较高,甚至高级阶段都未习得的有:对$_1$、朝$_2$、向$_2$、对于、关于、给$_3$、和$_3$、和$_5$、同$_{(1-4)}$、与$_5$。

第四节　对象介词偏误分析

从上文的习得情况考察可以看出,只有几个对象介词用法的正确率是超过0.9的,三分之一的较难用法在高级阶段的正确率也没有达到0.8,说明对象介词的偏误比较严重。分析其规律,解释其原因对教学是很有帮助的。所以,本节就着重考察一下对象介词的偏误情况。

首先看一下不同对象介词用法在不同学习阶段的偏误出现情况,见表4.9:

表 4.9

	初级阶段		中级阶段		高级阶段		总计
	偏误频次	比率	偏误频次	比率	偏误频次	比率	
对$_1$	77	0.109	86	0.170	53	0.168	216
对$_2$	121	0.171	90	0.178	53	0.168	264
对$_3$	79	0.111	48	0.095	25	0.079	152
于$_3$	1	0.001	2	0.004	4	0.013	7
于$_4$	/	/	/	/	/	/	/
冲$_2$	/	/	1	0.002	/	/	1
朝$_2$	/	/	/	/	/	/0.000	/
向$_2$	13	0.018	19	0.038	29	0.092	61
向$_3$	1	0.001	/	/	1	0.003	2
对于	13	0.018	7	0.014	6	0.019	26
关于	19	0.027	29	0.057	14	0.044	62
至于	3	0.004	/	/	1	0.003	4
给$_1$	25	0.035	31	0.061	18	0.057	74
给$_2$	5	0.007	1	0.002	5	0.016	11
给$_3$	3	0.004	24	0.048	14	0.044	41
为$_1$	10	0.014	3	0.006	8	0.025	21
替	1	0.001	1	0.002	1	0.003	3
跟$_1$	55	0.078	26	0.051	5	0.016	86
跟$_2$	81	0.114	34	0.067	10	0.032	125
跟$_3$	12	0.017	8	0.016	3	0.010	23
跟$_4$	18	0.025	12	0.024	8	0.025	38
跟$_5$	27	0.038	12	0.024	13	0.041	52
跟$_6$	1	0.001	1	0.002	/	/	2
和$_1$	9	0.013	1	0.002	2	0.006	12
和$_2$	9	0.013	1	0.002	3	0.010	13

续表

	初级阶段		中级阶段		高级阶段		总计
	偏误频次	比率	偏误频次	比率	偏误频次	比率	
和$_3$	8	0.011	2	0.004	/	/	10
和$_4$	1	0.001	/	/	/	/	1
和$_5$	/	/	1	0.002	1	0.003	2
同$_1$	/	/	/	/	/	/	/
同$_2$	/	/	/	/	/	/	/
同$_3$	/	/	1	0.002	/	/	1
同$_4$	/	/	/	/	/	/	/
与$_1$	/	/	/	/	/	/	/
与$_2$	/	/	/	/	1	0.003	1
与$_3$	/	/	1	0.002	/	/	1
与$_4$	/	/	/	/	/	/	/
与$_5$	/	/	/	/	/	/	/
随	/	/	/	/	/	/	/
比	116	0.164	61	0.121	32	0.102	209
由$_2$	1	0.001	2	0.004	5	0.016	8
合计	709	1.000	505	1.000	315	1.000	1529

注：比例＝偏误数/某一阶段偏误合计数。

从表4.9可以看出，偏误数量是随年级升高而逐渐减少的，说明学生的习得在进步，这与正确率的逐级升高是一个很好的印证。对照每个介词用法的使用频率，可以发现基本是使用频率高的偏误数量也多，所以不能单从偏误数量来判断一个介词的难度，而要看偏误所占的比例。在没有出现偏误用例的用法中，只有少数对学生来说是非常容易的。大部分并不是因为它们容易，而是因为学生的用例很少且基本上都是格式化的用例，或根本没有出现用例。对象介词的偏误是考察的五大类介词中数量最多的，说明对象介词在学生的使用中出现的问题最多。需要在教学中多加注意，以帮助学生改正相关的偏误。

不同偏误类型在不同学习阶段的出现情况，请看表4.10：

表 4.10

	错序		遗漏		误加		误代		合计
	数量	比率	数量	比率	数量	比率	数量	比率	
初级	166	0.234	201	0.284	151	0.213	190	0.268	708
中级	89	0.178	125	0.250	123	0.246	163	0.326	500
高级	51	0.164	90	0.289	65	0.209	105	0.338	311
总计	306	0.201	416	0.274	339	0.223	458	0.302	1519①

注：比率＝偏误频次/某一学习阶段偏误频次合计。

从上表可以看出，对象介词典型的偏误形式是误代，其次是遗漏，再次是误加，最后是错序。但各种偏误所占比例差距不是很大，最少的也是 20.1%。这说明对象介词的各种偏误形式都不能忽视。尤其是在初级阶段各种偏误的比例几乎一样，这也就说明在初级阶段要防止学生各种各样的偏误。单从数量上看，四类偏误类型的数量都是逐级减少的，这与偏误总数递减保持一致。但通过它们在每个学习阶段所占的比例看，除了错序呈递减趋势外，遗漏和误加在中级阶段所占的比例都出现反复，误代所占比例还呈递增趋势。这说明误代、误加、遗漏是比较难纠正的偏误。

(一) 错序

对象介词的错序一共出现 305 例，占所有偏误（1 519 例）的 20.1%，是最少的一种偏误形式。

1. 在初级阶段错序共出现 166 例，占初级阶段偏误总数（708 例）的 23.4%。有"对$_1$、对$_2$、对$_3$、向$_2$、关于、给$_1$、跟$_1$、跟$_2$、跟$_3$、跟$_4$、跟$_5$、和$_1$、和$_2$、比、对于、替、向$_3$"等 17 个介词用法出现错序偏误。

其中"对$_1$"的错序偏误有 12 例，占"对$_1$"初级阶段偏误总数（77 例）的 15.58%，主要是介词短语与动词之间的错序，如：

(355) *所以我觉得南京真不错，我说【对】瑞士朋友"在南京汽车不好，人口很好！"（初级　瑞士）

(356) *老师说【对】我们"多说多听"，我总做作业，但是

---

① 有部分偏误用例无法归入四种偏误类型中的任何一类，本章暂不讨论。

没有进步。(初级　蒙古)

例（355）、(356) 中的"说"都应该放到介词短语的后面。
其次是副词等修饰成分的错序，如：

(357) *我也【对】他常常说：别失望吧，我们还年轻啊。(初级　韩国)

(358) *我们一起坐火车上，突然【对】我开始说话。(初级　意大利)

例（357）中的"常常"和例（358）中的"开始"都应该放在介词"对"的前面。

"对$_2$"的错序偏误有 20 例，占初级阶段"对$_2$"偏误总数（121例）的 16.53%。也主要是介词短语跟谓语动词之间的错序，如：

(359) *不但中文系，而且我有兴趣【对】中国。（初级　韩国）

(360) *我很喜欢汉语，中国和中国人，我有很多兴趣【对】中国文化生活等。(初级　南斯拉夫)

例（359）应改成"……对中国有兴趣"，例（360）应改成"……对中国文化生活等有很多兴趣"。

"对$_3$"的错序偏误有 5 例，占初级阶段"对$_3$"偏误总数（79例）的 6.3%，所占比例比较小。也都是介词短语与动词之间的错序，如：

(361) *我住在中国已经十个月了，这是【对】我一件难忘的经历。(初级　法国)

(362) *来中国是【对】我非常幸福的事。(初级　韩国)

以上两例应改为：

(361′) 我住在中国已经十个月了，这【对】我（来说）是一件难忘的经历。

(362′) 来中国【对】我（来说）是非常幸福的事。

"向$_2$"的错序偏误有 4 例，占初级阶段"向$_2$"偏误总数（13例）的 30.76%，比例比较大。也全部都是介词短语的错序，如：

(363) *【向】他们替我问好。(初级　韩国)

(364) *看这番景象中国由自行车王国转变【向】汽车王国。(初级　尼泊尔)

例（363）应改为"替我向他们问好"，例（364）应改为"……向汽车王国转变"。

"关于"的错序偏误有3例，占初级阶段"关于"偏误总数（13例）的23.1%，也都是介词短语的错序，如：

(365) *从去年开始我们的政府有了计划【关于】交通改革。（初级 坦桑尼亚）

(366) *他告诉了我好些东西【关于】中国的文化。（初级 捷克）

例（365）应改为"……关于交通改革的计划"，例（366）应改为"……好些关于中国的文化的东西"。

"给$_1$"的错序偏误有9例，占初级阶段"给$_1$"偏误总数（25例）的36%，比例也非常高。如：

(367) *我要买【给】朋友们送的土产。（初级 日本）

(368) *所以回国时候我想报【给】韩国人中国和中国文化。（初级 韩国）

例（367）应改为"……送给朋友们的土产"，例（368）应改为"把中国和中国文化报给韩国人"。学生产生此类偏误是受"V+给"用法的影响，是目的语使用规则泛化导致的偏误。

"跟$_1$"的错序偏误有23例，占初级阶段"跟$_1$"偏误总数（55例）的41.8%，是"跟"相关用法中错序偏误比例最高的一个。其错序主要有两种，一种是介词短语与谓语动词之间的错序，如：

(369) *我想一起去【跟】你美丽的风光看看。（初级 韩国）

(370) *小的时候，我来过中国【跟】我妈和我二哥，那时候，我真的很喜欢中国，所以从小学我学汉字到高中二。（初级 印尼）

例（369）应改为"……跟你一起去看看美丽的风光"，例（370）应改为"……跟我妈和我二哥来过中国，……"。

一种是副词等修饰成分的错序，如：

(371) *我回国以后来南京，她【跟】我不一起住在一个房间，所以每天还没看见她。（初级 越南）

(372) *来中国以前，我【跟】他每天一起玩儿。（初级 韩国）

例（371）中的"不"应放在"跟"的前面，例（372）中的"每天"也应放在"跟"的前面。

"跟$_2$"的错序偏误有 24 例，占初级阶段"跟$_2$"偏误总数（81 例）的 29.6%，比例也比较高。主要是介词短语与谓语动词之间的错序，如：

(373) *晚上做练习，看看书，看看电视，聊天【跟】朋友。
（初级　南斯拉夫）

(374) *她常常谈话【跟】我。（初级　泰国）

例（373）应是"【跟】朋友聊天"，例（374）应是"【跟】我谈话"。

"跟$_3$"的错序偏误有 4 例，占初级阶段"跟$_3$"偏误总数（12 例）的 33.33%，比例也比较高。也都是介词短语的错序，如：

(375) *我的关系【跟】别的中国朋友也好。（初级　尼泊尔）

(376) *现在我的关系【跟】我的同学们很好所以我肯定想他们。（初级　亚美尼亚）

这两例都应该把"跟"介词短语提到"的关系"结构的前面。

"跟$_4$"的错序偏误有 7 例，占初级阶段"跟$_4$"偏误总数（18 例）的 38.89%，比例也比较高。主要都是"跟……一样"中"一样"的错序，如：

(377) *我的家乡【跟】南京有四个季节一样。（初级　韩国）

(378) *她【跟】我学了专业一样。（初级　韩国）

例（377）应改为"【跟】南京一样有四个季节"，例（378）应改为"【跟】我学了一样的专业"。

"跟$_5$"的错序偏误有 8 例，占初级阶段"跟$_5$"偏误总数（27 例）的 29.63%，主要有两种错序：一种是介词短语的错序，一种是修饰语的错序，如：

(379) *我说【跟】朋友今天晚上我要休息在你家可以吗？
（初级　越南）

(380) *她【跟】我常常说 nepo 尔语。（初级　尼泊尔）

例（379）是介词短语"跟朋友"与"说"错序，例（380）是副词"常常"错序。

可以看出，"跟"的几种用法中错序偏误都是比较多的，而且很有规律性，教学中应该注意这类偏误。

"和$_1$"的错序偏误有5例，占初级阶段"和$_1$"偏误总数（9例）的55.55%，比例非常高。主要是修饰成分的错序，如：

(381) *从来在中午我不睡觉，常常我【和】朋友们一起去玩儿。（初级 孟加拉）

(382) *现在第一个学期已经结束了，他回家乡【和】她的亲人要过春节了，最近我在中国的生活觉得比较寂寞。（初级 喀麦隆）

例（381）中的"常常"应该放在"和"之前，例（382）中的"要"要放到动词短语"回家乡"的前面。

"和$_2$"的错序偏误有6例，占初级阶段"和$_2$"偏误总数（9例）的66.66%，是比例最高的一个。有修饰语的错序，也有介词短语的错序，如：

(383) *休息我【和】朋友常谈话。（初级 老挝）

(384) *不然不会很老还女朋友【和】没 ji（机）会结婚。（初级 美国）

例（383）应该改成"……常【和】朋友谈话"，例（384）应改为"还没机会【和】女朋友结婚"。

"比"的错序偏误有31例，占初级阶段"比"偏误总数（116例）的26.72%，比例也比较高。错序的类型主要有否定词"不"的错序，如：

(385) *法国【比】中国不便宜。（初级 法国）

(386) *我们的国家的交通【比】中国不方便。（初级 尼泊尔）

其次是介词短语后的补语成分的错序，如：

(387) *我的爸爸今年五十四岁，我的妈妈今年四十八岁，妈妈【比】爸爸六岁小。（初级 韩国）

(388) *我觉得中国【比】韩国多工作。（初级 韩国）

剩下的"对于"、"替"、"向$_3$"等都只出现1例错序，因此，错序不是它们典型的偏误形式。

2. 在中级阶段，错序一共出现89例，数量下降，而且错序所占的比例（17.8%）也比初级下降了。有"对$_1$、对$_2$、对$_3$、关于、给₁、跟₁、跟₂、跟₄、跟₅、跟₆、比"等 11 个介词用法出现错序偏误。

其中"对₁"的错序偏误有 7 例,占"对₁"中级阶段偏误总数(86 例)的 8.14%,比初级阶段下降很多。主要是修饰成分的错序,如:

(389) *他的妈妈【对】他常常说,你是我的无价之宝。(中级 日本)

(390) *同时爸爸【对】我用中文说"我爱你"说完就挂了电话。(中级 韩国)

例(389)中的"常常"和例(390)中的"用中文"都应提到"对"之前。

"对₂"的错序偏误有 15 例,占中级阶段"对₂"偏误总数(90 例)的 16.66%,跟初级阶段差不多,说明"对₂"的错序偏误比较顽固。也主要是介词短语的错序,如:

(391) *第一次来中国南京什么【对】我都不习惯。(中级 越南)

(392) *人的感情不能随便,所以灰心【对】他的爱情。(中级 韩国)

例(391)应改为"我对什么都不习惯",例(392)应改为"……对他的爱情灰心"。

"对₃"的错序偏误有 3 例,占中级阶段"对₃"偏误总数(48 例)的 6.25%,比例不高,但跟初级阶段差不多,没有什么变化,如:

(393) *甚至他的缺点也是【对】我好看的。(中级 韩国)

(394) *这时整容是【对】我非常需要的手技。(中级 韩国)

例(393)应改为"……对我来说也是好看的",例(394)应改为"这时整容对我是非常需要的手技。"

"关于"的错序偏误有 8 例,占中级阶段"关于"偏误总数(29 例)的 27.58%,这是"关于"首次出现如此多的错序偏误。从语料分析来看,都是"关于"介词短语作定语时的错序偏误,如:

(395) *我从小时候看电视【关于】中国的文化。(中级 韩国)

(396) *这课文是讲一个故事【关于】"假小子"。（中级 美国）

这两例应分别改为：

(395′) 我从小时候看【关于】中国的文化的电视。

(396′) 这课文是讲一个【关于】"假小子"的故事。

从偏误分析可以了解到学生对"关于"介词短语作定语的用法掌握不好，多受"关于"介引话题成分的影响，出现错序偏误。

"给₁"的错序偏误有17例，占中级阶段"给₁"偏误总数（31例）的54.8%，说明中级阶段"给₁"的错序偏误情况很严重。其中13例是韩国学生的偏误用例，如：

(397) *我以后有时间的时候常写【给】你信。（中级 韩国）

(398) *生病的时候，买【给】我药，发生了问题的时候，帮我。（中级 韩国）

这两例中的介词短语都不能放在动词的后面，而应提到动词之前。韩国学生出现这样的偏误是受韩国语使用的影响，相关论述可参看周文华（2009）。

另外4例是其他国家学生的偏误，偏误形式跟韩国学生不同，多是一些修饰成分的错序，如：

(399) *有时间，请【给】多我来信。（中级 日本）

(400) *以后他再【给】我没有打电话，再也我们没见过面。（中级 蒙古）

例（399）应把"多"提到介词"给"之前，例（400）应把"没有"提到介词"给"之前。

"跟₁"的错序偏误有8例，占中级阶段"跟₁"偏误总数（28例）的28.57%，情况比初级阶段有所好转，都是介词框架构成成分或其他修饰成分的错序，如：

(401) *我每次问了他可不可以【跟】他去一起。（中级 波兰）

(402) *现在我【跟】偶尔他们一起去吃饭。（中级 日本）

例（401）应改为"……【跟】他一起去"，例（402）应把"偶尔"提至"跟"前。

"跟₂"的错序偏误有10例，占中级阶段"跟₂"偏误总数（34

例）的 29.4%，也全部是介词短语或修饰性成分的错序，如：

(403) *不是从家出去的时候，就是离别【跟】爸爸，妈妈很长时间得时，我得心情很难受。（中级　韩国）

(404) *在一个小漂亮的农村他就看我【跟】我想说话。（中级　以色列）

例（403）是介词短语错序，应把介词短语提至"离别"之前，例（404）应把"想"提到"跟"的前面。

"比"的错序偏误有 13 例，占中级阶段"比"偏误总数（61例）的 21.3%，数量下降了，但比例没有下降，说明学生对"比"的掌握渐好，但错序这种偏误类型仍是学生比较容易犯的错误。也多是修饰成分的错序，如：

(405) *如夫妻爱自己的父母，他们的爱情一天【比】一天会深的。（中级　古巴）

(406) *我觉得我应该变化学习地，有的时候我觉得今年的水平【比】去年不高，我痛哭。（中级　西班牙）

例（405）中的"会"应该提到"比"前，例（406）中的"不"也应该提至"比"前。

剩下的"跟$_4$、跟$_5$、跟$_6$"等几个用法都只出现一两例错序偏误，规律性不强，错序不是它们典型的偏误。

3. 在高级阶段，错序偏误出现 51 例，占高级阶段偏误总数的 16.4%，无论是数量还是比例都下降了。这说明高级阶段错序偏误得到了较好的控制。有"对$_1$、对$_2$、对$_3$、给$_1$、跟$_1$、跟$_2$、跟$_4$、给、关于、向$_2$、向$_3$、和$_1$、和$_2$"等 13 个介词用法出现错序偏误。

其中"对$_1$"的错序偏误有 5 例，占高级阶段"对$_1$"偏误总数（53 例）的 9.4%，无论是数量还是比例都下降了很多。全部是能愿动词、副词等修饰成分的错序，如：

(407) *我想再一次向她道歉，想解释我当时为什么【对】她要说这种话，可是现在无法跟她联系。（高级　日本）

(408) *甚至【对】常常来的客人经常汪汪地叫，所以又时候真不好意思他们。（高级　韩国）

例（407）是能愿动词"要"的错序，例（408）是副词"经常"的错序。

"对$_2$"的错序偏误有 8 例,占高级阶段"对$_2$"偏误总数(53例)的 15.1%,都是介词短语与主语之间的错序,如:

(409) *【对】乌鸦的我的成见如此根深蒂固。(高级 韩国)
(410) *看完以后,【对】汉语我的感情完全变了。 (高级 韩国)

例(409)应改为"我对乌鸦的成见如此根深蒂固",例(410)应改为"……我对汉语的感情完全变了"。

"对$_3$"的错序偏误有 7 例,占高级阶段"对$_3$"偏误总数(25例)的 28%,也都是介词短语与动词之间的错序,如:

(411) *九月一号发生的事情是【对】我来说很难忘的。(高级 日本)
(412) *去年的夏天,是【对】我不能忘记的回忆的季节。(高级 韩国)

例(411)中的"对我来说"和例(412)中的"对我"都应该提到动词"是"的前面。

"给$_1$"的错序偏误有 12 例,占高级阶段"给$_1$"偏误总数(18例)的 66.66%,是高级阶段错序偏误中比例最高的一个。其他国家学生的用例只占 5 例,如:

(413) *我是女儿所以我一个人自己做【给】母亲很多种菜我看书和在电视上学过。(高级 越南)
(414) *我每次回国的时候,为了她的健康买【给】她"维他奶"。(高级 日本)

例(413)应改为"……做很多菜给母亲……",例(414)应改为"……买'维他奶'给她。"可以看出,错序类型不再是修饰成分的错序,而是介词短语的错序。从偏误分析看,除日韩学生在三个学习阶段都会受规则泛化影响产生错序以外,其他国家学生在高级阶段也会受"V+给"用法泛化的影响而产生错序偏误。

"跟$_1$"的错序偏误有 3 例,占高级阶段"跟$_1$"偏误总数(5例)的 60%,错序情况跟初、中级阶段一样。"跟$_2$"、"跟$_4$"的错序偏误都只出现 2 例,错序情况也跟初、中级一样。用例不再赘举。

"比"的错序偏误有 4 例,占高级阶段"比"偏误总数(32例)的 12.5%,也主要是修饰成分的错序,如:

(415) *它一天【比】一天明显地衰弱,接着开始不理我了。(高级　日本)

(416) *如果我是一位老师,我的课【比】这位老师的课会好的多。(高级　俄罗斯)

例(415)中"明显地"和例(416)中"会"都应提前。

剩下的"给$_2$"、"关于"、"向$_2$"、"向$_3$"、"和$_1$"、"和$_2$"等都只出现一两例,不是典型的偏误,规律性不强。

(二)遗漏

遗漏一共出现416例,数量比错序和误加多很多,是对象介词的第二大偏误形式。这说明学生在遗漏方面更容易犯错。

1. 在初级阶段遗漏一共出现201例,几乎占了遗漏偏误总数的一半。有"对$_2$、对$_3$、向$_2$、关于、给$_1$、跟$_1$、跟$_2$、跟$_3$、跟$_4$、跟$_5$、和$_3$、比、对于、跟$_6$、给$_2$、给$_3$"等16个介词用法出现遗漏偏误。这说明遗漏在初级阶段是尤其要注意的。

"对$_2$"的遗漏偏误有45例,占初级阶段"对$_2$"偏误总数(121例)的37.19%,是"对$_2$"的典型偏误。主要有两方面遗漏:一方面是遗漏介词短语后的动词,如:

(417) *通过这件事,我十分苦恼,【对】老师∧十分抱歉。(初级　韩国)

(418) *因为风景漂亮得很,还【对】身体∧好处。(初级　德国)

例(417)遗漏动词"感到",例(418)遗漏动词"有"。这都是学生把"抱歉"、"好处"等词直接当做谓语来用导致的。

一方面是遗漏介词"对",如:

(419) *我的心中充满了感谢∧她。(初级　斯里兰卡)

(420) *我的中国朋友好∧我,她帮助我。(初级　比利时)

这两例应该改为:

(419′) 我的心中【对】她充满了感谢。

(420′) 我的中国朋友【对】我好,她帮助我。

"对$_3$"的遗漏偏误有37例,占初级阶段"对$_3$"偏误总数(79例)的46.84%,也是"对$_3$"的典型偏误。学生用例中最多的是遗漏介词框架中的"来说",如:

(421) *所以我觉得这天【对】我们∧很愉快,就是愉快的一天。(初级 老挝)

(422) *兵马俑以外的名胜是【对】我∧不太有意思。(初级 日本)

可见跟学生讲清楚介词框架中"来说/来讲"省略规则很重要,因为其中的"来说/来讲"并不像有的学者所说可以随便省略。

其次就是遗漏动词"是",如：

(423) *学习汉语也【对】我∧苦恼的经历。(初级 韩国)

(424) *老师说CD便宜的事不好,可是【对】(我)来说∧一个好事。(初级 韩国)

"向$_2$"的遗漏偏误有4例,占"向$_2$"初级阶段偏误总数(13例)的30.76%,都是在名词"感谢"前遗漏动词"表示",如：

(425) *还有【向】我的朋友∧感谢。(初级 韩国)

(426) *她【向】我∧很感谢,告诉我她的电话号码。(初级 韩国)

"关于"的遗漏偏误有9例,占初级阶段"关于"偏误总数(13例)的69.23%,是"关于"的典型偏误。都是"关于"介词短语作定语时的遗漏,如：

(427) *为了写【关于】夫子庙∧,我看了一本书,这本书内容是南京的历史。(初级 法国)

(428) *在本学期学过的课文中,我最感兴趣的是【关于】祥子∧。(初级 德国)

例(427)应该在"夫子庙"加上"的文章",例(429)也应该在"祥子"之后加"的(课文)"。

"给$_1$"的遗漏偏误有6例,占初级阶段"给$_1$"偏误总数(25例)的24%,不是"给$_1$"的典型偏误,但数量也比较多,遗漏的形式也比较多,有遗漏介词"给"的,还有遗漏介词后名词的,还有遗漏介词短语后动词的,如：

(429) *她打电话∧我。(初级 意大利)

(430) *星期一,我【给】∧打电话。(初级 韩国)

(431) *吃完饮以后我有时候睡觉,有时候上网【给】我妈妈和朋友∧电子邮间,还是跟中国朋友说话。(初级 越南)

例（429）遗漏"给"，例（430）"给"后遗漏名词"朋友"，例（431）遗漏动词"发"。

"跟$_1$"的遗漏偏误有 26 例，占初级阶段"跟$_1$"偏误总数（55例）的 47.27%，和错序一起构成"跟$_1$"的主要偏误。主要是介词"跟"的遗漏①，如：

(432) *我常∧朋友一起去图书馆看书谈话，下课以后去食堂吃饭。（初级　坦桑尼亚）

(433) *我小的时候常常∧我的家一起旅行。（初级　韩国）

还有就是协同副词"一起"的遗漏，如：

(434) *她每天【跟】我∧做饭、吃饭。（初级　越南）

(435) *我的责任是【跟】妈妈∧打扫房间，洗衣服。（初级　老挝）

例（435）中如果只有"做饭"没有"吃饭"，是"跟"的误用，应该改为"为"。但后面加了"吃饭"以后，就不是"跟"的误用了，因为介词短语后有两个不同的动作。此时，就需要加上协同副词"一起"来表示其后的两个动词是两人协同完成的。

"跟$_2$"的遗漏偏误有 34 例，占初级阶段"跟$_2$"偏误总数（81例）的 41.97%，是"跟$_2$"的典型偏误，其中绝大多数是"跟"的遗漏，都跟离合词的错误使用有关，如：

(436) *从前我在南京打交流（打交道）∧一个女大学生。（初级　韩国）

(437) *我非常高兴见面∧我的中国朋友。（初级　坦桑尼亚）

例（436）应改为"……跟一个女大学生打交道"，例（437）应改为"……跟我的中国朋友见面"。

"跟$_3$"的遗漏偏误有 5 例，占初级阶段"跟$_3$"偏误总数（12例）的 38.46%，和错序一起构成"跟$_3$"的主要偏误。多是遗漏动词"有"，如：

(438) *我希望大学毕业以后我就找到【跟】中文∧联系的好

---

① 因为"跟"、"和"、"与"、"同"大部分的用法是可互换的，所以这类介词的遗漏分析成其中任何一个都讲得通。但这四个介词在三种语料中都以"跟"的使用频率为最高，所以本章把介词的遗漏都归入"跟"的各种用法。

工作。(初级　俄罗斯)

(439) *所以不容易【跟】陌生的人∧亲密的关系。(初级　韩国)

"跟$_4$"的遗漏偏误有7例，占初级阶段"跟$_4$"偏误总数（18例）的38.89%，和错序一起构成"跟$_3$"的主要偏误。主要是遗漏介词"跟"或介词框架中的"一样"等，如：

(440) *我的好朋友看样子∧她妈妈一样。(初级　韩国)

(441) *我的国家没有中国人口（多），也没有【跟】中国∧大的面积。(初级　尼泊尔)

"跟$_5$"的遗漏偏误有3例，占初级阶段"跟$_5$"偏误总数（27例）的11.11%，不是"跟$_5$"的典型偏误，都是介词"跟"的遗漏，如：

(442) *我们不敢∧妈妈说。(初级　孟加拉)

(443) *但是我的中国武术老师中国人，我要会话用汉语∧我的老师。(初级　日本)

例（443）应改为"……我要用汉语跟我的老师会话。"

"和$_3$"的遗漏偏误有7例，占初级阶段"和$_3$"偏误总数（8例）的87.5%，是"和$_3$"的典型偏误，都是遗漏动词"是"，如：

(444) *她【和】我∧同班同学。(初级　韩国)

(445) *我【和】她∧非常好朋友。(初级　韩国)

"比"的遗漏偏误有4例，仅占初级阶段"比"偏误总数（116例）的3.44%，不是典型偏误，遗漏的成分没有什么规律，如：

(446) *我一看就不知不觉中哭了起来，那时才知道父母对孩子的爱【比】任何感情∧珍贵。(初级　日本)

(447) *她不【比】我汉语水平∧。(初级　韩国)

例（446）遗漏了副词"都"，例（447）遗漏了形容词"高"。

其他还有些介词，如"对于"、"跟$_6$"、"给$_2$"、"给$_3$"等都只出现一两例遗漏偏误，不具有典型性，没有规律。

2. 在中级阶段，遗漏一共出现125例，数量比初级阶段少很多，所占比例也有所下降。有"对$_1$、对$_2$、对于、关于、给$_1$、跟$_1$、跟$_2$、跟$_3$、跟$_4$、比"等10个介词出现遗漏偏误。

其中"对$_1$"的遗漏偏误有3例，占"对$_1$"中级阶段偏误总数

(86 例) 的 3.49%, 有动词的遗漏, 也有介词"对"的遗漏, 如:
(448) *我总【对】自己∧:"加油!"(中级 越南)
(449) *然后几次见后我说∧她了:"我们交往吧。"(中级 韩国)

例 (448) 中"自己"的后面应该加动词"说", 例 (449) 应改为"……我对她说了:……。"

"对₂"的遗漏偏误有 34 例, 占中级阶段"对₂"偏误总数 (90 例) 的 37.77%, 是"对₂"的典型偏误形式, 主要有介词"对"的遗漏, 如:
(450) *我一见中情∧他。(中级 韩国)
(451) *我记得从十五岁前后开始感兴趣∧故事片。(中级 韩国)

以上两例应改为:
(450′) 我【对】他一见中情。
(451′) 我记得从十五岁前后开始【对】故事片感兴趣。

其次是动词的遗漏, 如:
(452) *我【对】学汉语很∧兴趣。(中级 韩国)
(453) *跟子女当朋友吧, 子女不喜欢跟父母交谈的话,【对】孩子性格∧不好影向。(中级 韩国)

例 (452) 遗漏了动词"感", 例 (453) 遗漏了动词"有"。

"对₃"的遗漏偏误有 21 例, 占中级阶段"对₃"偏误总数 (48 例) 的 43.75%, 是"对₃"的典型偏误形式, 和初级阶段一样, 也主要是介词框架中"来说"的遗漏, 如:
(454) *我刚刚来中国,【对】我∧什么都是新的。(中级 越南)
(455) *以前, 婚姻【对】女人∧是个被动的事情。(中级 加拿大)

"关于"的遗漏偏误有 3 例, 占中级阶段"关于"偏误总数 (29 例) 的 10.34%, 比例不是很高。和初级阶段一样, 也都是"关于"介词短语作定语时所修饰的中心语的遗漏, 如:
(456) *这个以后, 我看各种各样【关于】中国∧:书, 报纸, 杂纸, 电视新闻, 网站。(中级 日本)

(457) *以后我有了对中国文化感兴趣,我想知道【关于】中国∧。(中级 韩国)

例(456)应该加上"的各方面东西",例(457)应该加上"的事情"。

"给$_1$"的遗漏偏误有7例,占中级阶段"给$_1$"偏误总数(31例)的22.58%。不过主要是介词"给"的遗漏,如:

(458) *我希望教师多多介绍,我要把中文zhishi教∧泰国学生。(中级 泰国)

(459) *你常常写信∧我,我很感谢你。(中级 蒙古)

"跟$_1$"的遗漏偏误有13例,占中级阶段"跟$_1$"偏误总数(26例)的50%,是"跟$_1$"典型的偏误形式。有介词"跟"的遗漏,也有动词的遗漏,如:

(460) *我不知道她是谁,她是哪国人,我只知道她是∧我一起上课的人。(中级 韩国)

(461) *现在不【跟】他们∧一起了,每天都在网上跟他们liaotian。(中级 越南)

例(460)遗漏了介词"跟",例(461)遗漏了动词"在"。

"跟$_2$"的遗漏偏误有16例,占中级阶段"跟$_2$"偏误总数(34例)的47.06%,也是"跟$_2$"典型的偏误形式。几乎全都是介词"跟"的遗漏,也跟初级阶段一样与离合词的误用有关,如:

(462) *还在这儿,我想交流∧很多中国人。(中级 日本)

(463) *他诘所她:你可以不可以结婚∧我。(中级 乌克兰)

例(462)应改为"我想跟很多中国人交流",例(463)应改为"……你可以不可以跟我结婚。"

"跟$_3$"的遗漏偏误有6例,占中级阶段"跟$_3$"偏误总数(8例)的75%,是"跟$_3$"非常典型的偏误形式。都是介词"跟"或动词"有"的遗漏,如:

(464) *有可能的话,我想做∧中国武术∧关系的工作。(中级 日本)

(465) *我希望以后也【跟】她∧好好关系!(中级 韩国)

例(464)应改为"我想做跟中国武术有关系的工作",例(465)应改为"我希望以后也跟她有好关系。"

"跟$_4$"的遗漏偏误有 7 例，占中级阶段"跟$_4$"偏误总数（12例）的 58.33%，也是"跟$_4$"典型的偏误形式。都是介词"跟"的遗漏，如：

(466) *比较∧中国，美国的交通非常讨厌。（中级　美国）
(467) *原来我以为不是电影迷、还以为∧一般人一样。（中级　日本）

例（466）应改为"跟中国比较，……。"例（467）应改为"……跟一般人一样。"可以看出，中级阶段"跟"的各种用法的遗漏偏误比初级阶段遗漏偏误所占的比例都要高很多，说明"跟"的遗漏偏误较难纠正。

"比"的遗漏偏误有 4 例，占中级阶段"比"偏误总数（61 例）的 6.55%，都是"了"的遗漏，如：

(468) 他跟家人一起住过在俄罗斯 7 年，他的俄语【比】蒙语好多∧。（中级　蒙古）
(469) 因为天气暖和，所以【比】别的地方好吃多∧，又数量也很少。（中级　韩国）

3. 在高级阶段，遗漏偏误的数量降到 90 例，但在高级阶段偏误数量中所占比例居第二位。有"对$_1$、对$_2$、对$_3$、向$_2$、关于、给$_1$、为$_1$、跟$_2$、跟$_3$、比"等 10 个介词出现遗漏偏误。这说明相对来说，遗漏还是学生易犯的偏误。

"对$_1$"的遗漏偏误有 3 例，占高级阶段"对$_1$"偏误总数（53例）的 5.66%，不是"对$_1$"典型的偏误形式，主要是句中动词的遗漏，如：

(470) *他常常【对】我∧恶作剧。（高级　土耳其）
(471) *一边哭着大喊得叫她的名子，一边【对】老师的∧骂人话。（高级　韩国）

例（470）遗漏动词"搞"，例（471）遗漏动词"说"，应改为"一边对老师说骂人的话"。

"对$_2$"的遗漏偏误有 22 例，占高级阶段"对$_2$"偏误总数（53例）的 41.51%，是"对$_2$"典型的偏误形式。主要是介词"对"的遗漏，如：

(472) *甚至对常常来的客人经常汪汪地叫，所以又时候真不

好意思∧他们。(高级 韩国)

(473) *这地区过去三十年没有发生地震,所以人们的意识里似乎消失了∧地震的恐惧感。(高级 日本)

例(472)应改成"……有时候对他们真不好意思。"例(473)应改为"……消失了对地震的恐惧感。"

"对$_3$"的遗漏偏误有15例,占高级阶段"对$_3$"偏误总数(25例)的60%,也是"对$_3$"典型的偏误形式。主要是介词框架中"对"或"来说"的遗漏,如:

(474) *现在想一想大人给我们的零食其实并不多,但∧当时的我们来说挺多的。(高级 日本)

(475) *主席【对】越南革命∧是一个伟大的老师,对阶级工人与越南民族是亲爱的领袖……(高级 越南)

"向$_2$"的遗漏偏误有10例,占高级阶段"向$_2$"偏误总数(29例)的34.48%,主要是介词"向"的遗漏,如:

(476) *她立刻回答:"老师我会的,你想担心怎么交待∧父母吧。"(高级 日本)

(477) *我记得北京的太阳,它愉快地微笑了∧我们。(高级 俄罗斯)

"关于"的遗漏偏误有4例,占高级阶段"关于"偏误总数(14例)的28.57%,和初、中级阶段一样,也都是"关于"介词短语作定语时所修饰中心语的遗漏,如:

(478) *我下课后回宿舍来的时候到处学生们都互相说【关于】今天的新年晚会∧。(高级 蒙古)

(479) *这广告是韩国教会推出【关于】自愿为了印第安人服务∧。(高级 韩国)

例(478)应该加上"……的事",例(479)应该加上"……的号召",否则句义就不完整。

"给$_1$"的遗漏偏误有6例,占高级阶段"给$_1$"偏误总数(18例)的33.34%,主要是遗漏"给"或动词,如:

(480) *鸥鸟从水里掠捉鱼,送∧雏鸟吃。(高级 蒙古)

(481) *母亲每天让"我"∧两个鸡蛋【给】客房客人。(高级 韩国)

例（480）应改为"……送给雏鸟吃"，例（481）应改为"母亲每天让我送两个鸡蛋给客户客人。"

"为$_1$"的遗漏偏误有 4 例，占高级阶段"为$_1$"偏误总数（8例）的 50%，比例很高。都是"为"和动词的遗漏，如：

(482) *那时候，我真的要准备∧荒凉的冬天。（高级　韩国）
(483) *这样的时间中她自然而然爱上了鲁四老爷然后∧他生男孩子。（高级　韩国）

例（482）应改为"……我真的要为荒凉的冬天做准备。"例（483）应改为"……然后为他生男孩子"。

"跟$_2$"的遗漏偏误有 7 例，占高级阶段"跟$_2$"偏误总数（10例）的 70%，是"跟$_2$"典型的偏误形式。都是与离合词的不正确使用有关，如：

(484) *到春节的时候，我可以见面∧很多亲戚。（高级　韩国）
(485) *终于99年9月底，宣媚说∧我分手。（高级　韩国）

例（484）应改为"……我可以跟很多亲戚见面。"例（485）应改为"……宣媚跟我说分手。"

"跟$_3$"的遗漏偏误有 3 例，是"跟$_3$"在高级阶段唯一的偏误形式。都与"跟"或动词的遗漏有关，如：

(486) *因为皮带是∧他们的肚子有关。（高级　韩国）
(487) *他很乐于助人，做什么事儿都很认真，很尊重老人，对孩子和妇女的态度很温柔，【跟】同辈人∧很友好的关系。（高级　蒙古）

例（486）应改为"因为皮带是跟他们的肚子有关的。"例（487）应改为"……跟同辈人有很友好的关系。"

"比"的遗漏偏误有 4 例，占高级阶段"比"偏误总数（32例）的 12.5%，都是介词短语后动词或形容词的遗漏，如：

(488) *可是跨国婚姻的话，可能【比】一般老百姓∧更多的机会去外国旅行。（高级　韩国）
(489) *SudaraJang 的向南前边墙的格子下窗【比】格子上窗∧四倍。（高级　韩国）

例（488）应改为"……可能比一般老百姓有更多的机会去外国

旅行。"例（489）应改为"……格子下窗比格子上窗多四倍。"

（三）误加

误加偏误一共出现339例，占全部偏误数的22.3%，属于比较少的一类偏误。

1. 在初级阶段误加出现151例，占初级阶段偏误总数的21.3%。是初级阶段数量最少的一种偏误形式。但有"对$_1$、对$_2$、对$_3$、对于、关于、给$_1$、为$_1$、跟$_1$、跟$_2$、跟$_5$、比、至于、向$_2$、给$_2$、给$_3$、跟$_3$、跟$_4$、和$_1$、和$_2$、和$_3$"等20个介词用法出现误加偏误，是覆盖介词最多的一种偏误。

其中"对$_1$"的误加偏误出现28例，占初级阶段"对$_1$"偏误总数（77例）的36.36%，比例很高，是初级阶段"对$_1$"典型的偏误形式。主要是"对$_1$"的误加，即不该用"对$_1$"而用了"对$_1$"的情况，而且绝大多数都是韩国学生产生的偏误，如：

(490) *突然我们旁边坐的人【对】我们问："你们都是外国人吗？"（初级　韩国）

(491) *我回国前【对】他送给一张的照片。（初级　韩国）

韩国学生容易产生这样的偏误是受韩国语格助词"에게"的影响，因为在韩国语中，动作的对象之后常要加格助词"에게"，不受动词的限制。[①]

"对$_2$"的误加偏误有41例，占初级阶段"对$_2$"偏误总数（121例）的33.88%，与遗漏构成初级阶段"对$_2$"最主要的偏误。误加的形式有动词的误加，如：

(492) *每个孩子的父母【对】自己的孩子<u>有充满希望</u>。（初级　尼泊尔）

(493) *毕业以后我一直【对】汉语<u>有感</u>兴趣。（初级　韩国）

这两例去掉"有"或"充满"、"感"都可以。

还有介词"对"的误加，如：

(494) *当初他们非常担心【对】我的前途。（初级　韩国）

(495) *我不一定有很多朋友但是我一定要【对】他们相心（信）。（初级　加拿大）

[①] 相关论述可参看周文华（2009）。

"对$_3$"的误加偏误有 15 例,占初级阶段"对$_3$"偏误总数(79例)的 18.99%。多是"对$_3$"介词框架的误加,如:

(496) *去外国找工作【对】我来说对我很有好处,因为我学到了很多东西而认识了很多的新朋友。(初级 丹麦)

(497) *他们【对】我来说为什么我要那么远去。(初级 斯洛文尼亚)

例(496)重复使用了"对我来说"和"对我",去掉任何一个都可以。例(497)不应该用"对$_3$"介词框架,去掉句中的"来"就正确了。实际上,句中的"对"是"对$_1$"。

"对于"的误加偏误有 5 例,占初级阶段"对于"偏误总数(13 例)的 38.46%,多是"对于"或其他成分的误加,如:

(498) *【对于】小的事让我感到很幸福。(初级 韩国)

(499) *因为每个人【对于】感到幸福都有不一样的想法。(初级 韩国)

"关于"的误加偏误有 4 例,占初级阶段"关于"偏误总数(13 例)的 30.77%,都是"关于"的误加,如:

(500) *有时间很长我没想【关于】他们,所以现在我感到很高兴!(初级 哥伦比亚)

(501) *他不太喜欢【关于】说话,所以他不大说。(初级 韩国)

"给$_1$"的误加偏误有 7 例,占初级阶段"给$_1$"偏误总数(25例)的 28%,有"给"的误加,如:

(502) *突然我的朋友【给】我打【给】电话,她说她已经找到了他。(初级 哈萨克斯坦)

(503) *他们有礼貌,而认真地教【给】孩子。(初级 韩国)

还有"了"的误加,如:

(504) *我常常写信了【给】他们!(初级 韩国)

(505) *上次我【给】了她写信。(初级 韩国)

"为$_1$"的误加偏误有 7 例,占初级阶段"为$_1$"偏误总数(10例)的 70%,是初级阶段"为$_1$"的典型偏误,大部分是"为"的误加和"了"的误加,如:

(506) *我们找到了的时候,这家商店要十块钱【为】一瓶!

(初级　美国)
(507) *可是偶然见面的中国朋友、培培【为】了我做饭。
(初级　韩国)

"跟₁"的误加偏误有5例，占初级阶段"跟₁"偏误总数（55例）的9.09%，都是"跟"的误加，如：

(508) *我【跟】她教韩国语。（初级　韩国）
(509) *我来的南京我的生活没意思，我没朋友，每天【跟】自己出去。（初级　法国）

例（508）应改为"我教她韩国语"。例（509）应改为"……，每天自己出去"。

"跟₂"的误加偏误有6例，占初级阶段"跟₂"偏误总数（81例）的7.4%，不是典型偏误，都是一些修饰性成分的误用，如：

(510) *我在南师大学习，我想【跟】你一起认识了，我也给她介召一下，我把她一些水果吃了。（初级　古巴）
(511) *这个很难说，但我觉得在学习方面我们应该【跟】父母要多商量。（初级　尼泊尔）

"跟₅"的误加偏误有5例，占初级阶段"跟₅"偏误总数（27例）的18.52%，多是"跟"的误加，如：

(512) *我很谢谢【跟】他们，因为给我很多记忆。（初级　印度尼西亚）
(513) *我喜欢中国的生活，很容易会理解【跟】中国人。（初级　尼泊尔）

"比"的误加偏误有17例，占初级阶段"比"偏误总数（116例）的14.65%，主要是"比"字介词短语之后程度副词或补语成分的误加，如：

(514) *特别是吃的东西日本【比】中国贵得很多。（初级　日本）
(515) *经济发展了，从目前【比】以前变化得很多。（初级　老挝）

剩下的介词"至于"、"向₂"、"给₂"、"给₃"、"跟₃"、"跟₄"、"和₁"、"和₂"、"和₃"等都只出现一两例，没有规律性，暂不讨论。同时，我们也发现误加偏误是覆盖介词最多的一种偏误。

2. 在中级阶段,误加一共出现 123 例,数量比初级减少了,但所占比例却比初级提高了,说明误加偏误是学生较难纠正的偏误。有"对$_1$、对$_2$、向$_2$、对于、关于、给$_1$、跟$_2$、跟$_5$、比、对$_3$、给$_3$、替、同$_3$、由$_2$"等 14 个介词用法出现误加偏误。

其中"对$_1$"的误加偏误有 32 例,占"对$_1$"中级阶段偏误总数(86 例)的 37.2%,数量是比较多的。跟初级阶段一样,多是不该用"对$_1$"介词短语而用的情况,如:

(516) *她【对】我热情地回答。(中级 蒙古)

(517) *一位年老邻居【对】愚公嘲笑着。(中级 柬埔寨)

例(516)应改为"她热情地回答我。"例(517)应改为"一位年老的邻居嘲笑愚公。"

"对$_2$"的误加偏误有 28 例,占中级阶段"对$_2$"偏误总数(90 例)的 31.11%,数量也比较多,多是句中动词的误加,如:

(518) *因为我【对】秦始皇有很多感兴趣。(中级 韩国)

(519) *大王【对】俄罗斯文化有感兴趣。(中级 俄罗斯)

这些偏误用例跟初级阶段一样,都是"有"或"感"的误加,去掉其中任何一个都是正确的。

"向$_2$"的误加偏误有 8 例,占中级阶段"向$_2$"偏误总数(19 例)的 42.1%,是"向$_2$"的典型偏误形式,多是"向"的误加,如:

(520) *跟韩国人的同屋一起生活,每天吃中国菜,跟很多外国留学生交流,聊天,【向】中国人教日语。(中级 日本)

(521) *把行李近房子后我就开始找电话打回国,但是这是第一次来南京于是不知道怎么办手续就【向】我的同屋问一问。(中级 泰国)

"对于"的误加偏误有 3 例,占中级阶段"关于"偏误总数(7 例)的 42.85%,数量不多,但所占比例很高,是中级阶段"对于"的典型偏误,也都是"对于"的误用,如:

(522) *这句话表示越南人的由衷尊敬【对于】老师。(中级 越南)

(523) *来中国前一天,我们一家人一起吃了去饭,【对于】我在中国的生活聊天儿了。(中级　韩国)

"关于"的误加偏误有 14 例,占中级阶段"关于"偏误总数(29 例)的 48.28%,也是中级阶段"关于"的典型偏误,都是"关于"的误用,如:

(524) *【关于】电影情节是,在火车里遇到的贼们之间热烈的进行。(中级　蒙古)

(525) *通过小说读者能够去幻想【关于】另外一种生活、另外一种世界。(中级　法国)

"给$_1$"的误加偏误有 4 例,占中级阶段"给$_1$"偏误总数(31 例)的 12.9%,都是"教给"的误用,如:

(526) *我在北京的时候他教【给】我汉语。(中级　日本)

(527) *我想教【给】孩子们汉语。(中级　韩国)

作为一门语言,"汉语"不能是给予物,"教"本身是一个双宾动词,不需要"给"来介引间接宾语。

"跟$_2$"的误加偏误有 4 例,占中级阶段"跟$_2$"偏误总数(34 例)的 11.76%,都是一些非关键成分的误加,如:

(528) *我希望回国以后【跟】她通联系。(中级　韩国)

(529) *是因为下课后,我只回家休息,没有【跟】谁是中国人聊天,说话。(中级　越南)

"跟$_5$"的误加偏误有 4 例,占中级阶段"跟$_5$"偏误总数(12 例)的 33.33%,都是"跟$_5$"的误用,与"对$_1$"误加产生的原因一样,如:

(530) *我索性【跟】坐在对面的小姐问一问,"这辆车几点到南京?"(中级　日本)

(531) *我【跟】她教韩国语。(中级　韩国)

"比"的误加偏误有 13 例,占中级阶段"比"偏误总数(61 例)的 21.31%,仍然主要是程度副词的误加,如:

(532) *我觉得中国一天【比】一天好多了。(中级　韩国)

(533) *没有人担心我【比】他们那么多。(中级　日本)

剩下的"对$_3$"、"给$_3$"、"替"、"同$_3$"、"由$_2$"等都只出现一两例,规律性不强,暂不讨论。

3. 在高级阶段，误加偏误出现 65 例，比中级阶段下降了近一半。有"对$_1$、对$_2$、向$_2$、关于、比、对于、跟$_1$、跟$_3$、跟$_4$、跟$_5$、替、为$_1$、至于、由"等 14 个介词用法出现误加偏误。

其中"对$_1$"的误加偏误有 21 例，占高级阶段"对$_1$"偏误总数（53 例）的 39.62%，比例还是很高的，也跟初、中级阶段一样多是"对"的误加，如：

(534) *但是朋友【对】我劝说得所以也不能拒绝，终于我看这个箱子。（高级　日本）

(535) *有一天我们终于找到那个凶手，那时候他【对】我们把枪瞄准。（高级　韩国）

"对$_2$"的误加偏误有 14 例，占高级阶段"对$_2$"偏误总数（53 例）的 26.41%，大部分是动词"有"的误加，如：

(536) *如果某一个国家【对】体育有感兴趣的话，提高体育水平的关键问题是到底投资多少钱。（高级　韩国）

(537) *李石清【对】有钱的人有反感。（高级　日本）

像例（536）这种"有感兴趣"的偏误在三个学习阶段都有，全都是规则泛化导致的偏误，需要在教学中加以注意。

其次是"对"的误加，如：

(538) *她为我们每天选择了【对】我们有兴趣的故事。（高级　古巴）

(539) *吕安也【对】她很对不起，而且受到责备。（高级　韩国）

例（538）应改为"……选择了我们有兴趣的故事"。例（539）应改为"吕安也很对不起她……"。

"向$_2$"的误加偏误有 12 例，占高级阶段"向$_2$"偏误总数（29 例）的 41.38%，是"向$_2$"的典型偏误形式。跟中级阶段一样，都是"向"的误加，如：

(540) *我上高中后的一天【向】我母亲问到那照片上的陌生人是谁。（高级　蒙古）

(541) *说起这篇故事，我【向】大家告诉一种日本人的传统习惯。（高级　日本）

像例（540）、（541）中的"问"、"告诉"，还有语料中出现的

"责备、回答"等都是不能用于"向"字句的,学生对这些规则掌握不好,容易犯错。

"关于"的误加偏误有7例,占高级阶段"关于"偏误总数(14例)的50%,是高级阶段"关于"非常典型的偏误。都是"关于"的误加,如:

(542) *开始写这篇作文以前我没花了很长时间为了决定【关于】谁写最好。(高级 俄罗斯)

(543) *然后我母亲讲述了【关于】他的较短的人生。(高级 蒙古)

"比"的误加偏误有4例,占高级阶段"比"偏误总数(32例)的12.5%,仍然是程度副词和"比"的误加为主,如:

(544) *我当兵的时候一天【比】一天非常辛苦了。(高级 韩国)

(545) *时间一天【比】一天过去了我们之间的友情这此后再也回不来了。(高级 日本)

剩下的"对于"、"跟$_1$"、"跟$_3$"、"跟$_4$""跟$_5$"、"替"、"为$_1$"、"至于"、"由$_2$"等只出现一两例误加偏误。

(四)误代

误代偏误一共出现458例,是所有偏误类型中数量最多的一类,说明对象介词的误代偏误是学生最易犯的一种偏误。

1. 在初级阶段误代共出现190例,数量不如遗漏和误加多,因为初级阶段学生学习的对象介词还不够多,误代产生的条件还不是很充分。只有"对$_1$、对$_2$、对$_3$、向$_2$、对于、给$_1$、跟$_2$、跟$_5$、比、给$_2$、和$_1$、为$_1$、于$_3$、关于、至于"等15个介词出现误代偏误。

其中"对$_1$"的误代偏误出现34例,占初级阶段"对$_1$"偏误总数(77例)的44.15%,是初级阶段"对$_1$"典型的偏误形式。都是应该用"跟$_5$"或"向$_2$"等而用了"对$_1$"的形式,如:

(546) *在南我可以【对】本地人聊天,练习我的汉语。(初级 澳大利亚)

(547) *他们【对】我介绍别的中国人。(初级 韩国)

例(546)应该用"跟"却误用了"对",例(547)应该用"向"却误用了"对"。这都是学生把"对$_1$"的使用泛化所致,学生简单地把能与"对₁"有条件互换的"跟₅"、"向₂"不加选择地都使用了"对₁"。除此之外,学生还会用"对₁"替换一些动词,因替换后的成分不是介词,所以这部分偏误本章没有讨论。

"对₂"的误代偏误有 15 例,占初级阶段"对₂"偏误总数(121例)的 12.39%。它的误代基本都是句中谓语部分的误代,如:

(548) *但是在老师的帮下我【对】中国的生活越来越<u>很熟练</u>。(初级 喀麦隆)

(549) *还有我【对】学习汉语<u>有意思</u>。(初级 韩国)

例(548)应该是"熟悉",例(549)应该是"有兴趣"。

"对₃"的误代偏误有 21 例,占初级阶段"对₃"偏误总数(79例)的 26.58%,都是"对₃"的误代,如:

(550) *最近在日本经常有【对】中国经济或中国学校的节目。(初级 日本)

(551) *【对】我来说,我也是个幸福的人。(初级 韩国)

例(550)中的"对"应该是"关于",例(551)不应该用"对我来说",而应该用"拿我来说"。

"向₂"的误代偏误有 4 例,占中级阶段"向₂"偏误总数(13例)的 30.76%,都是"向₂"的误代,如:

(552) *我【向】他真不好意思。(初级 日本)

(553) *我和某个同学在路上遇到一个中国人朋友【向】我说你看那个人好像我。(初级 坦桑尼亚)

这两例中的"向"都应该换成"对"。因为谓语部分是形容词或动词"说"时,介词能用"对₁"但不能用"向₂"。这说明学生对"向₂"和"对₁"的用法区别不是很清楚。

"对于"的误代偏误有 6 例,占初级阶段"对于"偏误总数(13 例)的 45.16%,是"对于"的典型偏误,都是用"对于"误代了其他介词,如:

(554) *他【对于】我的爱战胜了怕高,所以他来到这儿。(初级 德国)

(555) *那时,他【对于】喜欢的名星对话时。(初级 韩国)

例(554)应该把"对于"换成"对",例(555)应该把"对于"换成"跟"。

"给₁"的误代偏误有3例,占初级阶段"给₁"偏误总数(25例)的12%,数量不多,都是"说给"这样的误用,如:

(556) *我要学习汉语因为我要说【给】中国人。（初级　德国）

(557) *我的朋友们说【给】我"你会成功,你是幸福的人。"（初级　韩国）

例(556)应改成"跟中国人说话",例(557)应改成"对我说……"。

"跟₂"的误代偏误有13例,占初级阶段"跟₂"偏误总数(81例)的16%,大部分是动词的误代,如:

(558) *而且,现在我住中国,【跟】他不能见。（初级　韩国）

(559) *我们拍照片,还有【跟】他们说。（初级　也门）

例(558)应该是"见面",例(559)应该是"说话",因为在"跟₂"句中是不能用单音节动词结尾的。

"跟₅"的误代偏误有11例,占初级阶段"跟₅"偏误总数(27例)的40.74%,是初级阶段"跟₅"的典型偏误,都是用"跟₅"误代了"向₂"或"对₂",如:

(560) *老师【跟】我们表扬他。（初级　老挝）

(561) *所以现在我不努力学习的时候心里不安,因为我怕辜负父母的责任,我希望回国的时候【跟】自己很满意。（初级　德国）

例(560)应该换成"向",例(561)应该换成"对"。

"比"的误代偏误有64例,占初级阶段"比"偏误总数(116例)的55.17%,是"比"在初级阶段的典型偏误形式。误代的形式主要有三种:第一种把"跟₄、和₄"等误代为"比",如:

(562) *中国【比】瑞典很不一样,可是中国人很友 (-li),我很觉 (welcome)。（初级　瑞典）

(563) *我的国家【比】南京有点儿不同。（初级　越南）

第二种是把"不如"误代为"比",如:

(564) *因为路也很窄,不【比】中国的这么宽,所以常常出现意外,不太安全。（初级　老挝）

(565) *虽然我觉得累但是【比】我想象不那么难。（初级 韩国）

这两例中的"比"都是"不如"的误代。例（561）应改为"不如中国的这么宽"，例（562）应改为"不如我想象的那么难"。这种偏误是学生对于比较句的否定形式掌握不好所致。

第三种是介词短语后谓语部分的误代，如：

(566) *中国【比】我那儿漂漂亮亮。（初级 斯里兰卡）

(567) *他【比】我学习很努力。（初级 越南）

例（566）应改为"漂亮"，因为比较项之后不能用重叠形式。例（567）是用程度副词误代了程度补语。以往的许多研究者都把例（567）这样的偏误归为程度副词的误加，表面上看似很合理的，因为比较句本身就含有程度义，所以"比"字短语后是不能使用程度副词的。但如果从学生的表达角度出发，学生使用程度副词是为表达比较的结果程度高，如果简单地把程度副词去掉，就会违背了学生的原意。那么要想在比较句中表达较高的程度怎么办？唯一的办法就是用程度补语。所以，像例（564）这样的偏误实际上应该分析为程度副词误代了程度补语。这种情况在"比"字句中是很常见的，在初级阶段"比"字句中这样的误代偏误一共出现27例，占了"比"字句误代偏误总数（64例）的42.19%。

另外，"给$_2$"、"和$_1$"、"为$_1$"、"于$_3$"、"至于"、"关于"等都只出现一两例，规律不明显。

2. 在中级阶段，误代偏误有163例，在中级阶段所有偏误中所占比例是32.6%，不仅是中级阶段偏误比例最高的，而且也比初级阶段的比例高。这说明误代不仅是外国学生最易犯的偏误，而且越往高年级体现得越明显。有"对$_1$、对$_2$、对$_3$、向$_2$、给$_3$、跟$_2$、跟$_5$、比、给$_1$、关于、和$_5$、于$_3$、与$_3$、跟$_3$、对于、冲"等16个介词出现误代偏误。

其中"对$_1$"的误代偏误有44例，占中级阶段"对$_1$"偏误总数（86例）的51.16%，是"对$_1$"在中级阶段的典型偏误形式，都是用"对$_1$"误代了其他介词，如：

(568) *于是儿子【对】愚公建议了一起住。（中级 日本）

(569) *【对】年纪大的人一起喝酒,不能对着对方喝酒,应把身体扭过来喝酒。(中级 韩国)

例(568)是用"对"误代了"向",这是学生不了解两个介词句中动词的语义限制所致。例(560)是用"对"误代了"跟/和/同/与"等,也是韩国学生对"对"的使用泛化所致。

"对$_2$"的误代偏误有 13 例,占中级阶段"对$_2$"偏误总数(90例)的 14.44%,多是句中谓语部分的误代,如:

(570) *于是,如果我能把汉语学得好,就一定【对】我发出很多好处。(中级 泰国)
(571) *可是,她【对】我没好爱情,有点儿冷淡。(中级 日本)

例(570)是用"发出"误代了"有",例(571)是用"好爱情"误代了"好感"。

"对$_3$"的误代偏误有 20 例,占中级阶段"对$_3$"偏误总数(48例)的 41.66%,基本都是用"对……来说"误代了"拿……来说",如:

(572) *【对】这个题目来说,真有意思。(初级 蒙古)
(573) *【对】妈妈来说:妈妈是我们最爱的人。(初级 老挝)

另外就是用"对"误代了"对于"、"关于"等,如:
(574) *【对】父母与子女的关系,在全家庭中不同。(中级 法国)
(575) *爸爸喜欢跟我谈话,【对】学习、电影、音乐等多方面的话题。(中级 韩国)

例(574)是用"对"误代了"对于",例(575)是用"对"误代了"关于"。

"向$_2$"的误代偏误有 9 例,占中级阶段"向$_2$"偏误总数(19例)的 47.36%,都是由于对动词的语义限制不了解而用"向"误代了"对",如:

(576) *我来中国,为了努力学习,【向】他说:"我们分手吧。"(中级 韩国)
(577) *但是宠物【向】人好的影响也有。(中级 日本)

"给$_3$"的误代偏误在中级阶段首次出现,并且一下子出现了 22 例,占中级阶段"给$_3$"偏误总数(24 例)的 91.67%,是"给$_3$"在中级阶段的典型偏误,都是与相关介词的误代,如:

(578) *她一定【给】我说:"你…"东施的心脏越来越快。
（中级　韩国）

(579) *我想【给】他表示感谢,他很帮助我。（中级　俄罗斯）

(580) *我在麦当劳前面她觉面一次看了,真漂亮所以我【给】她说话。（中级　韩国）

例(578)是"对"的误代,例(579)是"向"的误代,例(580)是"跟"的误代。

"跟$_2$"的误代偏误有 4 例,占中级阶段"跟$_2$"偏误总数(34 例)的 11.76%,多是句中谓语部分的误代,如:

(581) *然后参观浦东新区,上海通用汽车公司及宝钢集团,最后才【跟】上海交通大学进行交流会。(中级　瑞士)

(582) *在中国希望有机会【跟】中国人说一说,因为在罗马尼亚没有这样的机会。(中级　罗马尼亚)

例(581)可以把"进行"改成"召开",也可以把"交流会"改成"交流",例(582)应该是"说话、聊天"等。

"跟$_5$"的误代偏误有 6 例,占中级阶段"跟$_5$"偏误总数(12 例)的 50%,是中级阶段"跟$_5$"的典型偏误形式,也都是与相关介词的误代,如:

(583) *我闹的时候她【跟】我很严厉,我记得她打了我两次,还跟妈妈说:不知道在你们家里怎么对待孩子,可是在这里孩子一定要听我话。(中级　古巴)

(584) *他突然变成【跟】我的事情全部不高兴,让我很难受。（中级　韩国）

这两例都是用"跟$_5$"误代了"对$_2$"。这说明学生对"跟$_5$"和"对$_2$"的区别不是很清楚。

"比"的误代偏误有 31 例,占中级阶段"跟$_2$"偏误总数(61 例)的 50.82%,也是"比"在中级阶段的典型偏误。误代的形式跟初级阶段一样,主要是"比"与相关介词"跟$_4$、和$_4$"等的误

代,如:

(585) *在中国学年的情况【比】我们国家的完全不一样。(中级 古巴)

(586) *但他的身体依然【比】以前一样,很好。 (中级 日本)

其次,是把程度补语误代为程度副词,如:

(587) *开[能]的时候很难学,我学习【比】我的班太慢,已经有很多次哭,因为感觉自己的能力不够。(中级 越南)

(588) *我觉得中国【比】日本很大。(中级 日本)

例(587)应该改为"比我的班慢很多",例(588)应改为"比日本大很多"。

最后还有少量把"不如"误代为"比"的用例,如:

(589) *虽说现在也有,但是【比】以前不那么严重。(中级 韩国)

(590) *我想在中国的日子【比】妈妈和家人一起的日子不太幸福。(中级 韩国)

"给$_1$"、"关于"、"和$_5$"、"于$_3$"、"与$_3$"、"跟$_3$"、"对于"、"冲"等,都只出现一两例,暂不讨论。

3. 在高级阶段,误代偏误的数量减少到105例,但所占比例却增加到33.8%,进一步证实上文的论点:误代是学生最易犯的偏误,而且越往高年级体现得越明显。这主要是因为越往高年级,学生学习的对象介词及其用法越多,学生越容易产生误代的偏误。有"对$_1$、对$_2$、于$_3$、向$_2$、对于、给$_3$、跟$_4$、跟$_5$、比、由$_2$、和$_5$、关于、跟$_2$、给$_2$"等14个介词出现误代偏误。

其中"对$_1$"的误代偏误有24例,占高级阶段"对$_1$"偏误总数(53例)的45.28%,是"对$_1$"在高级阶段的典型偏误,仍然是像初、中级阶段一样的介词误代,如:

(591) *然后他【对】我们介绍自己的姓名和姓名的意思,也介绍了自传,然后让我们介绍各人的自传。(高级 蒙古)

(592) *她【对】我来信说她很想念我,这现在我开始明白阿

尼亚是我真正的朋友。（高级　俄罗斯）

例（591）是用"对"误代了"向"，例（592）是用"对"误代了"给"。

"对$_2$"的误代偏误有9例，占高级阶段"对$_2$"偏误总数（53例）的16.98%，多是"对"或介词短语后谓语部分的误代，如：

(593) *还有另一种风俗【对】牙齿有关的是把牙齿染黑的习惯。（高级　越南）

(594) *【对】爬山有趣者不用已铺的道路爬山而用自然的山路爬山。（高级　韩国）

例（593）是用"对"误代了"跟"等，例（594）应改为"对爬山感兴趣者"。

"向$_2$"的误代偏误有6例，占高级阶段"向$_2$"偏误总数（29例）的20.69%，仍然是与相关介词的误代，如：

(595) *就被小丽的秘书听见了，并【向】我说道："你难道不知道吗？"（高级　也门）

(596) *每年2月14号的情人节，女人【向】爱人的男孩子送礼物，巧克力、香水等等。（高级　韩国）

例（595）应该用"对"，例（596）应该用"给"。这说明学生到了高级阶段对这几个介词与相关动词的搭配规则还不是十分了解。

"对于"的误代偏误有4例，占高级阶段"对于"偏误总数（6例）的66.67%，是"对于"在高级阶段的典型偏误，也都是与相关介词的误代，如：

(597) *【对于】一个朋友如果联系断了，有可能永远不能再见他了。（高级　美国）

(598) *这本书是【对于】一个女的回记（忆）以前她的未婚夫（故事）。（高级　韩国）

例（597）、（598）中的"对于"应该分别改为"跟"和"关于"。

"给$_3$"的误代偏误有12例，占高级阶段"给$_3$"偏误总数（14例）的85.7%，是高级阶段"给$_3$"有典型偏误，都是与相关介词的误代，如：

(599) *谈周围的寺庙，则会让你感觉到这是地球上的第八个

奇迹，谈周围树木，则象一个大家庭，一棵拼一棵成了一片绿油油的【给】你发出微笑的脸。（高级　也门）

(600) *我从小孩子我的爸爸经常【给】我说了"你应该学中国人的慢慢地"。（高级　韩国）

例（599）、（600）中的"给"应该分别改为"向"、"对"或"跟"。结合中级阶段"给₃"的误代偏误分析可以发现，到了中高级阶段学生把"给₃"与其他相关介词的混淆的现象还十分严重。

"跟₄"的误代偏误有4例，数量不多，但占了高级阶段"跟₄"偏误总数（8例）的50%，多是句中成分的误代，如：

(601) *但是【跟】实际比不上。（高级　韩国）

(602) *秋天是我要离开家乡来中国的季节，所以我现在对秋天的感情【跟】从前已经变化了。（高级　越南）

例（601）应改成"不能比"，例（602）应改成"不一样"。这说明到了高级阶段学生对于比较句的句式选择方面还是容易出现问题。

"跟₅"的误代偏误有12例，占高级阶段"跟₅"偏误总数（13例）的92.3%，比例非常高，是高级阶段"跟₅"的典型偏误，都是与"对"等相关介词的误代，如：

(603) *刚开始的时候，我好奇地看着他们，可是越来越习惯了那样的事情，最后【跟】外语感兴趣，于是我开始努力学习英语。（高级　日本）

(604) *我【跟】这儿的情况已经习惯了。（高级　塔吉克斯坦）

这两例中的"跟"都应该改为"对"。综合上文分析可以看出，在三个学习阶段，"跟₅"与其他介词之间的误代都很严重，说明这是"跟₅"最顽固的偏误形式，教学中要特别注意。

"比"的误代偏误有17例，占高级阶段"比"偏误总数（32例）的53.12%，仍然是"比"的典型偏误，依然是像初、中级一样的三种误代形式，现各举一例：

(605) *我国的春天时期【比】中国差不多长，但我们那边天气更缓，有地中海全年缓和天气的情况。（高级　巴勒斯坦）

(606) *幸亏结果【比】以前满好。（高级　韩国）
(607) *第一个是"运动的秋天"，这句的意思是因为秋天是很凉快，【比】夏天不那么热，【比】冬天不那么冷，所以流下来的汗也不多很舒服。（高级　日本）

例（605）是与相关介词的误代，句子应该改成"……跟中国差不多长"。例（606）是用程度副词误代了程度补语，句子应该改为"……比以前好得多。"例（607）是"不如"的误代，句子应该改成"……不如夏天那么热，不如冬天那么冷"。

"由$_2$"、"和$_5$"、"关于"、"于$_3$"、"跟$_2$"、"给$_2$"等只出现一两例，规律不强，暂不分析。

可以看出，对象介词的偏误呈现很强的规律性：① 误代偏误的数量和比例是最高的，覆盖的介词范围也非常广，在初级阶段"对$_1$、对于、跟$_5$、比"的误代偏误比较典型，在中级阶段"对$_1$、对$_3$、向$_2$、给$_3$、跟$_5$、比"的误代偏误比较典型，在高级阶段"对$_1$、对于、给$_3$、跟$_4$、跟$_5$、比"的误代偏误比较典型。学生产生误代偏误的主要原因是对近义介词之间的用法区别理解不透彻。② 遗漏偏误的数量和比例都占第二位，覆盖的介词范围也比较广，在初级阶段"对$_1$、对$_3$、向$_2$、关于、跟$_1$、跟$_2$、跟$_3$、和$_3$"的遗漏偏误比较典型，在中级阶段"对$_2$、对$_3$、跟$_1$、跟$_2$、跟$_3$、跟$_4$"的遗漏偏误比较典型，在高级阶段"对$_2$、对$_3$、向$_2$、给$_1$、为$_1$、跟$_2$、跟$_3$"的遗漏偏误比较典型。③ 误加作为与遗漏相反的一种偏误形式，本应该跟遗漏在数量上差别比较大，但在对象介词中误加偏误的数量跟遗漏偏误差不多。这说明外国学生对对象介词的使用规则掌握得很不好。在初级阶段"对$_1$、对$_2$、对于、关于、为$_1$"的误加偏误比较典型，在中级阶段"对$_1$、对$_2$、向$_2$、对于、关于、跟$_5$"的误加偏误比较典型，在高级阶段"对$_1$、对$_2$、向$_2$、关于"的误加偏误比较典型。④ 错序在各学习阶段出现的数量都比较少，而且递减的幅度也比较大。初级阶段出现比较多，中、高级阶段改善不少，不是很难纠正的偏误。

第五节　分级排序及教学建议

上文根据 18 个对象介词及其用法在三个学习阶段的使用频率和

正确率的对比分析,得出它们的难度等级和习得顺序为:

(1) 难度较低,在初级阶段就已习得的有:向$_3$、给$_1$、给$_2$、替、跟$_1$、跟$_4$、跟$_6$、和$_4$、与$_2$、与$_4$。

(2) 难度中等,在中级阶段习得的有:对$_2$、对$_3$、于$_3$、于$_4$、冲$_2$、至于、为$_1$、跟$_2$、跟$_3$、跟$_5$、和$_1$、和$_2$、与$_1$、与$_3$、随、比、由$_2$。

(3) 难度较高,甚至高级阶段都未习得的有:对$_1$、朝$_2$、向$_2$、对于、关于、给$_3$、和$_3$、和$_5$、同$_{(1-4)}$、与$_5$。

这一难度等级基本可作为教学顺序的参考。但考虑到一些介词,比如"对$_1$、对$_2$、对$_3$"等,在日常交际中的需求较大,因此遵循"急用先学"的原则,一些日常交际中急需的但难度较高的对象介词也应该适当提前教授。

下面看一下对外汉语教学大纲和教材对对象介词的编排情况:

《高等学校外国留学生汉语教学大纲(长期进修)》(2002)列入一年级的对象介词有:比、对、给、跟、和、为、与,二、三年级没有设置对象介词。《高等学校外国留学生汉语言专业教学大纲》(2001)列入一年级的对象介词有:比、对、给、跟、和、对于、关于$_1$、关于$_2$、替、为、由$_3$,二、三年级也没有设置对象介词。

杨寄洲主编的一年级教材《汉语教程》(1999)在生词表中出现的对象介词有:给、跟、替、对、向、对于、关于。陈灼主编的二年级教材《桥梁——实用中级汉语教程》(1996)在生词表中没有出现对象介词。姜梧德主编的三年级教材《高级汉语教程》(1990)在生词表中出现的对象介词有:为。

可见,教材和大纲中设置的对象介词数量不一致,总体来说,教材的收录少于大纲。且教材和大纲对对象介词的编排顺序不一致。这说明无论是大纲还是教材对对象介词的编排都没有完全参照外国学生的习得顺序,需要进行适当调整。

所以,结合上文考察所得的习得顺序以及偏误分析的结果,遵循"急用先学"的原则,本章对对象介词作出如下教学建议:

(1) 初级阶段可以教授:向$_3$、给$_1$、给$_2$、替、跟$_1$、跟$_4$、跟$_6$、和$_4$、与$_2$、与$_4$、对$_1$、向$_2$、对于、关于。各对象介词的句法规则是教学的重点,以避免学生产生错序等的偏误。

（2）中级阶段可以教授：对$_2$、对$_3$、于$_3$、于$_4$、冲$_2$、至于、为$_1$、跟$_2$、跟$_3$、跟$_5$、和$_1$、和$_2$、与$_1$、与$_3$、随、比、由$_2$、给$_3$。各近义用法的区别教学是本阶段的重点，以避免学生产生误代等的偏误。

（3）"和$_3$、和$_5$、同$_{(1-4)}$、与$_5$"在用法上没有独特之处，可以不作为重点内容教授，而作为扩展知识教授，或让在交际中学生自然习得。

至于对象介词的偏误情况，不同的介词在不同学习阶段所表现出来的规律性不同，在教学中要特别注意，具体情况可以参看本章偏误分析部分。

第五章　依据介词习得考察

依据介词作为现代汉语介词的一个下位类,它的使用频率不是很高。(李晓琪、章欣,2006)因此,以往的研究成果并不太多,多是散见于各种现代汉语语法著作的用法列举中,系统性不强。只有近几年才出现一些专门针对依据介词的研究,主要有以下一些:

陈昌来(2002)对依据介词的介词框架问题进行了研究。文章认为"按/按照……说/讲/来说/说来/来讲/来看/看来"等格式都属于介词框架。这些介词框架主要介引事理、情理、话题范围、施事或主体、目的等对象。如:"按/按照/据……说/讲/来说/说来/来讲"可以介引某种事理或情理、依据,也可以介引评说、议论的主体。"照……说/看"多是介引得出某种结论的依据,也可介引认知主体,框架的后半部分可以省略。作者认为依据类介词框架的后半部分,如:"看、讲、说、来看、来讲、来说、看来"等,由于虚化程度不够高,因此可以看做是准助词。这些准助词除少数是必须强制性出现外,大多数在是否出现上具有很大的自由度。

高洪娜(2004)主要阐述了"按"和"照"在使用上的区别,尤其是它们后面所加名词的不同,并对"按理说"和"照我说"两个惯用语作了语义上的区分。文章指出,"按"后面一般跟表示期限、界限或顺序之类的词,而"照"后面则可以跟方位词、代词等。在语义上,"按理说"偏向于依据客观事实作出论断,而"照我说"则偏向于说话者的主观看法。文章对"按"和"照"的用法区别分析比较详细。

孙洪威(2004)主要从教学语法的角度比较了"按"、"照"和"按照"三个介词的相同点和不同点。作者认为这三个介词都可与"来说"、"来看"一类词连用,有强调"着眼点"的作用。不同之处主要在于它们后面所跟名词音节的多寡。此外,"按"和"按照"的意义更接近一些，三个词在一些俗语、成语中的用法也各有分工。

　　李晓琪、章欣（2006）利用语料库，讨论了"按、按照、依、依照、依据、据、根据、照、在"等9个依据类介词的分布情况、介词后所跟名词的情况以及介宾短语后所跟动词的情况，并从语义角度对"据……看/说"类格式进行了分析。研究表明，由这9个介词组成的格式使用频率很不一致，由高到低的排序为："按、据、根据、按照、依照、照、在、依、依据"。此类介词后所跟名词及名词短语呈多样状态，其中以定中短语为基本形式，指人名词和人称代词的使用率最低。依据类介词组成的介宾短语后所跟的动词分为动作动词和心理动词两大类，其中"依"和"据"的介宾短语后所跟频率最高的动词是"说"和"看"。不同的"据……看/说"类格式与人称代词和指人名词的搭配是完全不同的，分布也不均匀，语义内容可以概括为介绍主观想法和客观事实两类。因此，作者建议在教学时只要告诉学生每个介词最常用的搭配即可，使用频率低的搭配和这些依据类介词的相同点都可以略去不讲。文章对教学的建议是建立在依据类介词的本体用法分析的基础之上，没有考察外国学生的使用情况，所以其教学建议还有待外国学生习得情况考察及教学实践的验证。

　　胡媛媛（2007）考察了欧美学生汉语依据类介词结构的习得顺序，她以《汉语水平词汇与汉字等级大纲》中的6个具有代表性又常用的依据介词"按、按照、照、依照、据、根据"为考察对象。把它们出现的句法结构归纳为8种，通过问卷调查的方式，考察欧美学生学习这6个介词8种结构的主客观习得顺序。通过统计分析，发现欧美学生对依据介词的主客观习得顺序不一致，往往低估依据介词的习得难度。因此，文中建议应给学生讲解清楚各依据介词使用的句法条件，并给出使用的特殊环境，这样才能减少学生的偏误。

　　从依据介词的研究现状来看，人们已经意识到依据类介词研究的重要性，并开始了相关研究，尤其是介词框架和近义介词的区别上研究较多。但在对外汉语教学方面，人们的研究意识还不很强，研究成果也还不够多，仍需加强。

第一节　依据介词的界定及句法功能考察

一、依据介词的界定

依据介词指用在名词、代词或名词性词组的前面，表示动作所凭借、依据的工具或条件的介词。对于依据介词的语法功能学者们是没有异议的。但在依据介词的范围问题上，学者们的观点是不太一致的。比如，刘月华等（2001）列举的依据介词有"按、按照、依、依照、照、根据、据、以、凭、论"等10个。陈昌来（2002）列举的依据介词最多，有"按、按照、按着、本着、本、冲、冲着、从、打、根据、基于、鉴于、据、靠着、凭、凭着、如、顺着、依、以、依仗、依仗着、依照、依着、因、由、仗着、照、照着、遵照、论、随"等32个。李晓琪、章欣（2006）讨论了"按、按照、依、依照、依据、据、根据、照、在"等9个依据类介词。胡媛媛（2007）只考察了6个依据介词"按、按照、照、依照、据、根据"。综合各家的观点和语料考察，我们对本章的依据介词的界定作出一些说明：

（1）陈昌来（2002）的范围过于宽泛，有些词的依据介词特征还不是很明显，作为明显依据义的用例也非常少，如果把它们都作为依据介词运用于对外汉语教学无疑会增加学生的负担。比如陈文列举的"冲、冲着"，在《专业大纲》中也列举了，而且对其语义解释之一也是"凭、根据"，但从三种语料库共353万字的语料考察来看，"冲、冲着"没有一例是表依据的。可见，"冲、冲着"的"依据"义在日常使用中非常罕见。把这样一种语义功能作为语言项目教授不仅意义不大，而且会干扰学生对其他语义功能的学习，增加学习难度。因此，从对外汉语教学的角度出发，还是以典型依据介词为考察对象要稳妥一些。

（2）李晓琪、章欣（2006）讨论的9个依据介词中，"依据"和"在"是刘文和陈文中都没有的。从语料考察来看，这两个介词应该加入到依据介词之中。因为它们在使用中有自己的特色，语料中也有一定的出现频率。

（3）大多数学者的讨论都未把"以"列入依据介词。"以"在语义和用法上的确都有自己的特色。尤其是它的表义，受"以"本身多义的影响，介词"以"的意思也是十分空灵、复杂的，但其核心语义还是凭借、依据。所以，应该采纳陈昌来（2002）的观点，把"以"列入依据介词进行考察。

（4）陈昌来（2002）列有"随"。在《专业大纲》中对"随"的用法列举有两个，一个是"随"，一个是"随着"。从句法语义功能分析来看，"随"应归入对象介词，第四章已分析过。而"随着"是介引一种伴随状况的，从广义上讲，也是一个依据，因此可以把"随着"归入依据介词进行讨论。

综上所述，依据介词应该有 13 个，它们是"按、照、按照、依、据、依据、依照、根据、以、凭、论、在$_3$、随着"。但是，通过语料考察可以发现："依据"在汉语母语者语料中只出现 2 例，教材中只出现 1 例，外国学生没有用例；"依照"在汉语母语者语料中只出现 1 例，外国学生也只使用 1 例，教材中没有用例。这说明这两个依据介词在日常交际中的需求量非常低，而且它们与"根据"没有语义和句法上的区别，完全可以用"根据"来替代。因此，本章真正考察的依据介词是"按、照、按照、依、据、根据、以、凭、论、在$_3$、随着"等 11 个。

二、依据介词的句法功能考察

依据介词构成的介词结构在句中主要说明动作产生的依据、凭借的工具和条件。它们构成的介词短语在句中只能置于谓语动词之前作状语，没有其他的句法功能。因此，下文的分析不再对这一句法功能进行分别论述。下文主要对依据介词的短语、介词框架等构成规则作详细考察。

（一）"按"

1. 介词短语的构成

第一，"按"只能跟体词性成分构成介词短语，这个体词性成分可以是表时间或表事物的具体名词，如：

（1）……不足半天【按】半天收费，超过八小时要收加班费。

（2）我觉得您只要稍稍化点淡妆，依旧光彩照人，【按】您的实际年龄,您得算保养得好的。

也可以是抽象名词或"的"字结构,如:

(3) 除了安心总是不【按】规定用化名这件事之外,老潘还批评了她不经请示擅自跑到南德来的行为。

(4) 要么就【按】我说的玩。

第二,"按"的后面可以较自由地加单音节名词,如:

(5) 安心先回了南德,【按】期归队销假。

(6) 哪天你【按】点回来过?

这些由"按"和单音节名词构成的介词结构大都逐渐向词的方向发展,有一些已被《现代汉语词典》(第5版)收入为词条,如"按部就班、按理、按例、按期、按时"等。这其中以"按时"最多,尤其是在中介语语料中更是如此,详见下文分析。

第三,介词"按"后也可以加"着",但用例不多,汉语母语者语料中只出现3例,如:

(7) 上午我和老邱随便吃了点东西,就【按】着地址去找那个走私巢。

(8) 律师手里事多,搭不起这份工夫,安心就一个人【按】着刘明浩提供的线索,一点一点地找,找了一个多星期终于找到了这个家伙。

这是"按"动词性的一个表现,本章未把它们排除在考察之外,还把"按"的这一用法作为介词来考察。不过因其数量很有限,对频率的考察不产生太大的影响。

2. 介词框架的构成

"按"可以跟"说、讲、看、来看、来说、来讲"等构成介词框架,"按"介词框架对进入框架中的成分是有要求的,通常是一些抽象名词,如:

(9) 当然【按】道理说男女只有相爱才可以行其事,但现在不为了永远相爱就发生关系的年轻人有的是。

(10) ……【按】《邵子神数》上看来,人的一生,其实在你一出生之时一切都安排好了,那么我所取得的成就,所有的声名,以及与身边这些女人的瓜瓜葛葛都是命该如此,也就没了多少刺激。

"按道理说"在口语中往往可以凝固化为"按说",有了成词的倾向,这些都不在本章的考察范围内。"按"在句法运用中是一定不可省略的。

(二)"照"

在讨论"照"之前,首先要对"照"的依据介词用法进行界定,因为"照"还有表方向的语义功能,表义和用法跟"朝$_1$"完全一样,是比较口语化的用法,如:

(11) 老太太把元豹揪出队列,【照】每只脚上各踢一脚,使元豹大劈叉支在地上,随即一迈腿骑上元豹脖子使劲往下顿屁股。

(12) 抬起脚来,【照】着那瘦瘦的一条小腿脖儿踩去,听得咯吧一声,知道起码是骨折了,骑车飞一般驶去。

因为"照"的这种用法在语料中出现得很少(一共只出现3例),且跟"朝$_1$"有互换性,所以在第三章并未讨论它。另外,有些介词是可以直接用在谓词性成分之前的,这其中有一些经过长期使用凝固成了习惯用法,比如上文讨论的"按说"。"照"也可以用于谓词性成分之前,但它用于动词之前时,"照"是副词而不是介词。这些用例都在语料检索后的人工整理时剔除了出去。

作为依据介词的"照"与"按"在用法上有很多共同之处,其用例也多可互换。只是"照"的口语色彩较浓,"按"的书面语色彩较浓。

1. 介词短语的构成

第一,"照"只能加体词性成分构成介词短语,这个体词性成分可以是具体的普通名词、时间名词,也可以是抽象名词,甚至是"的"字结构,如:

(13) 老板,【照】原样儿再来一份。

(14) "明白,太明白了,老刘心里明镜似的,小戈呀,你别在意,还【照】平时那么穿,那么笑,老刘喜欢看。

(15) 【照】他们院的传说,我们院孩子一见他们就跑,哪还敢还手埃那我就是见了鬼了。

(16) 要办、就【照】最狠的来。

第二,"照"后也可以加单音节名词构成介词短语,如:

(17) 我【照】猫画虎学会了很多平时常说的话怎么写：桌子、椅子、吃饭、劳动什么的。

(18) 我们都准备一旦误入宝地，【照】此办理。

第三，"照"后也可以像"按"一样加"着"，如：

(19) 柳月看了，也觉得酷像，说了句：是我【照】着人家生的吧！

(20) 最早他这些想法是【照】着陈南燕想的，后来几经修改，超出了原型。

2. 介词框架

"照"可与"看、讲、说"等构成介词框架，但在语料中只出现1例：

(21) 【照】这位女士的版本讲，安德蕾小姐并非对许立宇一见钟情，实际上，她一开始并没有特别注意许立宇。

另外，在口语中也经常会遇到跟下文"依"一样的用法，即构成"照……说/看"介词框架，表明说话人的观点。只是在语料中未出现这样的用例。

（三）"按照"

"按照"在表义上与"按"一致，从表面上看，两者似乎只是音节数量的不同，不会有太大的区别。分析语料就会发现，它们在用法上区别还是很大的。"按照"的使用远没有"按"自由。

"按照"之后也只能加体词性成分构成介词短语，这一点与"按"相同。但"按照"后的体词性成分多是一个抽象名词，如"规定、看法、说法、想法"等，请看例句：

(22) 律师认为：首先，【按照】有关规定，那两万块钱在性质上完全有可能被认定为一笔大额的回扣。

(23) 【按照】毛杰的这个说法，他不仅没有罪，不仅是无辜的，而且，简直就是被公安陷害的。

在语料库中没有发现"按照"加表时间或具体事物名词的用例。这说明"按"和"按照"是有比较明确的分工的。

除此之外，还有三点区别：①"按照"后不能加单音节名词，比如不能说"按照期、按照理、按照说"等，这是它与"按"最大的区别。②"按照"后也不能加"着"构成"按照着"。③"按照"

也不能跟"（来）说、（来）讲、（来）看"等构成介词框架。

可以看出，"按照"的使用限制很多，远没有"按"自由，所以反映在使用频率上，"按照"的使用频率也远低于"按"，详见下文分析。

（四）"依"

1．"依"主要与"要求、意思、名义"之类的抽象名词构成介词短语，如：

（24）若副省长听信景的话，【依】景的要求加了那八个字再批下来，我牛皮再大，能顶住厅里顶不住副省长！

（25）庄之蝶说：哪里【依】我的名义，就说是你大姐的意思。

2．"依"还可与"次、序"等单音节名词一起构成介词短语，不过它们都有凝固成词的趋势，如：

（26）赵航宇把照片递给身边的人【依】次传看，所有人都打直精神感兴趣地端详着照片上那个粗鲁的汉子。

（27）我看到烈士【依】序而列的名字中，第二位就是安心。

3．"依"可与"看、说"等构成"依……看/说"介词框架，如：

（28）【依】我看，读书、打麻将都可以忘掉烦恼。

（29）【依】你说，我只能永远挨女人不歇气儿地暴骂而得不到机会和她们交流了？

这种介词框架主要用于句首，表明说话人的观点，所以进入框架的名词性成分通常都是指人的名词或代词。

（五）"据"

依据介词"据"可加表人或表事物（件）的名词构成介词短语，且其后通常都要跟"回忆、介绍、追述、说、讲"等言语动词或"考察、调查、研究"等行为动词联用，此类"据"介词短语没有独立性，请看例句：

（30）那天晚餐你只要了两瓶啤酒，【据】服务员回忆，有一瓶还原封未动，你就是个孩子也不会喝得酩酊大醉。

（31）那天晚上，南希是被公安局的警车送回来的，没戴手铐，【据】公安局的同志介绍，是在一个饭店的客房里抄来的，当时她正在用力抽一个款哥的耳光。

若是由事物（件）名词构成的介词短语，通常都跟"记录、记载、报道、表明"等动词联用，如：

(32) 我不想再讨论这个问题，下面开始第一问，【据】古籍记载，你曾非法抢劫农民牲畜……

(33) 【据】当地派出所同志提供的情况表明，李建平之弟有聚通讯卫星抽头、开黑灯舞会等不法行为。

从以上分析可以看出，"据"介词短语中的构成成分对其后的谓语动词有一定的制约作用。即，"据＋N＋V"结构中的"N＋V"必须能构成一个主谓表述。

另外，"据"在语言的使用中有许多固化的形式，一种是"据我所知"，在语料中的使用频率较高。

"据"还有一个很明显的特征，就是"据"后的名词在表义清楚的前提下可以省略，变成了"据"直接加上动词。但此时的"据"并不是副词，它还是介词。其后省略的成分都可根据语境补出，如：

(34) 【据】反映，绝大多数群众不承认你是狡诈凶恶的大灰狼。

(35) "海马"编辑部里，宝康正和我们对着话，【据】称他是代表有关方面特来与我们"对话"。

以上两例"据"后的名词都是因为不想说或不必说而省略的。在这种用法中，"据"与单音节动词的搭配有凝固成词的趋势，如"据说、据讲"等。

（六）"根据"

"根据"可以跟一个具体名词构成介词短语，如：

(36) 每层孩子都在练习往下一层阳台上吐痰，【根据】风向，掌握角度，尽量把痰掉进下一家的栏杆上。

(37) 正是【根据】该条款，我拒绝回答与本案无关的问题。

"根据"与一个抽象的名词构成短语时，这个抽象名词前一定要加上定语成分，否则不能与"根据"构成介词短语，如：

(38) 这时教练过来了，大家都住了嘴，因为【根据】跆拳道的精神，骂骂咧咧是不行的。

(39) 【根据】团里的意见，毁坏宝像的事情是无意的，不予追究。

这两例中的定语如果去掉，句子是不能成立的。依据介词"依据"、"依照"的句法功能基本跟"根据"差不多，没有什么特殊的用法，只少量存在于口语体中，有逐渐消亡的趋势，所以，本章未对其进行考察。

（七）"以"

1. 介词短语的构成

第一，能与"以"构成介词短语的通常都是抽象名词，如：

（40）中月清说："别人说那是烂铜，你要硬说是金子，你实在还丢心不下那个姓景的，你就【以】你的主意办吧！"

（41）孟云房说：【以】你这几年的势头，是红得尿血的人，怎么这是个困难？

此时的介词"以"与"按"有互换性，只是"以"的使用更加口语化一些。

第二，也可以是具体名词，如：

（42）钱康扶着酒柜站着，颔首欣党员，【以】脚击拍，如同一个随时准备引吭高歌的男高音歌唱家。

（43）但我知道协议很快达成，京师体校【以】土地投资，国宁集团【以】现金入股，双方成立新的国宁跆拳道俱乐部有限公司。

此时的"以"可解释为"用"，动作性较强，是"以"动介纠缠比较严重的情况。这样的用例在语料中出现得不多，且从广义上讲，"以"的这种用法也是一种"凭借"，因此本章还是把它们列入依据介词进行考察。

2. 介词框架

"以"常与"为"构成的"以……（作）为"框架，进入框架的可以是单个名词，如：

（44）他们刚到就听见茶店里响起了枪声，他们跳下车【以】车作为掩体向屋里喊话。

（45）到了晚上，柳月和老太太睡一个房子，老太太依旧【以】棺材为床，半夜里却在说话。

也可以是小句，如：

（46）检察院说：也好，那我们主动撤诉，【以】证据不足为理由，发回公安机关补充侦查。

(47) 你似乎也同意，确定谁是本案凶手，必须【以】去年十一月二十日晚上谁在你家为依据，其他尽可略去。

"以"还可与"而"构成介词框架。吕叔湘主编（1980）认为"以……而"表达的是原因，即"因……而"，这种解释是可以的。也可解释为凭借，即"凭……而"。不过这种用法在三种语料中都未出现用例，可见其并不常见，因此本章未作考察。

（八）"凭"

"凭"是动介区分不太明显的一个词，但是它的用法比较简单，"凭"多与一些抽象名词构成介词短语，如：

(48) 你这种担忧大可不必，构成杀人嫌疑的因素不是单一的，司法机关也不会单【凭】一件孤立的证据给人定罪。

(49) 大夫说时我们全【凭】印象打分。

"凭"不能与其他成分构成介词框架。

（九）"论"

"论"介词短语的构成比"凭"复杂一些，其后的名词性成分可以是具体名词，也可以是抽象名词，甚至是动词，如：

(50) 【论】环境，那倒还真得数欧洲，数美国。

(51) 如果【论】杀，也应该是我杀他。

例（51）指的是论杀人这件事，其后的"杀"虽然是动词，但在此句中它并非表示动作，而是指杀人这件事，是行文中的一种省略形式。

（十）"在$_3$"

"在$_3$"表示依据，只用于"在……看来"介词框架中，进入介词框架中的成分必须是有生名词或代词，因为这是表达说话人观点、态度的用法，如：

(52) 【在】你看来，这只猴子和这个人谁更快乐？

(53) 所谓家家都有难念的经，【在】安心看来，难的主要是经济利益的问题。

（十一）随着

按《专业大纲》的分析，"随"可以构成"随着……的发展/变化"等相对固定的结构，实际上，它与表对象的"随"是有一定区别的。从语料考察来看，这种结构以"随着"为典型代表，语料中几乎没有"随"。从语义上来看,是很明显表条件的。

1. 介词短语的构成

"随着"介词短语的构成有其特点,那就是它只能跟一些无生名词①搭配,而且这些无生名词通常是可以有"发展、变化"的名词,如:

(54) 我不搭理他,闷声喝酒,脑袋【随着】迪斯科的节奏来回晃,跟真的吃了咳嗽水摇头丸似的。

(55) 它要【随着】供求情况浮动的。

2. 介词短语的句法功能

"随着"介词短语也只能作状语,但位置要自由一些,它除了可以放在谓语动词前面以外,还可以位于句首,如:

(56)【随着】一连串发问,一个端杯颜色水的大脸女人奔了过来。

(57)"当当当——"【随着】一阵锣响,一个穿长衣的小猴打着锣,脖子上拴着绳满场转圈。

3. 介词框架的构成

"随着"可以跟"而"联用构成介词框架,如:

(58) 在性的方面我对安心的兴趣,也【随着】好奇心的消失而迅速锐减,见不到安心也不再有那种难熬难耐的期盼和焦灼。

(59) 四个人坐在汽车里,【随着】山路的起伏而起伏。

在这个介词框架中,"着"是可隐现的成分,它省略以后对语义没有影响。但除此框架以外,其他的"随着"中的"着"是不能省略的。

综上所述,可以发现虽然依据介词有很多的相似之处,有些也可以有条件地互换使用。所有的依据介词几乎都不可以省略,即使有些情况下可以不用依据介词,但句子的语义就会发生变化。

第二节 依据介词的频率考察

本节考察依据介词在三种语料——汉语母语者语料(150万)、

---

① 参见王珏(2004)《汉语生命范畴初论》。

中介语语料（150万）和对外汉语教材语料（约53万）中的频率分布，进而初步了解外国学生的使用与汉语母语者有何异同，以及教材的出现频率与外国学生的使用频率有何异同，为下文的习得考察奠定一个频率基础。三种语料中依据介词的使用频次和使用频率情况请见表5.1：

表 5.1

	汉语母语者		外国学生		教材	
	使用频次	使用频率	使用频次	使用频率	出现频次	出现频率
按	115	0.767	65	0.433	47	0.887
照	26	0.173	7	0.047	24	0.453
按照	21	0.140	51	0.340	22	0.415
依	52	0.347	19	0.127	10	0.189
据	59	0.393	38	0.253	33	0.623
根据	38	0.253	36	0.240	24	0.453
以	218	1.453	121	0.807	87	1.642
凭	59	0.393	14	0.093	6	0.113
论	18	0.120	1	0.007	6	0.113
在₃	22	0.147	25	0.167	5	0.094
随着	54	0.360	194	0.153	23	0.434
总计	682	4.547	571	3.807	287	5.415

注：汉语母语者及外国学生使用频率＝使用频次/语料总量（150万），教材出现频率＝输入频次/语料总量（53万），频率都是万分位的。

从使用总量上来看，教材的出现频率最高，汉语母语者的使用频率次之，外国学生的使用频率最低。这说明从总体上讲，外国学生依据介词的使用量不足。学生使用不足的原因之一就是相关语法项目难度较大，学生可能回避使用。把表5.1中的频率转化成图5.1就可以很清楚地看到各依据介词在三种不同语料中的使用频率分布情况。

从图5.1可以很清楚地看出大部分的依据介词在教材中的出现频率都比汉语母语者和外国学生高，汉语母语者的使用频率比外国学生高。下面是不同语料中依据介词的使用频率排序：

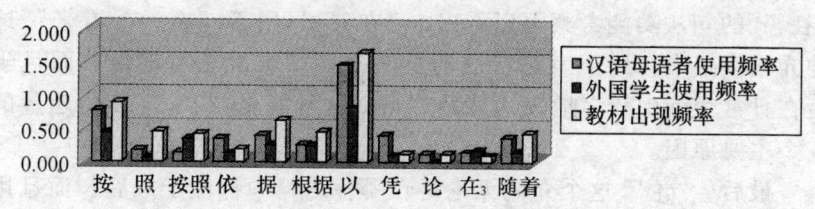

图 5.1　不同依据介词使用频率分布图

汉语母语者使用频率从高到低的排序为：以＞按＞据、凭＞随着＞依＞根据＞照＞在₃＞按照＞论。

外国学生使用频率从高到低的排序为：以＞按＞按照＞据＞根据＞在₃＞随着＞依＞凭＞照＞论。

教材出现频率从高到低的排序为：以＞按＞据＞照＞根据＞随着＞按照＞依＞凭、论＞在₃。

从以上排序可以看出"以、按、依、据、根据、随着、论"在各种语料中的排序变化不大，前后不超过两位。"按照、照、凭、在₃"的排序变化很大，其中"按照"在外国学生的使用中排序最为靠前，排第 3 位，而在教材和汉语母语者的使用中分别排在第 7 位和第 9 位；"照"在教材中的出现频率最为靠前，排第 3 位，而在汉语母语者和外国学生的使用中分别排第 7 位和第 10 位；"凭"在汉语母语者的使用中最为靠前，排第 3 位，在外国学生和教材中都排第 9 位；"在₃"的排序都在后半部分，外国学生使用频率稍稍靠前，排第 6 位，汉语母语者和教材分别排第 8 位和第 10 位。从排序的巨大反差，可以看出这些依据介词的使用并不稳定。

以上是从频率排序的角度进行的考察。下面，从频率的高低来看看不同依据介词的使用情况：

首先，超过半数的依据介词，如"按、按照、照、据、根据和以"的教材出现频率要远高于汉语母语者和外国学生使用频率。

其次，有三个依据介词"依、凭和论"的汉语母语者使用频率高于教材的出现频率和外国学生的使用频率，但教材中的出现频率都要高于外国学生使用频率。

再次，只有一个"在₃"的外国学生使用频率要高于汉语母语者的使用频率和教材出现频率。为什么会出现这种情况呢？根据以上

"在₃"的句法功能考察可以看出,"在₃"只用于"在……看来"这种介词框架中,用于表达自己的看法,认知难度相对较低。而且学生在日常交际中较多地表达某种观点,这可能是"在₃"使用超量的一个主要原因。

最后,"论"这个介词无论是在哪种语料中都位于最后,而且用例数都很少,尤其是外国学生的用例只有1例,可以认为外国学生没有习得这个介词。

从使用频率和出现频率的对比来看,外国学生的使用量大部分是不足的,超量的只是个别现象。而且教材中的出现频率都不低,但学生的使用却还是明显不足,看来教学的输入和学生的习得情况不一致。

结合前文三种语料中的排序情况,可以发现外国学生习得依据介词的情况并不乐观,教材中的大量输入没有对学生的习得产生太大的促进作用,原因就是其编排与学生的习得规律不一致。那么外国学生依据介词的习得情况到底怎样?如何根据外国学生的习得情况进行有针对性的教学呢?这是下文将要探讨的问题。

第三节 依据介词习得情况考察

一、初级阶段习得情况考察

首先来看一下初级阶段外国学生的使用情况和初级阶段教材中的出现情况,具体数据请见表5.2:

表 5.2

	外国学生使用情况		教材出现情况	
	总频次	频率	出现频次	频率
按	31	0.620	5	0.446
照	/	/	/	/
按照	6	0.120	4	0.357
依	1	0.020	/	/
据	5	0.100	3	0.268

续表

	外国学生使用情况		教材出现情况	
根据	5	0.100	1	0.089
以	12	0.240	15	1.339
凭	2	0.040	/	/
论	/	/	/	/
在$_3$	16	0.320	1	0.089
随着	67	1.340	4	0.357
总计	145	2.900	33	2.946

注：外国学生使用频率＝总频次/初级阶段语料总量（50万），教材出现频率＝出现频次/初级课本总量（11.2万），频率均为万分位。

从表5.2可以看出，在初级阶段，教材中依据介词的出现数量不多，有4个依据介词（照、依、凭和论）没有出现用例，还有两个依据介词（根据和在$_3$）只出现1个用例，所以真正算是出现了的依据介词只有"按"、"按照"、"据"、"以"和"随着"。在教材中没有出现用例的4个依据介词中，"依"和"凭"在中介语语料中分别出现1、2例，而且"凭"的两个用例均是误代偏误用例。另外，在初级阶段，外国学生趋向于使用"按"、"在$_3$"和"随着"这三个依据介词，它们的使用频率都高于教材的出现频率。按照Meisel, Clahsen and Pienemann (1981) 提出的初现率标准，只有"按、按照、据、根据、以、在$_3$、随着"等7个依据介词在初级阶段出现了，进入了外国学生的中介语系统。

再来看一看不同依据介词在初级阶段的正确率情况如何，请看表5.3：

表5.3

	总频次	正确频次	正确率
按	31	26	0.839
照	/	/	/
按照	6	6	1.000
依	1	1	1.000
据	5	1	0.200

续表

	总频次	正确频次	正确率
根据	5	3	0.600
以	12	7	0.583
凭	2	0	0.000
论	/	/	/
在$_3$	16	16	1.000
随着	67	54	0.806
总计	145	114	0.786

注：正确率＝正确频次／总频次，是百分位的。

从表 5.3 中可以看到，初级阶段依据介词的总体正确率只有 0.786，未达到习得标准。产生这个现象的原因是，初级阶段大部分依据介词都未被习得，被习得的依据介词只占少数，所以从整体看，就达不到习得标准了。

（一）按

"按"在初级阶段出现 31 例，使用频率是 0.62，高于教材出现频率（0.446）。"按"在初级阶段的正确率达到了 0.839，说明"按"的难度不高，初级阶段学生就已经习得了。不过看一下学生的用例，全部是"按时"这种固定搭配用法，如：

(60) 他喜欢学生【按】时来上课。（初级　坦桑尼亚）

(61) 他学习进步快得很，因为他每天【按】时学习，他的成绩也越来越好。（初级　老挝）

证明初级阶段学生的使用十分单调，对"按"的使用还停留在格式化的阶段。

（二）按照

"按照"在初级阶段出现 6 例，使用频率是 0.12，低于教材出现频率（0.357），说明学生的使用不足。但其正确率是 1，说明"按照"的难度并不大。学生的用例如：

(62) 所以我【按照】老师的要求，首先课前预习，再就是上课认真听讲，然后课后及时复习，最后考前总复习，效果很好。（初级　泰国）

(63) 从小时候我不能提出来我的意见或放（方）法，我比（必）须【按照】爸爸和我们国家社会的规定住。（初级 巴巴多斯）

初级阶段学生的用例只局限在"要求、规定、方法"与"按照"构成介词短语上。

（三）据

"据"在初级阶段出现 5 例，使用频率较低，而且其中只有 1 例正确用例①：

(64)【据】爷爷告诉我，他说那时候他们家只有一辆自行车，去哪都比较方便，现在却没有以前那么方便是因为现在摩托车和汽车代替自行车了。（初级 老挝）

说明"据"的难度较高，初级阶段学生未习得。

（四）根据

"根据"在初级阶段也出现 5 例，使用频率也很低，正确率才 0.6，说明"根据"在初级阶段也未被习得。学生的用例都是"根据……规定/统计"之类的用法：

(65)【根据】学校规定每个同学必须参加 HSK 考试。（初级 坦桑尼亚）

(66)【根据】1999 年的充（统）计，自行车被汽车撞死了 2000 个人，这种情况给管理带来了很大问题。（初级 老挝）

（五）以

"以"在初级阶段出现 12 例，使用频率是 0.24，远低于教材出现频率（1.339），正确率也只有 0.583。这说明"以"对于初级阶段学生来说难度很高，学生未习得。学生的正确用例如：

(67) 黄山【以】秀丽著称于韩国人。（初级 韩国）

(68) 平辈人之间这样做，即使平辈给长辈行这样的礼后，长辈也会【以】同样的方式还礼。（初级 老挝）

---

① 此例中的"据"完全可以去掉，但加上"据"并不是错句，只是"造得不好的句子"（赵金铭，2002）。

（六）在₃

"在₃"在初级阶段出现了16例，使用频率是0.320，远高于教材的出现频率，且全部是正确用例。这似乎说明"在₃"的难度很低，学生掌握得很好。分析一下语料就会发现学生的用例都是使用"在我看来"这种固定搭配，如：

(69)【在】我看来，中国的交通很发展。（初级　尼泊尔）

(70)但【在】我看来，他们并不都是如此。（初级　德国）

也就是说初级阶段学生对"在₃"的使用还停留在单一的格式化阶段。

（七）随着

"随着"在初级阶段出现67例，使用频率是1.34，远高于教材的输入频率（0.357），说明学生的使用超量。另一方面，"随着"的正确率也达到了0.806，说明它的难度并不是太高，初级阶段学生已经习得了它。

不过学生的用例基本上都是"随着……（的）发展"这样格式化的用法，如：

(71)【随】着经济发展，车辆的数量越来越多。（初级　亚美尼亚）

(72)【随】着科学的发展，人们的生活也会变得越来越好。（初级　尼泊尔）

"依"和"凭"在初级阶段都只出现一两例，达不到初现率标准，说明学生在初级阶段未习得它们。

综上所述，在初级阶段出现的9个依据介词中，真正算得上已经习得了的介词并不多，只有"按、按照、在₃、随着"等4个。剩下的要么没达到初现率的标准，如"依、凭"；要么达到了初现率标准，如"据、根据、以"，但其正确率都不高，说明外国学生在初级阶段并没有真正习得。

二、中级阶段习得情况考察

首先把依据介词在中级阶段中介语语料和教材中的出现频次和频率制成表5.4：

表 5.4

	外国学生使用情况		教材出现情况	
	总频次	频率	出现频次	频率
按	18	0.360	17	1.339
照	4	0.080	2	0.157
按照	18	0.360	6	0.472
依	18	0.360	1	0.079
据	11	0.220	17	1.339
根据	17	0.340	16	1.260
以	51	1.020	21	1.654
凭	7	0.140	3	0.236
论	1	0.020	/	/
在$_3$	2	0.040	/	/
随着	77	1.540	11	0.866
总计	224	4.480	94	7.402

注：外国学生使用频率＝总频次/中级阶段语料总量（50万），教材出现频率＝出现频次/中级课本总量（12.7万），频率均为万分位。

从表5.4可以看出，在中级教材中没有出现"论"和"在$_3$"这两个介词，比初级阶段教材出现的依据介词多了一些，但"依"只出现1例，"照"也只出现2例，这样的频率对于学生的刺激是远远不够的。真正有刺激效果的只有"按"、"按照"、"据"、"根据"、"以"、"凭"和"随着"等7个，比初级阶段多了两个。而在中介语方面，中级阶段的依据介词使用很活跃，所有的依据介词都出现了，而且只有"论"和"在$_3$"出现一两例，其他的依据介词都出现4例以上。不过除了"依"、"论"和"在$_3$"这些教材没有出现或只出现1例的介词外，其他依据介词在中介语中的使用频率都是远远低于教材出现频率的，这说明外国学生虽有了使用依据介词的意识，但其使用率还是不太高的。因为，从总体上讲，相对于初级阶段来说，中级阶段的教材出现频率提高了2.5倍（7.402/2.946），而学生的使用频率只提高了0.44（4.48-4.04）。

不同依据介词在中级阶段的正确率情况，请看表5.5：

表 5.5

	总频次	正确频次	正确率
按	18	17	0.944
照	4	3	0.750
按照	18	16	0.889
依	18	16	0.889
据	11	7	0.636
根据	17	14	0.824
以	51	41	0.804
凭	7	1	0.143
论	1	1	1.000
在$_3$	2	2	1.000
随着	77	64	0.831
总计	224	182	0.813

注：正确率 = 正确频次/总频次，正确率是百分位的。

从表 5.5 的正确率来看，中级阶段依据介词的总体正确率达到了 0.813，超过了 0.8 的习得标准。证明中级阶段的整体习得水平达到了习得标准。考察到具体的依据介词，除了"凭"的正确率非常低（只有 0.143）以及"据"和"照"低于 0.8 以外，其他的正确率都高于 0.8。这说明中级阶段学生对依据介词的习得情况还是不错的。

但是，正确率为 1 的两个依据介词，其使用频次都在 2 例以下，这显然是不具有统计学意义的。所以，如果只凭正确率标准来判断外国学生的习得情况是行不通的，在利用正确率标准进行习得研究时，必须参照频率标准。从频率标准来看，"凭"和"在$_3$"这两个依据介词虽然正确率为 1，但使用频率过低，所以还不能判断学生已经习得了这两个介词。

（一）按

"按"在中级阶段出现 18 例，出现的频次比初级少了近一半，使用频率（0.36）也比教材出现频率（1.339）低得多。中级阶段学生的用例不再局限于"按时"这样的格式化用法，出现了许多新的用法。所以，在使用频率上自然不如格式化的用法多。但中级阶

段"按"的正确率很高,达到了 0.944,证明学生不但学会了"按"的多种用法,而且掌握得不错。学生的用例如:

(74)【按】进出口额排列,西欧是第一名。(中级　日本)

(75) 尽管我早就告诉他只剪一点,他还是【按】他的想法剪了。(中级　俄罗斯)

(二) 照

"照"在中级阶段只出现 4 例,但对比初级阶段来说,是从无到有的变化。由于数量较少,有一个偏误用例,正确率就只有 0.75,未达到习得标准。学生的正确用例如:

(76) 我也【照】他(那)样喝了几口,不错,这水还真不一般,甘甜可口。(中级　罗马尼亚)

(77) 于是请理发师帮我【照】这个发式剪。(中级　俄罗斯)

(三) 按照

"按照"在中级阶段也出现了 18 例,比初级阶段增加了 2 倍,使用频率跟教材的出现频率比较接近了。正确率也提高到了 0.889,说明中级阶段学生习得了"按照"。用例中"按照"后面的名词性成分也复杂了许多,如:

(78)【按照】常例,父亲的忌日是跟真正父亲逝世的那天前一天,母亲的是前两天。(中级　越南)

(79)【按照】秩序我们跳起舞来,天气那么热,阳光很强。(中级　韩国)

(四) 依

"依"在中级阶段一下子增加到了 18 例,不过分析一下语料就会发现,其中有 14 例是"依次"这样的固定用法,只有 4 例是其他用法(其中还有两例是偏误用例),如:

(80) 我今年二十五岁,【依】他的说法,四十岁的人是前途无量的,只要身体健康就行了,何况二十岁的人呢?(中级　日本)

(81)【依】我们想买也经常一下子买不起的人看来,世上再也没有比富翁更幸福的了。(中级　日本)

说明学生仍没摆脱格式化用法的影响。"依"在中级阶段的正确率是 0.889,如果去除"依次"这种格式化的用法,"依"的正确率将大大降低。所以，严格来讲"依"在中级阶段仍不能算是完全习得了。

（五）据

"据"在中级阶段出现 11 例，虽然比初级阶段的数量增加了一倍，但使用频率仍比教材出现频率低得多。这说明学生的使用不足，加之正确率只有 0.636，说明中级阶段学生对"据"的习得仍然存在问题。

学生的用例多是"据……讲"、"据……所知"这样的介词框架，如：

(82)【据】讲解员所说，天安门广场是为了纪念主席毛泽东所建的。（中级　斯里兰卡）

(83) 以前【据】我所知，打不翻（大部分）去整容院做整容都是中老妇女们。（中级　越南）

（六）根据

"根据"在中级阶段出现 17 例，比初级阶段增加了 2 倍，但还是比教材出现频率低很多。不过它的正确率提高到了 0.824，说明中级阶段学生虽然使用不足，但他们基本习得了"根据"。学生的用例也比初级阶段丰富了许多，如：

(84) 开始要观众猜出他们的爱情能否成功，结局也是要观众【根据】全部的细节理解他们之间谈不成的原因。（中级　泰国）

(85)【根据】宗教圣经历史的记载，在耶稣诞生前的晚上，他的母亲经历了很多艰苦才能把耶稣生下来。（中级　奥地利）

（七）以

"以"在中级阶段出现 51 例，正确率达到了 0.804，刚好达到习得标准。这说明中级阶段学生才习得"以"，但对"以"的使用仍存在一定的问题。学生的用例增加了，介词短语的构成自然也丰富了，如：

(86) 在上海的第二天——10 月 1 号在上海华东师范大学真正的开始了我们的比赛，而且进行到 10 月 3 日下午，这次比赛的结果是南京队【以】5 战三胜二负的成绩获得了冠

军杯。(中级　蒙古)
(87) 【以】这样的我的想法,我考大学时还决定了中文系。(中级　韩国)

而且还出现了不同的介词框架用法,如:
(88) 他是伊斯兰教最后一位预言家,穆斯林一般【以】他的行为为傍样,这是因为我们认为,他的行为,他做的任何事都很纯洁,斋月也是他的行为之一。(巴基斯坦)
(89) 广宁【以】"下龙湾"而闻名。(中级　越南)

(八) 凭

"凭"在中级阶段出现7例,看似比初级阶段增加了不少,但其中只有一个正确用例:
(90) 那时侯我才能知道只【凭】智慧不能拿到珍贵的东西,也一直努力渴求的话可以拿到的事实。(中级　韩国)

说明外国学生虽有了使用"凭"的意识,但往往不能正确使用,其偏误几乎都是与其他依据介词用法区别不清导致的误代偏误,其表现形式及形成原因,下文偏误分析部分将详述。

(九) 随着

"随着"在中级阶段出现77例,使用频率仍然比教材出现频率高许多,说明学生在日常交际中较多使用介词"随着"。中级阶段"随着"的正确率是0.831,比初级阶段提高了一点。中级阶段"随着"后的名词丰富了一些,出现了"变迁、变化、增加、增长、发展"之类的词,如:
(91) 【随】着时代的变迁,人们的名字也变得越来越时髦。(中级　韩国)
(92) 【随】着年龄的增长,他很快认识到生活不是想象的那样。(中级　加拿大)

剩下的"论"在中级阶段出现1例,仍未达到初现率标准。"在$_3$"在中级阶段出现2例,比初级阶段下降了7倍,不过正确率仍然是1。从表面看来,这似乎是一个很反常的现象,不过分析一下学生的用例就会发现,学生使用"在$_3$"都是出于表达某人的想法,所用的框架都是"在……看来",不同学习阶段用例的反差可能与学生作文的话题有关。不过,从正确率看,"在$_3$"的使用对学生来说是没有难度的。仍可认定"在$_3$"是已习得的依据介词。

纵观中级阶段各依据介词在中介语中的出现情况，初级阶段习得的"按、按照、在$_3$、随着"在中级阶段仍保持着较高的正确率，而且大部分使用数量也都有不同程度的增加（"在$_3$"除外），说明初级阶段习得的几个依据介词在中级阶段进入稳定期。另外，还有两个介词"根据、以"在中级阶段也达到了习得标准。

三、高级阶段习得情况考察

本节讨论高级阶段外国学生依据介词的使用情况，首先把依据介词在高级阶段中介语和教材中的出现频次和频率制成表5.6：

表 5.6

	外国学生使用情况		教材出现情况	
	总频次	频率	出现频次	频率
按	16	0.320	25	0.856
照	3	0.060	22	0.753
按照	27	0.540	12	0.411
依	/	/	9	0.308
据	22	0.440	13	0.445
根据	14	0.280	7	0.240
以	58	1.160	51	1.747
凭	5	0.100	3	0.103
论	/	/	6	0.205
在$_3$	7	0.140	4	0.137
随着	50	1.000	8	0.274
总计	202	4.040	160	5.479

注：外国学生使用频率＝总频次/高级阶段语料总量（50万），教材出现频率＝出现频次/高级课本总量（29.1万），频率均为万分位。

从表5.6可以看出，高级阶段教材对于依据介词的输入是比较全面的，本章考察的11个依据介词都出现了，而且出现的频次都在3例以上。中介语中仍然有2个依据介词"依、论"没有出现，其中"依"没有出现用例证实上文对"依"的习得情况分析是正确的：中级阶段"依"的使用仅是格式化的模仿，学生并未真正习得。

不同依据介词在高级阶段的正确率情况如何，请看表5.7：

表 5.7

	总频次	正确频次	正确率
按	16	16	1.000
照	3	3	1.000
按照	27	24	0.889
依	/	/	/
据	22	20	0.909
根据	14	8	0.857
以	58	48	0.828
凭	5	3	0.600
论	/	/	/
在$_3$	7	5	0.714
随着	50	43	0.860
总计	202	174	0.861

注：正确率＝正确频次/总频次，正确率是百分位的。

从表5.7中可以看出，外国学生的总体正确率也只有0.861，说明高级阶段学生对依据介词的使用也没有达到非常好的地步。分析具体介词，只有"按"、"按照"、"照"、"据"、"以"和"随着"6个介词的正确率达到了0.8以上，还有近一半的依据介词没有达到习得水平。这是其他类介词所没有的情况。虽然高级阶段外国学生依据介词使用得较多，但同时错误也较多，这从另一个侧面说明依据介词较难习得。

（一）按

"按"在高级阶段出现16例，使用频率不是很高，但其正确率是1。这说明高级阶段学生对"按"的使用基本不存在问题了。高级阶段学生"按"介词短语的构成成分要比初、中级阶段复杂，多是一些复杂的名词性结构，比如：

（93）【按】面对考试的态度结果实在是天壤之别。（高级韩国）

(94) 为了节省时间，我【按】平时的习惯在那里掉头了。（高级 日本）

(二) 照

"照"在高级阶段只出现3例，跟中级阶段数量差不多，使用频率很低，不过正确率是1。证明"照"的使用对高级阶段学生来说也基本不存在问题。学生的用例如：

(95) 我一定【照】您说的去做。（高级 巴基斯坦）

(96) 他们【照】自己的审美观把石头捡取后收藏在家里。（高级 韩国）

(三) 按照

"按照"在高级阶段出现27例，出现频率较高，正确率也达到了0.889。这说明"按照"在高级阶段的使用情况比较好。介词短语的构成成分也比初、中级要复杂一些，多是一些复杂的名词性结构，如：

(97) 得到这样的成绩的人要在国际大学准备两年，然后【按照】这两年成绩的好坏，来安排进入等级不同的大学。（高级 老挝）

(98) 【按照】我们旅行的计划是吃饭之后歇一会儿再去游杭州的博物馆，第二天早上就能去西湖了。（高级 也门）

(四) 据

"据"在高级阶段出现22例，是中级阶段的2倍，使用频率跟教材的出现频率差不多。正确率是0.909，说明高级阶段学生对"据"的掌握也比较好了。学生的用例也反映出介词短语构成的复杂性，如：

(99) 例如，【据】有关专家发表的世界状况报告说，我们今天的撒哈拉沙漠原来不是这样子。（高级 古巴）

(100) 【据】导游的介绍从牌坊至墓室平距700米，高差70米。（高级 俄罗斯）

(五) 根据

"根据"在高级阶段出现14例，跟教材的出现频率差不多，正确率也提高到了0.857。这说明"根据"的习得水平是逐步提高的。学生的正确用例如：

(101) 工厂管理者因（应）该【根据】恰当的程序处理废水，家庭用水和垃圾最好是循环使用和回收利用。（高级　韩国）

(102) 出国留学是有名额限制的，所以他们要在出国部学习语言和其他专业一年，【根据】一年后的考试成绩颁布出国人员的名单。（高级　老挝）

（六）以

"以"在高级阶段出现 58 例，跟中级阶段一样。不过正确率略有提高，达到了 0.828，说明外国学生对"以"的掌握也是逐步提高的。学生的用例也体现出一定的复杂性，如：

(103) 作为中华民族的母亲河，黄河【以】占全国 2% 的河川径流量，支撑着全国 12% 的人口和 15% 耕地的发展。（高级　南斯拉夫）

(104) 这是【以】数十年至 100 年的周期定期发生的地震。（高级　日本）

介词框架的用法也跟中级阶段差不多，如：

(105) 你不【以】精神胜利法为耻，你【以】自轻自贱为荣。（高级　马来西亚）

(106) 我的家乡是济州岛的农村，【以】"橘子之乡"而闻名。（高级　韩国）

（七）凭

"凭"在高级阶段出现 5 例，也跟教材的出现频率差不多，而且其正确率也提高到了 0.6。虽未达到习得标准，不过也比初、中级阶段要进步不少。请看学生的正确用例：

(107) 但我【凭】自己的经验可以保证这一条的可能性最小。（高级　意大利）

(108) 如果【凭】感觉，我想是在地铁站或是在地铁上发生的。（高级　韩国）

（八）在$_3$

"在$_3$"在高级阶段出现 7 例，比中级阶段提高了一些，但是却出现了 2 个偏误用例。正确率是 0.714，还未达到习得标准，这是由于"在$_3$"出现的数量不多所致。学生的用例如：

(109)【在】很多人看来他是一个不可理喻的人,而他生活一个悲剧。(高级 克罗地亚)
(110)【在】我看来幸福是由蝴蝶象征的。(高级 罗马尼亚)
(九)随着

"随着"在高级阶段出现50例,比初、中级阶段都要少。不过即使这样也比教材的出现频率高,说明学生对"随着"的使用一直是超量的。"随着"在高级阶段的正确率是0.86。这说明学生对"随着"的习得是稳定的,"随着"后的名词比中级阶段更丰富了,如:

(111)【随】着秋天的到来,树上的叶一片一片地落下来,整个城市都有裸树,看起来它们好象没有负担没有压力,无顾无忧,这类的树处处都有。(高级 巴基斯坦)
(112)【随】着气温的下降,树木的叶子变化起来。(高级 日本)

四、三阶段习得情况纵向对比分析

综合初、中、高三级外国学生依据介词的使用频率和正确率,可以很清楚地看到各依据介词在不同学习阶段使用频率和正确率的变化情况,请看表5.8:

表 5.8

	汉语母语者	使用频率			正确率		
		初级学生	中级学生	高级学生	初级学生	中级学生	高级学生
按	0.767	0.620	0.360	0.320	0.839	0.944	1.000
照	0.173	/	0.080	0.060	/	0.750	1.000
按照	0.140	0.120	0.360	0.540	1.000	0.889	0.889
依	0.347	0.020	0.360	/	1.000	0.889	/
据	0.393	0.100	0.220	0.440	0.200	0.636	0.909
根据	0.013	0.100	0.340	0.280	0.600	0.824	0.857
以	0.007	0.240	1.020	1.160	0.583	0.804	0.828
凭	0.253	0.040	0.140	0.100	/	0.143	0.600
论	0.393	/	0.020	/	/	1.000	/

续表

	使用频率				正确率		
	汉语母语者	初级学生	中级学生	高级学生	初级学生	中级学生	高级学生
在$_3$	0.120	0.320	0.040	0.140	1.000	1.000	0.714
随着	0.147	1.340	1.540	1.000	0.806	0.831	0.860
总计	1.453	2.900	4.480	4.040	0.786	0.813	0.861

从表5.8使用频率的变化情况可以看出，依据介词在中级阶段的使用最丰富，不仅数量多，而且所有介词都出现了用例。从正确率的变化情况可以看出，依据介词的正确率是逐级提高的，但提高的幅度不大，到了高级阶段也未达到0.9，而且未达到0.8习得标准的介词在各学习阶段都有近一半，说明学生对依据介词的使用存在比较多的问题。

下面就综合正确率和使用频率来看一下不同依据介词的习得情况：

1. "按"的正确率一直处于比较理想的状态：三个学习阶段的正确率都在0.8以上，且随着学习阶段的提高，正确率也逐渐提高。结合它的使用频率，虽然逐级在减少，但其数量在所有依据介词中还是占比较大的比重的。所以，可以说外国学生在初级阶段就完全习得了"按"，中、高级是进一步加强巩固的阶段。

2. "照"在中级阶段才出现，不过频率不高。从上文介词的句法功能考察可以得知，"照"多用于口语，且在功能上可由"按、按照"来替代。所以，"照"的使用频率很低也就不足为奇了。由于出现的数量少，"照"在中级阶段只出现1例偏误用例，就导致其正确率没有达到0.8的习得标准。但高级阶段的正确率为1。综合来看，"照"是在中级阶段习得的。

3. "按照"是外国学生使用超量最明显的一个依据介词。不仅使用频率比汉语母语者高，而且使用数量逐级增加，说明学生倾向于使用"按照"来替代相关的依据介词。它的正确率在三个学习阶段也都在0.8以上。这说明"按照"的难度较低。"按照"也是在初级阶段就已习得的依据介词。

4. "依"在初级阶段的正确率是1,到了中级阶段降为0.889,高级阶段竟然没有用例出现了。这样的正确率变化表面上很奇怪,分析它的用例就会发现:"依"在初级阶段只出现1例,中级阶段虽出现18例,但都是"依我看"和"依次……"这样"公式化"的结构,并不是真正的习得。从上文句法功能分析也可以知道"依"在功能上与"根据"和"在$_3$"有共通之处,"依"的使用量少也就可以理解了。综合起来看,"依"的难度较高,学生并未真正习得。

5. "据"是正确率在三个学习阶段变化最大的一个依据介词,从初级的0.2到中级的0.636再到高级的0.909,而且使用频率也是逐级增多的,说明外国学生到了高级阶段才完全习得"据"。

6. "根据"的习得情况与"据"类似,但情况比"据"要好一些,各阶段的使用频率和正确率都较"据"要高不少。中级阶段以后正确率都保持在0.8以上,所以可以认定"根据"在中级阶段被习得了。

7. "以"的使用频率和正确率也是逐级提高的,在初级阶段"以"的使用频率和正确率都很低,处于未习得状态。到了中级阶段,使用量增加,正确率也提高了,达到了习得的标准。不过,从正确率来看,到了高级阶段,"以"的偏误还不少,这是需要在教学中注意的现象。

8. "凭"的正确率和使用频率也是逐级提高的,但其正确率即使到了高级阶段也没有超过0.6,说明"凭"的习得难度比较大,属于没有习得的依据介词。

9. "论"是外国学生使用最不好的一个依据介词,它只在中级阶段出现1,说明外国学生在日常交际中根本就没有使用"论"的意识。所以,"论"也属于没有习得的依据介词。

10. "在$_3$"在初、中级阶段的正确率都是1,到了高级阶段反而降到了0.714,从上文分析可知高级阶段的低正确率是由于"在$_3$"总体使用数量偏少所致。且根据上文的分析,"在$_3$"都是运用于"在……看来"介词框架中,它的认知难度不高。所以,可以认为"在$_3$"在初级阶段就已被习得。不过高级阶段出现了偏误用例,仍需要在教学中加以注意。

11. "随着"的使用频率较高,正确率也是逐级提高的。而且初级阶段正确率就超过了0.8,也是在初级阶段就已习得的依据介词。

综上所述，中介语中所反映的 11 个依据介词的难度等级和习得顺序大致为：

1. 难度最低，在初级阶段习得的依据介词有：按、按照、在$_3$、随着。
2. 难度中等，在中级阶段习得的依据介词有：照、根据、以。
3. 难度较高，在高级阶段才习得的依据介词有：据。
4. 难度很高，未习得的依据介词有：依、凭、论。

第四节　依据介词偏误分析

上文是从使用频率、初现率以及正确率的角度分析不同依据介词在三个学习阶段的习得情况，基本可以构拟出外国学生依据介词的习得状况。本节将讨论外国学生习得依据介词过程中的偏误情况。首先，汇总一下不同依据介词在三个学习阶段的偏误用例情况，以对依据介词的偏误情况有一个总体的了解。在三个学习阶段依据介词共出现 104 个偏误用例，其中有 3 例是"按"和"根据"杂糅在一起的偏误用例，如：

(113) *这个小小的东西，这个"心"【按据】传统思维的识别是爱情的摇篮。（高级　罗马尼亚）

(114) *比里在生活中【按据】任其自然的观念指导来开路。（高级　罗马尼亚）

对于这 3 个例句，没有列入考察数据，因为这是同一个学生的用例，而且无论是用"按"还是"根据"句子都是正确的，学生出现这样的偏误是受这两个词的表义与表形的共同影响形成的。

除去这 3 例，把剩下的 101 例偏误归入不同的依据介词，列出它们在不同学习阶段的分布情况，详见表 5.9。

表 5.9

	初级偏误情况		中级偏误情况		高级偏误情况		总计
	用例	比例	用例	比例	用例	比例	
按	5	0.161	1	0.024	/	/	6
照	/	/	1	0.024	/	/	1

续表

	初级偏误情况		中级偏误情况		高级偏误情况		总计
	用例	比例	用例	比例	用例	比例	
按照	/	/	2	0.048	3	0.107	5
依	/	/	2	0.048	/	/	2
据	4	0.129	4	0.095	2	0.071	10
根据	2	0.065	3	0.071	2	0.071	7
以	5	0.161	10	0.238	10	0.357	25
凭	2	0.065	6	0.143	2	0.071	10
论	/	/	/	/	/	/	
在$_3$	/	/	/	/	2	0.071	2
随着	13	0.419	13	0.310	7	0.250	33
合计	31	1.000	42	1.000	28	1.000	101

注：比例 = 偏误用例/某一阶段偏误用例合计数

从偏误总量的发展趋势来看，中级阶段偏误数量最多，三个学习阶段的偏误数量基本呈一种倒"U"形分布。而且中级阶段产生偏误的介词也是最多的。这对于难习得的语法项目来说是很常见的现象：初级阶段，学生对于新学的知识掌握不够，使用的语言项目少，产生的偏误相对也就少；到中级阶段，学生学习的知识多了，运用得也多，各种知识之间的区别与联系也多了，如果学生对这些区别与联系没有很清楚的了解就会产生很多偏误；而到了高级阶段，由于知识的进一步积累，学生习得了相关的语法项目，了解了其中的区别与联系，从而偏误就会减少。

下面按照"错序、遗漏、误加和误代"四种偏误形式把依据介词的偏误进行归类，考察一下不同偏误类型的变化情况，详见下表。从表 5.10 可以很清楚地看出依据介词的典型偏误是误代，误代偏误的总数占所有偏误的一半以上；误加偏误位居第二，不过只有初级阶段出现较多，中高级数量很少；遗漏虽然用例不多，但各学习阶段都有，而且尤以中级阶段最多，偏误数量呈倒"U"型分布；错序只在初级阶段出现 2 例，到了中、高级阶段就不再存在了。

表 5.10

	错序		遗漏		误加		误代		合计
	频次	比率	频次	比率	频次	比率	频次	比率	
初级	2	0.065	2	0.065	12	0.387	15	0.484	31
中级	/	/	10	0.263	5	0.132	23	0.605	38
高级	/	/	2	0.074	4	0.148	21	0.778	27
总计	2	0.021	14	0.146	21	0.219	59	0.615	96①

注：比率＝偏误频次／某一学习阶段偏误频次合计。

一、错序

错序只在初级阶段出现两例，都是介词"按"相关的例子：

（115）＊【按】时老师来到上课了。（初级　斯里兰卡）

（116）＊段老师跟我们很热情，但是我【按】时不上课。（初级　尼泊尔）

"按时"介词短语应该放于句中动词的前面作状语，不能像时间名词一样既可以放于主语后也可以放于主语前。所以例（115）应该改为"老师按时来上课"。如果有否定词，这个否定词应该放于介词短语的前面，而不是动词的前面，这与时间名词也不同。所以，例（116）应改为："……，但是我不按时上课"。学生之所以会出现这样的错序偏误，多数可能是受"按时"词汇化的影响，误把"按时"当做时间名词来使用。这种情况到了中、高级阶段就不存在了。

二、遗漏

遗漏一共出现14例，在初、高学习阶段各出现2例，但在中级阶段却出现了10例，这种倒"U"型的偏误分布是语言习得过程中经常遇到的现象，其产生的原因大致相同，肖奚强、周文华（2009）有相关论述，可参看。

1. 初级阶段出现遗漏偏误的是"据"、"按"、"以"三个介词：

---

① 学生的偏误用例中有5例无法归入以上四种偏误类型，因此未列入考察。如：【照】我们第三天的时候她们回国了。（中级　韩国）。

(117) *【据】网上∧，现在，巴巴多斯的人口比例车2：1，显然有很多车。（初级　巴巴多斯）

(118) *但是∧他们的目光我还是小孩子。（初级　老挝）

例（117）遗漏了动词，因为"据"之后应加小句，当小句的主语是指物的名词时，动词可以是"调查、报道、统计"等。例（118）在"他们的目光"前遗漏了依据介词，这个依据介词可以是"按"，也可以是"以"。

2. 中级阶段出现遗漏偏误的是"随着、依、以"3个介词，其中"随着"就占了8例，说明中级阶段遗漏偏误的突然增加完全是介词"随着"造成的。

"随着"句中的遗漏都是介词短语中构成成分的遗漏，如：

(119) *【随】着时间∧，南京正越来越改变。（中级　越南）

(120) *【随】着年龄∧大，越来越懂事，越来越有了眼光。（中级　韩国）

例（119）应改为"随着时间的推移，……"，例（120）应改为"随着年龄变大，……"。这都是学生对"随着"的用法掌握不好所致。

介词"依"和"以"各出现一个偏误用例：

(121) *调查中我们发现，西欧的进出口额居首位，进口高达43%，出口高达42%，其余【依】次∧亚洲，北美，拉美，中东，中东欧，非洲。（中级　韩国）

(122) *奥地利跟英国、美国人不一样，在圣诞前夕他们不是吃火鸡，而是∧吃鱼为传统。（中级　奥地利）

例（121）在"依次"后遗漏了动词"是"，例（122）遗漏了介词"以"，正确的应是"……，而是以吃鱼为传统。"

3. 高级阶段出现遗漏偏误的是"据"和"以"两个介词，如：

(123) *那比尔住院了，大家都去看望他，送花等等，然而他的心情还沉郁，吃不下饭，睡不好觉，大家向他说笑话时他又不笑，【据】她妈妈∧，从得癌症的那天起，他的微笑就消失了。（高级　巴基斯坦）

(124) *如果没有南京师范大学国教院的老师努力下，我也无法∧第一位自费生申请到中国政府优秀生奖学金，继续

攻读硕士学位。（高级　马来西亚）

例（123）同例（117）一样遗漏了动词，句子可改为"……，据她妈妈讲/说，……"，例（124）遗漏了"以"介词短语，句子应改为"……，我也无法以第一位自费生的身份申请到中国政府优秀生奖学金，……"。

从以上分析可以看，"据"和"以"在整个学习过程中都有可能出现遗漏偏误，而且各有特点，在教学中应加以注意。"随着"在中级阶段出现如此多的遗漏偏误，说明学生对"随着"介词短语的构成掌握不好，需要在教学中注意。

三、误加

误加一共出现21例，随着学习阶段的提高，误加偏误是逐渐减少的。这说明误加不是困扰学生的主要偏误。

1. 误加偏误在初级阶段出现12例，主要存在于"按、据、以、随着"4个介词中，其中"随着"最多，有7例，基本都是介词"随着"的误加，如：

(125) *但是，【随】着我们和中国人一起聊天儿，我们的关系好多了。（初级　日本）
(126) *【随】着努力地学习，我的汉语水平也越来越好了。（初级　坦桑尼亚）

"以"出现3例，也都是介词"以"的误加，如：

(127) *中国【以】一向被称为自行车王国。（初级　喀麦隆）
(128) *对我来说，我是一个幸福的人，因为有自己的目表（标）【以】从我来了中国以后才开始意识到。（初级　阿塞拜疆）

"按、据"各出现1例：

(129) *但是我【按】时都上课，每天都很努力学习，而且老师和我遇到的中国朋友都热情地帮助我。（初级　老挝）
(130) *但是【据】缺少路，所以很多地放（方）的场合不太好。（初级　坦桑尼亚）

例（129）在"按时"后误加了副词"都"，例（130）误加了介词"据"。

2. 误加在中级阶段只出现 5 例，比初级减少了一半，其中"以"占了 4 例，也都是"以"的误加，如：
(131) *藏族文化很丰富，【以】我们普通的人不会随意损害风俗。（中级　俄罗斯）
(132) *奥地利的家庭一般只在十二月二十四日那天才把圣诞树布置好，有小孩的家庭，先把小孩给别人看管，不让他们看见圣诞树布置的过程，【以】作为一个秘密。（中级　奥地利）

"按照"出现 1 例：
(133) *【按照】例规定，让孩子说道歉，为了对方的了解，我自己解决她们的问题。（中级　韩国）

例（133）中"例"的误加是受"照例"这个词的影响，是"按照规定"和"照例"的重合使用。

3. 误加在高级阶段出现 4 例，全部都是"以"的用例，如：
(134) *【以】淡水钓鱼处也有名。（高级　韩国）
(135) *这是都是防止敌人，【以】看来当时的中国人很聪明、很细心、很有能力，铺着的石头那么大他们怎么搬来铺上的呢？（高级　韩国）

可以看出，"以"的误加偏误是很严重的，在教学中尤其要注意。

四、误代

误代是外国学生依据介词的典型偏误，不仅数量多，而且在三个学习阶段的频率分布是逐级增加的。

1. 误代在初级阶段出现 15 例，占了初级阶段偏误总数的近一半（0.484）。有 7 个依据介词出现了误代偏误，其中"随着"占了 6 例，有 4 例是用"随"、"随着"替代了其他的词，如：
(136) *我【随】爸爸的义建了。（初级　老挝）
(137) *【随着】寂寞怎么会有幸福呢？（初级　尼泊尔）

这两例都是用"随（着）"误代了其他动词，例（136）可改为"我听从了爸爸的建议。"例（137）可改为"伴随着寂寞怎么会有幸福呢？"

还有 2 例是用"随"来替代"随着",如:
(138) *【随】经济的发展人们的收入也增加了。(初级 坦桑尼亚)
(139) *因为【随】经济的发展人们越来越有钱,买汽车越来越多,特别是摩托车占很大的比例,汽车和摩托车的数量比较多,占 95%,很少看到人们骑自行车。(初级 老挝)

这类偏误产生的原因是学生不了解"随"和"随着"的区别。

剩下的是"按、据、根据、凭、以"一共出现 9 例误代偏误,主要有以下几种情况:一是把介词短语当做一个词来使用,与相关的词语用法混淆而引起的偏误,如:
(140) *她每天都很【按】时。(初级 孟加拉)
(141) *每天他都【按】时。(初级 老挝)

这两例中的"按时"都应该改为"准时"。

第二种情况是与相关介词之间的误代,如:
(142) *在课本上,不明白,但是【根据】电影(上)说,虎妞说了自己怀孕的假话。(初级 越南)
(143) *【凭】这样的情况,我们可以看见中国人用汽车代替自行车了。(初级 老挝)

例(142)应该把"根据"改成"据",例(143)应该把"凭"改成"照"。

第三种情况是介词短语中成分的误代,如:
(144) *【据】认识我们国家是一个很小的国家,但是也有很多方面好,至今还没有什么能代替。(初级 老挝)
(145) *【据】我所看到连山上也有车道,不过在中国的交通方便是方便,但每逢上下班有的路常常堵车,堵得如湖水一般,有的条路一堵就是一两个小时。(初级 老挝)

例(144)应该改为"据了解,……",例(145)应改为"据我所见……"。

2. 中级阶段误代偏误出现 23 例,比初级阶段增多了,所占比例超过了 60%,有 8 个介词出现了这样的偏误,说明误代这种偏误在中级阶段不仅数量多、比例高,而且覆盖面大,成为学生最主要的偏误形式。

误代偏误中最主要的是与相关介词之间的误代偏误，如：

(146) *【据】他的名生（声），不需要说明。（中级 韩国）

(147) *【凭】统计，主要原因是韩国人的快的性格。（中级 韩国）

(148) *从刚开始学汉语的时候，我已经【以】中国的古代文化特别感兴趣。（中级 越南）

(149) *【随】着孩子的时候受怎样的教育他们的未来不一样，一旦自己的性格难以变了。（中级 韩国）

以上各例应分别改为：

(146′)【按】他的名生（声），不需要说明。（中级 韩国）

(147′)【据】统计，主要原因是韩国人的快的性格。（中级 韩国）

(148′) 从刚开始学汉语的时候，我已经【对】中国的古代文化特别感兴趣。（中级 越南）

(149′) *【在】孩子的时候受怎样的教育他们的未来不一样，一旦自己的性格难以变了。（中级 韩国）

可以看出，中级阶段学生对各依据介词之间，甚至依据介词与其他介词之间的混淆现象是比较严重的。原因就在于中级阶段接触了许多介词，如果他们对这些介词的区别不是十分了解，很有可能出现误代。

3. 高级阶段误代偏误出现了 21 例，虽然比中级阶段少了几例，但所占比例上升到了 0.778，而且也有 7 个介词出现误代偏误。可见误代偏误的确是一种很顽固的偏误。高级阶段的误代偏误仍以介词之间的误代为主，如：

(150) *所以上面我介绍的以外可以【随着】自己的胃口放别的东西。（高级 韩国）

(151) *永远是一个不幸福的人，可【在】某个角度看来，她是每分每秒幸福的人。（高级 罗马尼亚）

(152) *它【以】两本构成，她还是愿意出版男的活着的候写的日记。（高级 韩国）

(153) *那个时候我妈妈【凭】着悠远的风俗把巧克力的鸡蛋

藏在草里。(高级 比利时)

以上各例可分别改为:
(150′) 所以上面我介绍的以外可以【按】自己的胃口放别的东西。(高级 韩国)
(151′) 永远是一个不幸福的人,可【从】某个角度看来,她是每分每秒幸福的人。(高级 罗马尼亚)
(152′) 它【由】两本构成,她还是愿意出版男的活着的候写的日记。(高级 韩国)
(153′) 那个时候我妈妈【按】悠远的风俗把巧克力的鸡蛋藏在草里。(高级 比利时)

除了这些介词之间出现的误代以外,"据"介词框架也出现了误代,主要是介词框架中构成成分的误代,如:
(154) *【据】一个说吸毒的电视节目<u>来说</u>,一个人一尝试吸毒的时会很难武的。(中级 韩国)
(155) *【据】这个古来的神话<u>来说</u>,天神的子孙降临在这个地方。(高级 日本)

例(154)应改为"据一个说吸毒的电视节目报道,……",例(155)应改为"据这个古代的神话讲,……"。

通过以上偏误分析可以了解到,学生的偏误用例并不太多,但是由于依据介词本身的使用量就少,所以很少的偏误用例就会导致学生的正确率不高,这是导致从正确率角度分析依据介词难度较大的一个主要原因。加上外国学生的使用量的确比汉语母语者和教材的出现频率低,这更能说明外国学生对依据掌握得不好,证明依据介词的确难度较大。在四种偏误类型中,出现最多的是误代偏误。这说明外国学生对各依据介词之间,甚至依据介词与其他介词之间的区别不是十分清楚,这提示在教学中要注意各介词之间的区别教学。

第五节 分级排序与教学建议

根据上文的语料考察分析,依据介词的确如李晓琪、章欣(2006)分析的那样,使用频率不高,而且外国学生习得的情况也不太好。

根据上文依据介词的频率考察可以得知，外国学生依据介词的使用频率除了"按照"的使用频率高于汉语母语者以外，其他的都远低于汉语母语者使用频率和教材出现频率。这说明外国学生依据介词的使用量不足，依据介词对于外国学生来说是一个学习的难点。

依据外国学生初、中、高三个学习阶段的习得情况考察，参照不同学习阶段使用频率和正确率的情况，并对三个学习阶段的习得情况进行纵向对比，发现中介词中依据介词的难度等级和习得顺序为：

1. 难度最低，在初级阶段习得的依据介词有：按、按照、在$_3$、随着。
2. 难度中等，在中级阶段习得的依据介词有：照、根据、以。
3. 难度较高，在高级阶段才习得的依据介词有：据。
4. 难度很高，未习得的依据介词有：依、凭、论。

从依据介词的偏误分析来看，误代偏误是依据介词的典型偏误，所以在教学中应该讲清楚各依据介词之间的用法区别，尤其是介词短语和介词框架的组配规则，这样才能有效地帮助学生避免偏误，尽快习得各依据介词。

下面看一下对外汉语教学大纲和教材对依据介词的编排情况：

《高等学校外国留学生汉语教学大纲（长期进修）》（2002）列入一年级的依据介词有：以、照；列入二年级的依据介词有：按、依照、据、凭、依据、随着；列入三年级的依据介词有：本着、依。《高等学校外国留学生汉语言专业教学大纲》（2001）列入一年级的依据介词有：按、按照、照、据、凭；列入二年级的依据介词有：本着、冲$_2$、鉴于、就$_3$、随着。

杨寄洲主编的一年级教材《汉语教程》（1999）在生词表中出现的依据介词有：按照。陈灼主编的二年级教材《桥梁——实用中级汉语教程》（1996）在生词表中出现的依据介词有：按、据、凭、随着。姜梧德主编的三年级教材《高级汉语教程》（1990）在生词表中出现的依据介词有：鉴于、凭、照。

可见，教材和大纲中设置的依据介词不仅数量不一致，而且教材和大纲对依据介词的编排顺序不一致。大纲和教材中都有一些外国学生不需要掌握的依据介词。这说明无论是大纲还是教材对依据介词的编排都没有完全参照外国学生的习得顺序，需要进行适当调整。

综合以上的分析，遵循"急用先学"的原则，本章对依据介词的教学编排提出以下建议，供大纲的制定、教材的编写和课堂教学参考：

（1）在初级阶段，先教授"按、按照、随着、在$_3$"等四个依据介词。

（2）在中级阶段，可以教授"照、以、根据"等三个依据介词。

（3）在高级阶段，再教授依据介词"据、凭、论"。

（4）至于"依、依据、依照"等介词，因其在日常使用中用量很少，而且有其他形式可以替代，完全可作为扩展内容教授，或让学生在交际中自然习得。

第六章　缘由介词习得考察

刘月华等（2001）把表原因和表目的的两类介词合在一起讨论，称作缘由介词。陈昌来（2002）讨论的因事介词也包括表原因和表目的两类介词。因此，两位学者虽然在此类介词的名称上有差异，实际上讨论的是同一类介词。把表原因的介词和表目的的介词放在一起讨论是有依据的，因为"目的概念和原因概念有密切的关系，……目的和原因（尤其是理由）相通：来自外界者为原因，存于胸中者为目的，……原因和目的原是一事的两面。"（吕叔湘，1941）

但是，除了刘、陈两位学者较集中地讨论了表原因和表目的缘由介词以外，鲜见有学者把这些介词放在一起讨论。在对外汉语学界就更没有关于缘由介词的习得研究或考察了。可见，缘由介词的研究是一个薄弱环节。

第一节　缘由介词的界定及句法功能考察

一、缘由介词的界定

要对缘由介词进行界定，首先要对介词和连词进行区分。因为在连词中也有表原因和表目的两类连词，而且有些表原因和表目的的连词在形式上与缘由介词一样，这就增加了区分的难度。介连区分问题是一个到目前为止还没有很好解决的问题。学界对介词的用法，一直有两种观点：一是介词之后只能加名词、代词或相关短语，如果加其他成分如谓词性成分或小句，它就不是介词而是连词了。一是介词之后可加谓词性成分，甚至是小句，因为谓词性成分或小句通常都"可以用一个体词性复指"（陈昌来，2002）。从整个介词系统的一致性考虑，是不能把介词加谓词性成分或小句排除在介词之外的，因为有些介词的确就可以加谓词或小句。根据陈昌来

(2002)的研究,可带谓词性成分,甚至小句的介词的数量是只能带体词性成分的介词的两倍,若把带谓词性成分与带体词性成分认为是介词的兼类现象,那么介词的兼类就过多,不利于语法研究的进行。应用到教学中,不仅会破坏介词教学的整体性,还会增加学生的学习负担。因此,无论从汉语语法本体研究,还是对外汉语教学角度,第二种观点都是比较可取的。

向若(1957)认为"介词的作用是跟别的词或词组组成介词结构","连词的作用是把两个对等的成分连起来"。郭翼周(1984)从规范化的角度考虑,不把介词和连词放入句子中分析,而是根据它们的一般语法特点和用途——介词的作用是跟别的词或词组组成介词结构,连词的作用是把两个对等的成分连起来——来确定哪是连词哪是介词。根据这一标准郭翼周认为"因为"是连词,"由于"、"为了"是介词。认为让"由于"、"因为"、"为了"兼属连词和介词不是一个概括全面的办法。不过也有个别的特殊情况,如"由于"跟"所以、因此、因而"呼应就不妨看做连词。如果"因为"不跟其他成分连用,就把它看做介词比较适宜。郑重(1986)则认为当"由于"后面接名词性成分时,是介词;后面接主谓短语、动词或形容词短语时,是连词。陈昌来(2002)对这几组词的介连区分是这样处理的:"介引体词性成分或非小句的谓词性成分时一律看做介词。……因为这些谓词性成分可以用体词性成分复指。……当介引小句成分时,看做连词。"这样处理不仅能顾及汉语中谓词性成分也可像体词性成分一样作主宾语的特点,与大部分介词可后带谓词性成分相一致。另外,也符合连词是把两个对等的成分连起来的定义。因为只有小句才是后一分句的对等成分,而谓词性成分只相当于一个短语成分,形式上并非与后一分句对等。从复句系统的整体性考虑,在介连区分时,也应该把加小句的情况列为连词。至于介词加小句的情况,的确是存在的,前几章也有一些论述,但这些都是比较特殊的用法,可以列为介词的特殊用法进行处理。随着语法化的发展,以后这些介词会发展成为连词,也未可知。

理清了介连区别的原则就可以对缘由介词的范围进行界定了。对缘由介词有过比较全面研究的是刘月华等(2001)和陈昌来(2002),但刘、陈两位学者的观点是不一样的。刘月华等(2001)

列举的缘由介词有"由于、为、为了、为着"等 4 个；陈昌来（2002）列举的因事介词中有"为、为了、为着、以、因、因为、由、由于"等 8 个。对于两位学者都认同的"为、为了、为着、由于"4 个缘由介词的典型性是毋庸质疑的，下面就来讨论一下剩下的"以、因、因为、由"作为缘由介词的典型性是否可信。

1. 关于"因"和"因为"，在吕叔湘主编（1980）、北京大学中文系 1955、1957 年语言班（1982）、张斌主编（2001）的描述中都有表原因的用法。但是学者们的观点并不一致。例如北京大学中文系 1955、1957 年语言班（1982）认为"因为"是连词，不是介词。吕叔湘主编（1980）、张斌主编（2001）则分别列出它们介词和连词的用法。吕叔湘主编（1980）没有特别描述"因"，而是把它放在"因为"中进行讨论，指出其用法基本上同"因为"，多用于书面语。张斌主编（2001）认为"因"还有凭借、依据的意思，并给出例子"因人而异、因民族而异"等，这些都是固定的短语，其中"因"可以解释为凭借，也可解释为缘由，整个短语的语义具有较强的规约性，在教学中无需讲解"因"的具体语义，作为固定格式教授比较合适。因此，本章也不把它们作为考察对象。吕文对"因为"表原因的描述有两条，一条是"用'因为'的短语可以放在主语的后面或前面。"一条是"因为……而……组成一个动词短语，常用在助动词或'不'后面。"张斌主编（2001）对于"因为"也同样列举两种用法，不过第一种用法张文明确地标明是"用在名词性成分之前"的。这样就排除了加谓词性成分和小句的情况。吕文虽然没有直接说明介词"因为"的后面要加名词性成分，但从他的举例来看，介词"因为"的后面都是名词性成分，而连词"因为"的后面都是小句。按照上文对介连区分的条件，可以把加小句的用法归入连词，加体词性谓词性的用法归入介词。这样更有利于操作，也有利于教学。

2. 根据吕叔湘主编（1980）、北京大学中文系 1955、1957 年语言班（1982）、张斌主编（2001）的描述，"以"除了可以表凭借、方式以外，还可以表原因、目的，后面常常有"而"呼应。可见，把"以"划入缘由介词也是有据可循的。不过，在第五章已经讨论过，"以"的这种用法完全可以划入依据介词，这样做不仅在语义上有其合理性，同时也可以减轻学生的学习负担。所以，基于介词分析的典型性和教学的整体性考虑，本章不把"以"列入缘由介词考察。

3. "由"的用法也比较复杂，吕叔湘主编（1980）和张斌主编（2001）都把"由"的用法分为三大类，其中第3类中又分出5小类用法；北京大学中文系1955、1957年语言班（1982）把"由"的用法分为5类。其中都有"由"表原因的用法。但表缘由不是"由"的典型用法。而且在考察的受限语料中，除了汉语母语者语料有少量用例以外，中介语中根本没有出现此类用例。因此，基于介词分析的典型性和教学的整体性考虑，表缘由的"由"也暂不列入本章的考察。

综上所述，陈昌来（2002）列举的8个介词都是可以归入缘由介词的，刘月华等（2001）的缘由介词范围似乎有点小。不过，通过对这8个介词用法的分析来看，"以、由"都有其他的表义用法，表缘由并不是它们的典型用法。从语料的考察来看，"以、由"的使用数量也远少于其他6个缘由介词。基于介词分析的典型性和教学的整体性考虑，本章不把"以、由"放入缘由介词讨论。本章考察的是"为$_2$、为了、为着、因、因为、由于"等6个典型缘由介词。

二、缘由介词的句法功能考察

同属一类的缘由介词在句法功能上也不是完全相同的，考察清楚它们之间的异同对外国学生来说是很重要的。

（一）为$_2$

"为$_2$"可以表目的，也可以表原因。正如吕叔湘（1941）所述"原因和目的本是一事的两面"，所以"为$_2$"常用于表原因和目的两可的情况。除了这些两可的情况以外，在语料中表目的的用例要多于表原因的用例。

1. 介词短语的构成

"为$_2$"的介词短语构成方式也很多，现详细列举如下：

第一种，也是最常见的一种，是"为$_2$+名词性成分"，这个名词性成分可以是单个的名词，也可以是名词性短语，如：

（1）夏捷说不是【为】官司去白玉珠那儿吗？

(2) 阮知非说：今日难得朋友聚在一起，大家就举杯【为】官司的胜利干了！

第二种是"为$_2$+动词性成分"，这个动词性成分可以是简单的动宾结构或复杂的动宾结构，如：

(3)【为】办执照，我去了王主任那儿三次，他总是说忙，改日一定去的，并约了我的日子。

(4)【为】不失时机又不致过早暴露侦察意图，经研究决定：抓住李弟聚赌等不法行为，对其进行传唤，同时搜查其住宅。

2. 介词框架的构成

"为$_2$"还可以构成两种介词框架。第一种是"为$_2$……而"结构，进入介词框架的成分可以是名词性成分，如：

(5) 她大概以为我是【为】十块钱而这样小气呢。

(6)【为】毛泽东的字而来，来了竟又发现展销着琳琅满目的古今名人字画，于是小小的并不在繁华之地的画廊声名大噪，惹得许多外地人，甚至洋人也都去了。

也可以是动词性成分，如：

(7) 这无忧无虑的气氛是那么浓郁、盲目，无处不在使人感到做作、过分，似【为】掩某种圈套而刻意制造——一种人人心照不宣全市居民都参与了的针对不知情者的诡计。

(8) 他【为】能有这样的机会而激动，更为他的后人们而感到骄傲。(《汉语教程》)

第二种是"为$_2$……起见"，这样的用例在小说语料中没有出现，但在《高级汉语教程》中有用例，口语中也很常见，如：

(9)【为】谨慎起见，将一时不想打破的花瓶放还到原处。(《高级汉语教程》)

(10)【为】报仇起见，很想立刻放下辫子来，但也没有竟放。(《高级汉语教程》)

这一结构分为两种情况：第一种是中间加形容词的情况，如例(9)。其中的"起见"不能省略，因为"为$_2$"后不能直接加形容词。若省略了"起见"，要把"为$_2$"改为"为了"才行：

(9')【为了】谨慎，将一时不想打破的花瓶放还到原处。(《高

级汉语教程》)

第二种是中间加动词的情况,这样的用例在现代汉语中已经极为少见了,如例(10)。现在常用的是不加"起见"的用法:

(10′)【为】报仇,很想立刻放下辫子来,但也没有竟放。(《高级汉语教程》)

可见,"为₂"介词框架中的构成成分是不可随便省略的。

3. 介词短语的句法功能

"为₂"介词短语在句中只能作状语,以置于句首居多,如例(3)、(4)、(6)、(9)、(10)等,也可以置于句中,主语之后谓语之前,如例(1)、(2)、(5)等。

(二)为了

"为了"是专表"目的"的缘由介词,在使用上比"为₂"限制少,所以就其数量而言要比"为₂"多得多。在句法构成上跟"为₂"差不多。

1. 介词短语的构成

"为了"可以加名词性成分构成介词短语,如:

(11) 一个外国人,啊,【为了】中国人民的解放事业,老家有石油都不回去钻去,生陪着中国人混,有难同当,有福不享,这是多么伟大的情怀——你们中国人再不爱国那可太不应该了。

(12)【为了】你的利益,你就忍心让我去和庄之蝶相好?

然而更多是加动词性成分构成介词短语,如:

(13) 没错,也许我寻找安心,只是【为了】能见她一面。

(14)【为了】防止资本主义复辟,不受二遍苦,不遭二茬罪,红色江山永不变色,铁打江山万年牢,我决心为共产主义事业奋斗终身。

2. 介词框架的构成

"为了"也可以构成"为了……而"介词框架,如:

(15) 但刘明浩也是一个现实的人,他当然不会鼓动我【为了】纯洁的爱情而牺牲一切,他说:"对一个女人的感觉迟早是要变的,你不可能把对一个女孩儿的激情永远固定地保持下去。"

(16) 特别是刚刚赞美完崇高伟大就马上到乌泉泼水节的摆子上和摆摊卖货的小商贩【为了】几毛钱而讨价还价而并不脸红，那赞美的本身岂不是也很肮脏委琐了么？

"为了"也可与"起见"构成介词框架，如：

(17)【为了】安全起见，我们要轮流值班。（自造例句）

但在语料中没有发现这样的用例，主要原因可能是在这个框架中，"起见"属于羡余信息，并不是必要成分，所以受语言经济性原则的影响，在实际语料中并没有出现。

3. 介词短语的句法功能

"为了"构成的介词短语多数情况下是位于句首或句中作状语，如例（12）、（14）、（15）、（16）等，少数情况可以作"是"的宾语，如例（13）。

(三) 为着

"为着"的使用在现代汉语书面语中已经不常见。"为着"可加动词性成分构成介词短语，但这种用法只在中级汉语教材中出现1例：

(18) 你看这些家具都是你从前顶喜欢的东西，多少年我总是留着，【为着】纪念你。（实用中级汉语教程）

"为着"还可以加名词性成分构成介词短语，如：

(19) 庄之蝶举镜看了看，女孩子都是穿了短裤，上衣也脱了，只是个乳罩，【为着】一件什么事儿，三个人搅成一团儿嬉闹。

(20) 我跟你说，我是快死的人，我【为着】我的可怜的孩子，跪着来求你们。（高级汉语教程）

"为着"不能构成任何形式的介词框架，除此之外，它的用法跟"为了"没有区别。以上所举例句中的"为着"都可替换成"为了"。

(四) 因

"因"是单音节介词，虽然在语义与双音节的"因为"有一些共通之处。但由于音节韵律的关系，它们之间也存在一些差别。"因"在句法功能上有自己的特点。

1. 介词短语的构成

能跟"因"构成介词短语的可以是名词性成分，也可以是谓词性成分，如：

（21）如果我说你那时心中充满【因】耻辱燃起的仇恨怒火一点也不过分吧？

（22）李晋元一次次在支部讨论会上被卡下来，就因为总是有人提到他过去的一个污点，他中学曾【因】斗殴受到过公安局的行政拘留处分。

2. 介词框架的构成

"因"可以构成"因……而"介词框架，进入介词框架中的成分按道理可以是名词性成分，也可以是谓词性成分，但在语料中只有加名词性成分的用例，如：

（23）毫无疑问，我将一辈子，【因】这个罪名，而成为一个不受人信任的东西！

（24）机舱里的气氛【因】他的歌唱而变得热烈。

另外，由于"因"是单音节介词，所以其后通常可加单音节词语构成介词短语，例如：

（25）刘丽珠【因】何致死？

（26）翠微小学【因】路得名。

这些多是受文言用法的影响，也是"因"与"因为"重要的区别。

（五）因为

在语料中介词"因为"的用法远没有连词用法多。介词用法基本跟"因"差不多，只是它不能像"因"那样加单音节的成分构成介词短语。比如，可以说"他因病没来上课"，但不能说"他因为病没来上课"。

"因为"可以加名词性成分或谓词性成分构成介词短语，如：

（27）【因为】这个孩子，安心尽量不再去想铁军，铁军和孩子已经无法联结在一起。

（28）"噢，他昨天夜已经被公安局看管起来了，【因为】忙，忘了向您汇报了。"

"因为"后的谓词性成分可以是形容词，如例（28），"因"没有这样的用法。

"因为"还可构成"因为……而"介词框架，进入介词框架中

的可以是名词性成分,也可以是谓词性成分,如:
(29) 我不愿【因为】这种对比而再想安心。
(30) 我的两条腿在椅子上用力地夹紧,想控制住身体【因为】哭泣而带来的颤抖。

(六) 由于

介词"由于"的用法很简单,只能加名词性成分或谓词性成分构成介词短语,如:
(31) 正是【由于】他们的真话,我不仅得以终止牢狱之苦,重获自由,更重要的是,他们还给了我一个清白之身。
(32) 别人轻轻挥舞一下拳头,内心就受到严重惊吓,立刻想到无条件投降,只是【由于】吓呆了,反应慢,或是还没来得及好意思说出讨饶的话,被人认为坚强、面不改色心不跳。

"由于"介词短语在句中只能位于句首作状语,没有其他的句法功能。"由于"也没有介词框架。

第二节 缘由介词的频率考察

本节考察缘由介词在三种语料——汉语母语者语料(150万)、中介语语料(150万)和对外汉语教材语料(约53万)中的频率分布,进而初步了解外国学生的使用与汉语母语者有何异同,以及教材的出现频率与外国学生的使用频率有何异同,为下文的习得考察奠定一个频率基础。三种语料中缘由介词的使用频次和使用频率情况请见表6.1:

表6.1

	汉语母语者		外国学生		对外汉语教材	
	使用频次	使用频率	使用频次	使用频率	出现频次	出现频率
为	49	0.327	150	1.000	17	0.321
为了	237	1.580	725	4.833	170	3.208
为着	1	0.007	0	0.000	7	0.132
因	45	0.300	25	0.167	12	0.226

续表

	汉语母语者		外国学生		对外汉语教材	
	使用频次	使用频率	使用频次	使用频率	出现频次	出现频率
因为	60	0.400	58	0.387	14	0.264
由于	26	0.173	84	0.560	31	0.585
总计	418	2.787	1042	6.947	251	4.736

注：汉语母语者及外国学生使用频率＝使用频次/语料总量（150万），教材出现频率＝出现频次/语料总量（53万），频率都是万分位的。

从表6.1中的使用频率来看，外国学生几乎是教材和汉语母语者之和，这说明外国学生缘由介词的使用是超量的。外国学生缘由介词之所以使用得比汉语母语者和教材都多，主要原因是外国学生为了表达的准确，在所有表达因果关系的句式中都使用缘由介词。而汉语母语者往往不需要借助缘由介词。

把表6.1中的使用频率转化成图6.1，可以很清楚地看到各缘由介词在三种不同语料中的频率分布情况：

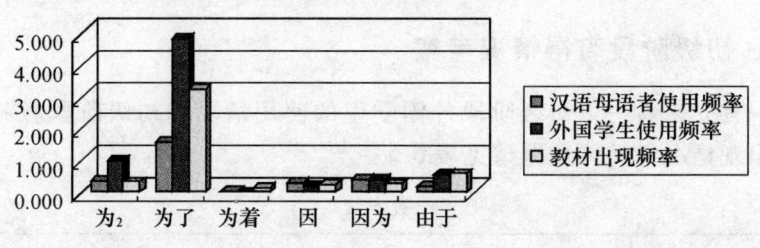

图 6.1

从以上图表可以得出三种语料中缘由介词使用频率的高低顺序为：

汉语母语者使用频率高低顺序：为了＞因为＞为$_2$＞因＞由于＞为着。

外国学生使用频率高低顺序：为了＞为$_2$＞由于＞因为＞因＞为着。

对外汉语教材出现频率高低顺序：为了＞由于＞为$_2$＞因为＞因＞为着。

以上排序清楚地表明：①"为了"在三种语料中的使用频率都最高，证明无论是汉语母语者还是外国学生都在实际运用中倾向于用表目的的介词"为了"。而且外国学生用例远多于对外汉语教材和汉语母语者。②"为着"的使用量非常低，在三种语料中都位于最末位。而且在选取的当代小说作品中仅有 1 例，在教材中却出现 7 例，这些用例几乎都出自于近代的小说片断。因此，可以推断"为着"应该处于消亡之中，且中介语语料未出现用例，所以下文的习得考察将暂不考察"为着"。

从三种语料中使用频率的高低排序来看，处于两端最多和最少的缘由介词是一致的，但处于中间的四个缘由介词"为$_2$、由于、因为、因"在三种语料中的频率顺序各不相同。那么外国学生缘由介词的习得情况到底怎样？下面还要根据外国学生相关缘由介词的正确率及偏误情况来仔细考察每一个缘由介词的习得情况。

第三节 缘由介词习得情况考察

一、初级阶段习得情况考察

首先来看一下初级阶段外国学生的使用情况和初级阶段教材中的出现情况，具体数据请见表 6.2：

表 6.2

	外国学生		对外汉语教材	
	总频次	频率	出现频次	频率
为$_2$	70	1.400	4	0.357
为了	118	2.360	42	3.750
因	2	0.040	4	0.357
因为	6	0.120	1	0.089
由于	13	0.260	6	0.536
总计	209	4.180	69	6.161

注：外国学生使用频率 = 总频次/初级阶段语料总量（50 万），教材出现频率 = 出现频次/初级课本总量（11.2 万），频率均为万分位。

从表 6.2 可以看出，5 个缘由介词在初级阶段都已出现，但"因"的出现频率很低，仅出现 2 例，未达到初现率标准（Meisel, Clahsen & Pienemann, 1981）。这几个介词的使用趋势还是很明显的。对比初级阶段外国学生使用情况和教材的出现情况，和上文外国学生及教材的总的使用频率高低顺序基本一致。这说明外国学生缘由介词的使用情况是比较稳定的。

再来看一看不同缘由介词在初级阶段的正确率情况如何，请看表 6.3：

表 6.3

	总频次	正确频次	正确率
为$_2$	70	55	0.786
为了	118	99	0.839
因	2	1	0.500
因为	6	5	0.833
由于	13	9	0.692
总计	209	169	0.809

注：正确率＝正确频次/总频次，是百分位的。

从表 6.3 可以看出，初级阶段缘由介词的总体正确率是 0.809，达到了 0.8 的习得标准，从总体上看，缘由介词的习得情况可能比较好。看一下具体缘由介词的正确率情况，就会发现并不是所有的缘由介词都达到了习得标准。只有"为了、因为"两个介词的正确率超过了 0.8，其他三个介词均未达到这个标准。

这几个缘由介词的正确率高低顺序为：为了＞因为＞为$_2$＞由于＞因。这与它们的使用频率高低顺序并不一致。

1. 为$_2$

"为$_2$"在初级阶段出现 70 例，且正确率达到了 0.786。虽未达到习得标准，不过也十分接近了。从学生的用例看，形式也比较丰富，各种基本都出现了，如：

（33）我经常【为】自己的朋友们感到自豪。（初级 蒙古）

（34）但【为】我的未来，我要努力学习。（初级 韩国）

还出现了"为……而"介词框架，如：
(35) 我【为】有这样的妈妈而自豪。（初级　孟加拉）
(36) 我是【为】通过考试而认真学习。（初级　坦桑尼亚）

初级阶段的使用频率要比教材的出现频率高，原因就在于学生大量地使用同一句式"为学习汉语……"或"为学好汉语……"（共出现31例）。这是初级阶段学生交际的需要，他们通常在交际中会向别人说明他们为什么来中国，或为学好汉语这一目的所做的事情。学生使用得比较多，出现偏误的可能性自然就比较大。

2. 为了

"为了"在初级阶段出现118例，是使用最多的缘由介词。"为了"在初级阶段的正确率是0.839，也是初级阶段最高的。所以无论从使用频率还是正确率角度，"为了"都是学生在初级阶段就已习得了的缘由介词。"为了"在初级阶段出现的用例多是其后加名词或动词性成分的，其中名词性成分也是多样化的，具体的名词和抽象的名词都有，如：

(37) 尽管我很痛苦，但是【为了】明天我们必须要认真学习。（初级　斯里兰卡）
(38) 两个姐姐没有学习，【为了】家里，也为了我。（初级　老挝）

也出现了许多其后加人称代词的用例，如：
(39) 他【为了】我们担心得没有结婚，因为他的生活紧紧张张。（初级　尼泊尔）
(40) 我来中国以前朋友们【为了】我开了一个晚会。（初级　韩国）

还出现了动词性成分构成介词短语的用例，如：
(41) 他【为了】当兵不得不休学三年。（初级　韩国）
(42) 现在我【为了】学习汉语来中国。（初级　尼泊尔）

3. 因

"因"在初级阶段只出现2例，其中只有1例正确用例，是"因……而"结构：
(43) 【因】小事而感到的幸福才是真正的幸福。（初级　韩国）

说明外国学生在初级阶段未习得"因"。

4. 因为

"因为"在初级阶段出现 6 例，使用频率不高，但比教材的出现频率要高。在语料人工筛选的过程中，发现连词"因为"的用例非常多，说明"因为"的介词用法在初级阶段使用得不如连词用法多。"因为"在初级阶段只出现其后加名词、代词性成分的用例，没有出现其后加动词性成分的用例，如：

(44) 【因为】这个原因，我常常帮别人口译一些问题，请求等等。（初级　德国）

(45) 但是，【因为】学习上的事，我很苦恼。（初级　韩国）

(46) 她对我很深的印象，【因】为她，对中国我的感情很好。（初级　韩国）

不过"因为"的正确率是 0.833，说明"因为"的难度并不高，学生使用介词"因为"并不存在太大问题。

5. 由于

"由于"在初级阶段出现 13 例，使用频率比教材出现频率低。从语料分析来看，跟"因为"差不多，也是连词的用法多。介词"由于"在初级阶段也只是其后加名词、代词构成介词短语的用例，如：

(47) 【由于】公司的需要，我于一年前离家来到中国学习。（初级　韩国）

(48) 【由于】她我的汉语水平提高了。（初级　韩国）

出现 1 例"由于……的原因"：

(49) 【由于】经济政府经济发展的原因我们的政府就允许国外的公司来做生意。（初级　坦桑尼亚）

而且它的正确率只有 0.692，说明"由于"存在一定的难度，学生在使用时会出现问题。

通过以上分析可以看出，除了"为$_2$"和"为了"的用法较多以外，另外几个缘由介词在初级阶段的用例都比较单一。"因为"的正确率比较高，说明它的难度不大。"因为"的用例偏少主要是由于"因为"连词的用法占了绝大部分。初级阶段对于大部分缘由介词来说还只是初现期，真正习得可能还要等到中、高级阶段。

二、中级阶段习得情况考察

首先还是看一下中级阶段学生缘由介词的使用频率和教材的出现频率情况，见表6.4：

表 6.4

	外国学生		教材	
	总频次	频率	出现频次	频率
为₂	40	0.800	12	0.945
为了	356	7.120	62	4.882
因	7	0.140	2	0.157
因为	24	0.480	6	0.472
由于	32	0.640	18	1.417
总计	459	9.180	100	7.874

注：外国学生使用频率＝总频次／中级阶段语料总量（50万），教材出现频率＝出现频次／中级课本总量（12.7万），频率均为万分位。

从表6.4可以看出，到了中级阶段，外国学生的总体使用频率已经高于教材的出现频率了，除了"为₂"以外，各缘由介词的使用数量都明显增加了，说明缘由介词的使用经过初级阶段的初现期之后进入了高产期。外国学生的使用频率高低顺序与总体顺序仍然是一致的。在初级阶段只出现1例的"因"到了中级阶段也出现了7例。

中级阶段各缘由介词的正确率情况，请看表6.5：

表 6.5

	总频次	正确频次	正确率
为₂	40	33	0.825
为了	356	324	0.910
因	7	7	1.000
因为	24	21	0.875
由于	32	22	0.688
总计	459	407	0.887

注：正确率＝正确频次／总频次，是百分位的。

从表6.5中可以看出，中级阶段的总体正确率达到了0.887，比初级阶段提高了不少。中级阶段除了"由于"的正确率低于0.8以外,其他的缘由介词的正确率都高于0.8。这说明中级阶段学生缘由介词的使用情况是不错的。中级阶段缘由介词的正确率顺序为:因>为了>因为>为$_2$>由于。对比初级阶段的正确率顺序,"因为"和"为$_2$"颠倒了一下顺序,其他都维持原来的顺序。

(一)为$_2$

"为$_2$"在中级阶段出现40例,使用频率跟教材的出现频率接近了。而且正确率也提高到了0.825,说明"为$_2$"在中级阶段被完全习得了。"为$_2$"在中级阶段的使用比初级阶段丰富了许多,初级阶段大量出现的"为学习汉语……"之类的句子几乎没有了,其他形式的用例都有体现,如:

(50)【为】这件事,我掉了几次泪,是羞愧?(中级 越南)

(51)圣弥撒是十二点种开始的,是专门【为】庆祝耶稣的诞生而实行的。(中级 波兰)

(52)我喜欢汉语,它是我和其他人交流的工具,通过它我可以更深刻地了解中国文化,【为】促进两国友谊发展做贡献。(中级 二日本)

例(50)是"为$_2$"加名词性结构的用法,例(51)是"为……而"介词框架,例(52)是"为$_2$"加谓词性结构的用法。

(二)为了

"为了"在中级阶段的用例也增加了很多,几乎是初级阶段的3倍,而且正确率也大幅度提高,达到了0.91,说明学生的习得比较稳定。"为了"的用例形式也非常丰富,如:

(53)有的时候,【为了】钱,杀象拿出它的牙齿。(中级 日本)

(54)我看过了很多人还没有打工作的时,他们的最量(重)要的目的是【为了】赚钱。(中级 意大利)

(55)无论是【为了】学习,打发时间、把任何情况弄清楚,我们在生活当中一定要看书。(中级 法国)

(56)这当然很可惜,可是更可惜的是,"【为了】考试而学习"的人不仅有过我一个人。(中级 芬兰)

例(53)是"为了"加名词构成介词短语的用法,例(54)是

"为了"加动词短语作"是"的宾语的用法，例（55）是几个"为了"介词短语连用的用法，后两个"为了"短语中的"为了"承前省略，例（56）是"为了……而"介词框架。

（三）因

"因"在中级阶段出现7例，用例仍然是最少的，但比初级的1例有了较大的增长。"因"在中级阶段的正确率仍然是百分之百，说明"因"难度可能的确不高。可以认定学生在中级阶段习得了"因"。看一下学生的用例，有其后加名词性成分的用法：

(57) 第三天晚上抵达昆明，但【因】时间的关系我再换汽车向往丽江。（中级　韩国）

(58) 有的人【因】那个烦恼觉（得）伤心。（中级　韩国）

也有用于"因……而"介词框架的用例：

(59) 我在电视上，新闻上常常看过有的人【因】吸毒而服形。（中级　老挝）

(60) 可是她们结了婚以后，【因】失去了目标而被社会淘汰。（中级　韩国）

这7例中只有例（59）是老挝学生的用例外，其他都是韩国学生的用例。

（四）因为

到中级阶段，"因为"的用例也成倍增加，出现了24例，是初级的4倍。而且正确率也提高了，达到了0.875，说明"因为"的习得情况也是稳定的。下面看学生的用例：

(61) 蒙古是个具有丰富而悠久的文化传统东方国家，【因为】地理位置，气候的原因蒙古人的生活方式，甚至性格也很有特点。（中级　蒙古）

(62) 【因为】她，我喜欢中国和中国人。（中级　韩国）

(63) 【因为】喝得多，她常常出洋相。（中级　日本）

(64) 现在有一部分男孩【因为】爱"美"而有了第三者。（中级　越南）

可以看出，中级阶段介词"因为"的用例是各式各样的，例（61）是"因为"加名词性成分的用例，例（62）是"因为"加代词构成介词短语的用法，例（63）是"因为"加谓词性结构的用法，例（64）是"因为……而"介词框架的用法。

（五）由于

"由于"到了中级阶段，虽然用例增加到了 32 例，但正确率仍然停留在百分之六十几，说明"由于"对于中级阶段外国学生来说仍然有一定的难度。不过学生的用例比初级要丰富了一些，如：

(65) 但是【由于】某些原因我们把自己看做是地球的主人，对于人类来说，虐待动物已经成为了一般的事情。（中级　俄罗斯）
(66) 【由于】她对一些我问过她的疑问的反应，我从表面看来原先误以为她有点傻。（中级　柯小卫二美国）
(67) 【由于】这种情况他们有了摩擦。（中级　蒙古）
(68) 【由于】受环境的影响，我觉得在中国学习汉语比在韩国要容易，这更增加了我学汉语的兴趣。（中级　韩国）

例（65）是"由于"加名词的用法，例（66）是"由于"加复杂的名词短语的用法，例（67）是"由于"加抽象名词的用法，例（68）是"由于"加动词性短语的用法。

综上所述，初级阶段习得的"为了、因为"在中级阶段进入高产期，而初级阶段未习得的"为$_2$、因"在中级阶段也都习得了。从中介语使用状况来看，"由于"在中级阶段还未被习得。

三、高级阶段习得情况考察

首先看一下外国学生的使用频率和教材的出现频率，见表6.6：

表 6.6

	外国学生		教材	
	总频次	频率	出现频次	频率
为$_2$	40	0.800	24	0.825
为了	251	5.020	66	2.268
因	16	0.320	6	0.206
因为	28	0.560	7	0.241
由于	39	0.780	7	0.241
总计	374	7.48	110	3.780

注：外国学生使用频率＝总频次/高级阶段语料总量（50万），教材出现频率＝出现频次/高级课本总量（29.1万），频率均为万分位。

从表 6.6 可以看出，高级阶段外国学生缘由介词的使用频率要比教材的出现频率高多了，不过对比中级阶段学生的使用频率要少一些。个别在初、中级阶段用例较少的缘由介词在数量上也有了比较多的增长，各缘由介词的使用频率高低顺序仍然不变，可以说缘由介词的使用进入了稳定期。

各缘由介词在高级阶段的正确率情况，请看表 6.7：

表 6.7

	总频次	正确频次	正确率
为$_2$	40	35	0.875
为了	251	225	0.896
因	16	15	0.938
因为	28	28	1.000
由于	39	39	1.000
总计	374	342	0.914

注：正确率 = 正确频次/总频次，是百分位的。

从表 6.7 可以看出，高级阶段的正确率总体水平达到了 0.914，且所有缘由介词的正确率都维持在 0.87 以上，说明高级阶段学生对缘由介词的使用是十分理想的。

（一）为$_2$

"为$_2$"在高级阶段跟中级阶段一样也出现 40 例。正确率提高了一点，达到了 0.875，说明外国学生的习得也是稳定的。在用例方面，跟中级阶段相比，没有什么特别之处，请看学生用例：

(69) 将来能让老师【为】自己的成绩感到骄傲是每个学生最大的希望，谢谢。（高级　保加利亚）

(70) 后来【为】解决温饱，他当了很多那种短期行为的工作。（高级　古巴）

(71) 这一本书看起来有点像一本小孩子的书，但它并不是【为】给小朋友看而写的。（高级　美国）

（二）为了

"为了"到高级阶段只出现了 253 例，比中级少了 100 多例，但就其使用频率来说仍远远高于汉语母语者和对外汉语教材，这可能受外国学生交际需求的影响。就其正确率来说，0.896 也不是非常高，说明学生在使用中还存在部分问题。学生的正确用例情况跟中级阶段差不多，如：

(72) 【为了】爱情我们要做的只是带着一颗会爱，会理解的心，真实地爱，认真地爱，带着爱情，踏实做人做事，恰恰好，既美又真。（高级　罗马尼亚）

(73) 依尔莎【为了】拉斯罗放弃了爱情，而里克为了依尔莎甚至放弃了生命。（高级　克罗地亚）

(74) 你不能【为了】自己的爱好而自私地强夺它本身的自由。（高级　韩国）

(75) 我们小孩儿【为了】得到这些零食才坚持参加。（高级　日本）

例（72）、（73）是"为了"加简单名词构成介词短语的用法，例（74）是"为了"加名词短语构成介词短语的用法，例（75）是"为了"加动词性成分构成介词短语的用法。

（三）因

"因"到了高级阶段用例比中级又增加了 10 例，但出现了 2 例错误用例。正确率降到了 0.938，不过这并不能说明学生的水平下降了。用例中大部分仍然是韩国学生的用例，形式跟中级差不多，如：

(76) 虽然许多韩国人【因】这件事情愤怒了，可是国家之间的而且有关领土的问题是我们政府也无可奈何。（高级　韩国）

(77) 那为什么【因】一部电影这样议论纷纷呢？（高级　韩国）

出现了 5 例其他国家的用例，全部都是"因……而"的结构，如：

(78) 老师这份职业，对学生而言，你的一言一行都会【因】你而终身改变。（高级　马来西亚）

(79) 后来我【因】工作而出差。（高级　也门）

(80) 我们小时候【因】思想不成熟而崇拜洋货，忌妒印娜享有的小玩意儿。（高级　意大利）

初、中、高三级学生"因"的用例绝大部分出自韩国学生，极少数是其他国家学生的。可见，韩国学生习得"因"要早于其他国家学生。而且无论是哪国学生"因"的习得顺序都是从介词框架到其他用法。所以"因"的习得情况可能与国别有一定的关系。不过,由于受研究语料的限制,这一现象还有待以后进一步研究。

(四)因为

"因为"在高级阶段出现28例,使用频率比教材的出现频率高,正确率是1。这说明高级阶段学生对"因为"的掌握非常好。学生的用例如:

(81)也许是【因为】这个原因,上课时她常常注意到我,看我在做什么?(高级 越南)

(82)【因为】思念而感动的在电话中流泪。(高级 斯里兰卡)

(五)由于

"由于"在高级阶段出现39例,使用频率也比教材的出现频率高不少。正确率也是百分之百。这说明高级阶段学生完全习得了"由于"。学生的用例情况跟中级阶段差不多,不过其后是复杂名词短语的用例明显增加,如:

(83)第一天【由于】火车的问题我们晚上六点才到了无锡。(高级 日本)

(84)他【由于】伤心而呜呜哭起来。(高级 韩国)

综上所述,所有的缘由介词在高级阶段都进入了习得稳定期。

四、三阶段习得情况纵向对比分析

上几节分学习阶段考察了外国学生对现代汉语缘由介词的使用情况。为了更清楚地看到外国学生在初、中、高三个学习阶段对不同缘由介词使用情况的变化,下面拟从纵向对比的角度考察一下三个阶段不同缘由介词的使用频率和正确率变化情况,请看表6.8:

表 6.8

		使用频率			正确率		
	汉语母语者	初级学生	中级学生	高级学生	初级学生	中级学生	高级学生
为$_2$	0.327	1.400	0.800	0.800	0.786	0.825	0.875
为了	1.580	2.360	7.120	5.020	0.839	0.910	0.896

续表

	使用频率				正确率		
	汉语母语者	初级学生	中级学生	高级学生	初级学生	中级学生	高级学生
因	0.007	0.040	0.140	0.320	0.500	1.000	0.938
因为	0.300	0.120	0.480	0.560	0.833	0.875	1.000
由于	0.400	0.260	0.640	0.780	0.692	0.688	1.000
总计	0.173	4.180	9.180	7.480	0.809	0.887	0.914

从表6.8可以很清楚地看出，在使用频率方面，除了"为了"的变化比较大以外，其他介词的变化都不太大。在正确率方面，除了"因和由于"的变化比较大以外，其他的缘由介词的正确率都是随着年级的增高而提高的，符合一般的习得规律。这些都说明缘由介词的难度并不算太大。

1. "为$_2$"是专表"目的"的，它的使用量在各学习阶段都占第二位。正确率在三个学习阶段也是稳步上升的。在初级阶段由于使用频率较高，所以出现的偏误也较多，正确率是0.786。这说明"为$_2$"对初级阶段的学生来说有一定的难度。不过到了中级阶段，"为$_2$"就已完全习得了。

2. "为了"兼表原因和目的，所以其使用量是所有缘由介词中最高的，使用频率在三个学习阶段变化也比较大。但它的正确率在三个学习阶段都比较高，初级阶段就达到了0.839，说明学生在初级阶段就习得了"为了"。

3. "因"是表原因的，由于是单音节词，在使用上有诸多限制，所以使用量一直都是最低的。正确率在初级阶段才0.5，证明学生在初级阶段根本不能正确地使用"因"。到中级阶段使用频率比初级提高不少，正确率也达到了百分之百，说明中级阶段学生习得了"因"。

4. "因为"也是专表原因的，不过它的连词用法多于介词用法，介词的用法比较少。三个学习阶段使用频率逐级增大，正确率也随之提高，是习得比较顺利的一个介词。"因为"在初级阶段的正确率就达到了0.833，也是在初级阶段就习得的介词。

5. "由于"也是专表原因的,它的连词用法不如介词用法多,所以介词"由于"的使用频率一直比"因为"高。但它的正确率并不理想,初、中级阶段均未超过 0.7,说明"由于"对于外国学生来说有一定的难度。它直到高级阶段正确率才有了很大的变化,说明它到高级阶段才被学生习得。

综上所述,中介语中缘由介词的难度等级和习得顺序很明显地表现为:

1. 难度最低,在初级阶段习得的缘由介词有:为了、因为。
2. 难度中等,在中级阶段习得的缘由介词有:为$_2$、因。
3. 难度较高,高级阶段才习得的缘由介词有:由于。

第四节 缘由介词偏误分析

上文是从使用频率、初现率以及正确率的角度分析不同缘由介词在三个学习阶段的习得情况,基本可以构拟出外国学生缘由介词的习得状况。本节将讨论外国学生习得缘由介词过程中的偏误情况。首先,汇总一下不同缘由介词在三个学习阶段的偏误用例情况,以对依据介词的偏误情况有一个总体的了解。把中介语语料库中检索到的 124 例偏误归入不同的缘由介词,列出它们在不同学习阶段的分布情况,详见表 6.9。

表 6.9

	初级偏误情况		中级偏误情况		高级偏误情况		总计
	用例	比例	用例	比例	用例	比例	
为$_2$	15	0.375	7	0.135	5	0.156	27
为了	19	0.475	32	0.615	26	0.813	77
因	1	0.025	0	0.000	1	0.031	2
因为	1	0.025	3	0.058	0	0.000	4
由于	4	0.100	10	0.192	0	0.000	14
合计	40	1.000	52	1.000	32	1.000	124

注:比例 = 用例数/某一阶段用例合计数

从表 6.9 偏误总量的变化趋势来看,也是初级偏误率低,中级高,高级又低下来。基本呈一种倒"U"形分布。这对于难习得的语法项目来说是常见的现象。对于这种现象的产生原因,前几章都有论述,此处不赘。

在考察的 5 个缘由介词中,"为了、为$_2$、由于"3 个介词的偏误数较多,其中以"为了"的偏误数最多,同时"为了"也是使用数量最多的缘由介词。"因为、因"的偏误数较少,其中"因"的偏误数最少,同时"因"也是使用最少的缘由介词。这一现象也验证了"学生用得越多,偏误的数量也就越多"(Schachter,1974)的假设。

一般来说,偏误有四种形式:遗漏、误代、误加和冗余。但在缘由介词的偏误用例中有些句子的表义混乱,无法归入任何类型。这样的例子在三个学习阶段一共出现 13 例,除去这无法归类的 13 例,把剩下的偏误用例按照四种典型的偏误形式进行归类,细化到各学习阶段,详见下表。

表 6.10

	错序		遗漏		误加		误代		总计
	频次	比率	频次	比率	频次	比率	频次	比率	
初级	8	0.235	5	0.147	3	0.088	18	0.529	34
中级	11	0.234	2	0.043	10	0.213	24	0.511	47
高级	5	0.167	3	0.100	3	0.100	19	0.633	30
合计	24	0.216	10	0.090	16	0.144	61	0.550	111

注:比率 = 偏误频次/某一学习阶段偏误频次合计。

从表 6.10 可以看出缘由介词的偏误有很强的规律性:① 学生的偏误以误代最多,说明缘由介词误代是外国学生最容易产生的偏误。② 其次是错序,这可能是汉语表缘由介词的特点所致。因为在汉语表缘由的成分有的可前可后,有的必须在前,而有的必须在后,学生对此往往掌握得不好。③ 其他两类偏误虽然不如误代和错序多,但在各学习阶段均有用例出现,在教学中也不能忽视。

下面按偏误类型具体分析一下各缘由介词在各阶段的偏误情况及其成因。

一、错序

1. 错序在初级阶段出现 8 例，所占比例是 0.235，都是介词"为$_2$、为了"相关的例子，其中"为$_2$"出现 5 例，占"为$_2$"初级阶段偏误总数（15 例）的 33.33%；"为了"出现 3 例，占"为了"初级阶段偏误总数（19 例）的 15.79%。都是介词短语的错序，如：

(85) *我【为】来中国学习汉语。（初级　孟加拉）

(86) *【为了】什么他工作，我不知道。（初级　日本）

例（85）应改为"我为学习汉语来中国"，例（86）应改为"他为了什么工作，……"。

2. 错序在中级阶段出现 11 例，数量较初级增加了 2 例，但所占比例是 0.234，跟初级阶段差不多。绝大部分仍然是"为$_2$、为了"的例子，另外出现"由于、因为"的例子各 1 例。其中"为$_2$"出现 2 例，占"为$_2$"中级阶段偏误总数（7 例）的 28.57%。"为了"出现 7 例，占"为了"中级阶段偏误总数（32 例）的 21.87%。1 例"由于"占"由于"中级阶段偏误总数（3 例）的 33.33%。1 例"因为"占"因为"中级阶段偏误总数（9 例）的 11.11%。有介词短语的错序，也有介词短语构成成分的错序，如：

(87) *我现在也努力【为】不改变初心。（中级　韩国）

(88) *所以我决定从泰国到中国【为了】学中文。（中级　泰国）

(89) *上个月【由于】期中考试准备，没有及时回复。（中级　日本）

(90) *每年七十五万名死了【因为】环境的污染。（中级　韩国）

以上各例应分别改为：

(87′) 我现在也【为】不改变初心而努力。

(88′) 所以我【为了】学中文决定从泰国到中国。

(89′) 上个月【由于】准备期中考试，没有及时回复。

(90′) 每年七十五万名【因为】环境的污染死了。

3. 错序在高级阶段出现 5 例，所占比例也下降到了 0.167。全部是"为$_2$、为了、因"的用例，其中"为$_2$"出现 1 例，占"为$_2$"

高级阶段偏误总数（5例）的20%。"为了"出现3例，占"为了"高级阶段偏误总数（26例）的11.54%。"因"出现1例，占"因"高级阶段偏误总数（2例）的50%。错序的类型跟中级阶段差不多，也都是介词短语的错序，如：

(91) *【为】那比尔的病治好又打算向别人求钱，可这时他们想了一个办法。（高级　巴基斯坦）

(92) *那天我停课了，我提心吊胆地回去，每天祈祷【为了】老师的身体健康。（高级　斯里兰卡）

(93) *母亲一叹息说，他是一位天才，【因】病而刚20多岁的时候去世了。（高级　蒙古）

以上三例应分别改为：

(91′)【为】治好那比尔的病又打算向别人求钱，可这时他们想了一个办法。

(92′) 那天我停课了，我提心吊胆地回去，每天【为了】老师的身体健康祈祷。

(93′) 母亲一叹息说，他是一位天才，刚20多岁的时候【因】病去世了。

纵观缘由介词各阶段的错序偏误，除个别的用例，如例（89）、（91）等，是介词短语内部的错序，其他都是介词短语与其他句子成分之间的错序。这是由于汉语缘由介词短语的特点导致的，因为在汉语中表缘由的介词短语有的可前可后，有的必须在前，而有的必须在后，学生对此往往掌握得不好。

二、遗漏

遗漏偏误在缘由介词的各类偏误中数量是最少的，可以说遗漏不是汉语缘由介词的典型偏误。

1. 遗漏偏误在初级阶段共出现5例，所占比例是0.147。遗漏偏误分别是与"为、为了、因为"相关的例子，其中"为$_2$"出现1例，占初级阶段"为$_2$"偏误总数（15例）的6.66%。"为了"出现3例，占初级阶段"为了"偏误总数（19例）的15.79%。"因为"出现1例，占初级阶段"因为"偏误总数（2例）的50%。如：

(94) *【为了】∧中国留学,我亲身打工了,所以意义更深刻。(初级 韩国)
(95) *我告诉他了我碰到的事,他说你必须坚持下去不∧【因为】他的话失去你的梦想。(初级 坦桑尼亚)

例(94)在"中国"前遗漏了动词"来",例(95)在"不"后遗漏了能愿动词"要"。

2. 遗漏在中级阶段只出现2例,它们是:
(96) *他【为了】∧好的大学现在努力努力学习。(中级 美国)
(97) *胜浦市这地方【由于】海水浴∧很有名。(中级 日本)

例(96)在"为了"之后遗漏了"上"或"进"等动词与"大学"搭配,例(97)在"海水浴"之后遗漏了"而"。

3. 遗漏在高级阶段也只出现3例,所占比例是0.1,也都是"为$_2$"和"为了"的用例,如:
(98) *他【为】∧一般老百姓了解古代白话小说,整理了文章的口头点、句、章。(高级 韩国)
(99) *然后【为了】明天∧,睡得早。(高级 韩国)

例(98)遗漏了动词"让",例(99)遗漏了动词结构"早起"。

可以看出,缘由介词的遗漏偏误绝大多数与动词有关,教学中要注意讲解缘由介词使用中的动词使用问题。

三、误加

1. 误加偏误在缘由介词中也不是典型偏误,一共只出现了16例。它在初级阶段只出现3例,1例是"为$_2$"的用例,2例是"为了"的用例,如:
(100) *去洗手间,去别的地方【为】找了他可是找不到,我一下子发现在水低面有我的朋友。(初级 韩国)
(101) *【为了】对那个每天做努力学习,为什么我是每天玩?(初级 韩国)

例(100)属于介词"为$_2$"的误加,本句不需要用表目的"为$_2$"。例(101)误加了介词"对"。

2. 误加偏误在中级阶段共出现 10 例，比初级阶段增加很多，所占比例也提高到了 0.213。全部是"为了"和"由于"的用例，"为了"的误加偏误共出现 5 例，占"为了"中级阶段偏误总数（32 例）的 15.62%。"由于"的误加偏误共出现 5 例，占"由于"中级阶段偏误总数（9 例）的 55.56%。如：

（102）＊【为了】我了解整个中国，我首先能说汉语。（中级 韩国）

（103）＊我的妈妈【由于】生了我们之后变得有点儿胖。（中级 韩国）

例（102）在"为了"之后误加了主语"我"。因为若"为了"之后加主语"我"，后一小句的主语就不能是"我"，而是其他人。例（103）误加了"由于"，因为"由于"是引导原因的，不是引导时间的，而此句需要的是一个表时间的成分。

3. 误加偏误在高级阶段共出现 3 例，比中级阶段减少很多，全部是"为了"的用例，占高级阶段"为了"偏误用例总数（26 例）的 11.54%。其用例如：

（104）＊对他们来说，最好的地方【为了】休息，就是海滩。（高级　古巴）

（105）＊开始写这篇作文以前我没花了很长时间【为了】决定关于谁写最好。（高级　俄罗斯）

这两例都是"为了"的误用，两个句子都不需要"为了"表示目的。

四、误代

从数量来看，误代是最多的，占了缘由介词偏误总数的 58.41%。这说明误代偏误是学生最容易犯的偏误。

1. 误代偏误在初级阶段出现 18 例，所占比例是 0.529，是初级阶段产生最多的偏误形式。除了"因"以外，其他缘由介词均出现了误代偏误。其中"为$_2$"出现 4 例，占"为$_2$"初级阶段偏误总数（15 例）的 26.67%。全部是句中动词的误代，如：

（106）＊【为】谈非常好汉语，我应该练习谈汉语。（初级 坦桑尼亚）

(107) *我回国以后【为】继续连结她,我们做了上网上我们的电子邮件地址。(初级 韩国)

例(106)中的"谈"应改为"说",例(107)中的"连结"应改为"联系"。

"为了"出现8例,占"为了"初级阶段偏误总数(19例)的42.11%。这说明误代偏误是初级阶段"为了"的典型偏误。多是介词的误代,如:

(108) *我【为了】中国感兴趣,我在这儿我认[识]很多外国人,我们都会互相帮助。(初级 老挝)

(109) *我爸爸【为了】身体不太好不能跟我妈妈公做,……(初级 韩国)

例(108)中的"为了"应改为"对",例(109)中的"为了"应改为"因为"。

"由于"出现了4例,是"由于"初级阶段唯一的偏误形式。全部都是介词的误代,如:

(110) *【由于】这个场合,安全的方便是应该注意的。(初级 喀麦隆)

(111) *【由于】他们很忙,还是来帮助我学习。(初级 斯里兰卡)

例(110)是"由于"误代了介词"在",例(111)是"由于"误代了连词"虽然"。

"因为"只出现1例,误代规律不明显。

2. 误代在中级阶段出现24例,比初级阶段多了,呈增长趋势。其中"为$_2$"出现4例,占中级阶段"为$_2$"偏误总数(7例)的57.14%,说明在中级阶段"为$_2$"的典型偏误是误代。学生的偏误都是介词或介词框架的误代,如:

(112) *香山这个地方【为】自己的红叶而有名的。(中级 乌克兰)

(113) *还记一年以前你还在南京的时候,我那时是大三,轻松得很,不象现在这样【为】论文所担忧。(中级 越南)

例(112)是用"为$_2$"误代了"因",例(113)是用"为……

所"结构误代了"为……而"结构。

"为了"出现18例,占中级阶段"为了"偏误总数(32例)的56.25%,也是初级阶段"为了"的典型偏误。中级阶段"为了"的误代基本上可分为两种情况:一种是用"为了"误代"为$_2$",共出现8例,如:

(114) *而且他【为了】我准备了祝福的几句话。(中级 韩国)

(115) *在最后的部分是母亲【为了】孩子做了晚饭。(中级 越南)

我们不把这种情况分析为"了"的误加,是因为"为了"和"为$_2$"是两个不同的缘由介词,"为了"不是"为$_2$"加助词"了"构成的。如果在教学过程中把"为了"作为"为$_2$"加"了"的简单构成,很可能造成学生的误解,认为加"了"不加"了"差别不大,从而产生偏误。

另一种情况是用"为了"误代"因为",共出现10例,如:

(116) *【为了】钦佩咱们很多次看他。(中级 印度尼西亚)

(117) *我可以得到到中国留学的机会也是【为了】妈妈的帮助。(中级 越南)

这些偏误是学生把"为了"当成表原因的介词使用所致。这说明学生对"为了"的语义掌握得不好,教学中应加以注意。

3. 误代在高级阶段共出现19例,所占比例是0.633,比初、中级阶段都有所提高,说明误代的确是很难纠正的偏误。不过从用例看,几乎都是"为了"相关的偏误,还跟中级阶段一样,一种是"为了"误代"为$_2$",共出现7例,如:

(118) *【为了】别的软弱人着想,分给他们自己的东西。(高级 韩国)

(119) *老师们都放弃了我,但是我妈一直【为了】我祷告了。(高级 韩国)

一种是"为了"误代"因为",共出现5例,如:

(120) *他只想耙丽其打扰他睡觉,"【为了】不礼貌的表现,我要吃你"没有内疚的老虎喊起来。(高级 老挝)

(121) *难道它们【为了】太想家,想亲qi朋友而死,还是为

了我照顾不太周到?(高级 韩国)

剩下的例子都是其他形式的误代,不是典型的偏误,此处不赘。

从以上的偏误分析可以看出,各缘由介词的典型偏误基本都是误代偏误,而且都是以介词的误代为主,说明学生对缘由介词的表义和用法掌握得不好。在教学中应该注意这方面的教授,让学生理清各介词之间的联系与区别。

第五节 分级排序与教学建议

在分析了中介语中缘由介词的使用频率和正确率之后,基本可以构拟出外国学生缘由介词的难度等级和习得顺序:

(1) 难度最低,在初级阶段习得的缘由介词有:为了、因为。
(2) 难度中等,在中级阶段习得的缘由介词有:为$_2$、因。
(3) 难度较高,高级阶段才习得的缘由介词有:由于。

"为着"在中介语中没有出现用例,可以认定为难度最高的缘由介词。

下面看一下对外汉语教学大纲和教材对缘由介词的编排情况:

《高等学校外国留学生汉语教学大纲(长期进修)》(2002)列入一年级的缘由介词有:为、由于,二、三年级没有设置缘由介词。《高等学校外国留学生汉语言专业教学大纲》(2001)列入一年级的缘由介词有:为、为了、由于,二、三年级也没有设置缘由介词。

杨寄洲主编的一年级教材《汉语教程》(1999)在生词表中出现的缘由介词有:为、由于。陈灼主编的二年级教材《桥梁——实用中级汉语教程》(1996)在生词表中没有出现缘由介词。姜梧德主编的三年级教材《高级汉语教程》(1990)在生词表中出现的缘由介词有:因。

可见,教材和大纲中设置的缘由介词数量都很少,且无论是大纲还是教材对缘由介词的编排都没有完全参照外国学生的习得顺序。因此,大纲和教材需要进行适当调整。

所以,结合上文考察所得的习得顺序以及偏误分析的结果,本章对缘由介词作出如下教学建议,供大纲的制定、教材的编写和课堂教学参考:

(1) 在初级阶段，先后教授缘由介词"为了、因为"。要注意它们构成的介词短语的句法位置教学。

(2) 在中级阶段，再教授缘由介词"为$_2$、因"。并讲解它们与"为了、因为"的区别。同时加强介词短语的句法位置教学。

(3) 在高级阶段，再教授缘由介词"由于"。

(4) "为着、以、由"三个缘由介词没有必要在课堂教学中教授，以减轻学生的负担。

在缘由介词的教授过程中要注意学生的误代偏误，讲解清楚各缘由介词之间的用法区别。

结 论

本书以三个平面语法理论和第二语言习得理论为依托,通过较大规模的语料考察,研究了中介语中现代汉语介词的使用情况。本书除前言和研究背景综述以外,分五章讨论了外国学生时间介词、空间介词、对象介词、依据介词、缘由介词的习得情况。下面对各章要点进行简要概述。

一、综合学者们的研究及语料的考察,我们认为时间介词主要有"当、在$_1$、于$_1$、临、趁、从$_1$、自$_1$、自从、打$_1$、离$_1$"等10个。这10个介词虽同属时间介词一类,表义类似,但并不完全相同。"当、在$_1$、于$_1$"表示动作发生的时间,可以是时间点,也可以是时间段。其中"当"和"在$_1$"、"在$_1$"和"于$_1$"有一定的互换关系,而"当"和"于$_1$"没有互换关系。"从$_1$、自$_1$、自从、打$_1$"表示动作发生的时间起点。其中"从$_1$"多用于书面语,使用较多,是表时间起点的介词的典型代表。"自$_1$、自从、打$_1$"都是比较口语化的用法,只有"自$_1$"可用于动词之后。所以,"从$_1$"与"自$_1$、自从、打$_1$"的互换并不自由。另外三个时间介词"临、趁、离$_1$"的表义各有特色,不存在互换关系。

(一)通过三种语料中时间介词的使用频率考察发现,对外汉语教材中时间介词的输入频率与外国学生的使用频率差别较大,而外国学生的使用频率跟汉语母语者的使用频率比较接近。这说明对外汉语教材的输入不太符合外国学生时间介词的习得规律,而外国学生对时间介词的使用是向目的语靠近的。总体而言,时间介词不是学生学习的难点。

在详细分析初、中、高三个学习阶段时间介词使用情况的基础上,通过初现率、正确率和使用频率的综合考察,我们发现中介语中时间介词的难度等级和习得顺序为:

(1)难度较低,在初级阶段习得的时间介词有:当、在$_1$、临、趁、离$_1$。

（2）难度中等，在中级阶段习得的时间介词有：从$_1$、于$_1$。

（3）难度较高，未习得的时间介词有：自$_1$、打$_1$、自从。

（二）在习得过程中，时间介词的偏误表现出以下规律：① 遗漏是时间介词出现数量最多的一种偏误，占了时间介词所有偏误的一半以上。虽然此类偏误的数量随学习阶段提高而减少，但它在每个学习阶段都是数量最多的一种偏误。遗漏偏误主要出现在"从$_1$"、"当"、"在$_1$"等有介词框架用法的介词上。所以，介词框架的构成规则教学显得十分重要。② 误代偏误的数量居第二位，它在三个学习阶段的数量呈"U"型分布，且所占比例逐级升高。这说明误代是很难纠正的偏误。尤其是到了中、高级阶段，"从$_1$"和"在$_1$"的误代、表空间的"在$_2$"与表时间的"在$_1$"的介词框架之间的误代十分严重，应该引起高度的重视。③ 误加偏误的数量虽然是逐级减少的，但它在各级所占的比例是逐级升高的，说明学生对这种偏误纠正的速度不理想。而且它覆盖的介词数量是几类偏误中最多的，学生极易在不该用时间介词的地方用时间介词，应该引起教学的注意。④ 错序的数量不多，且多集中在初级阶段和"从$_1$"、"在$_1$"两个介词上，不是典型的偏误形式。这些偏误规律对于时间介词的日常教学是很有借鉴价值的。

（三）外国学生三个学习阶段时间介词的使用情况考察所得出的难度等级和习得顺序基本可作为教学顺序安排的参考。不过像"从$_1$"这样的介词和"自$_1$"置于动词之后的用法，在日常交际中需求量很大。虽然它们的习得顺序靠后，但遵循"急用先学"的原则，应把它们的教学顺序提前。再结合习得过程中的偏误分析的结果，我们对时间介词作出如下教学建议，供大纲的制定、教材的编写和课堂教学参考：

（1）初级阶段可以教授"当、在$_1$、从$_1$、临、离$_1$、趁"等6个时间介词及"自$_1$"置于动词之后的用法。要注意各介词的构句规则教学，避免遗漏偏误。尤其要注意"从$_1$"的遗漏偏误。

（2）中级阶段再教授"于$_1$"。除了还要注意介词使用中的遗漏以外，还需要讲解清楚各近义时间介词之间的区别，避免误代偏误的发生。

(3) 时间介词"自$_1$（除去置于动词之后的用法）、自从、打$_1$"使用量极低，且有其他介词可替代。所以，可作为扩展内容教学，或让学生在交际中自然习得。

二、综合学者们的研究及语料的考察，我们认为空间介词主要有"在$_2$、于$_2$、从$_2$、自$_2$、打$_2$、由$_1$、朝$_1$、向$_1$、往、对着、冲$_1$、沿、顺、离$_2$"等 14 个。这些空间介词在语义功能上也有细微的差别，"在$_2$、于$_2$"是表示动作发生地点的，但两者可互换的情况很少，因为"在$_2$"的使用比较正式，而"于$_2$"受古汉语影响较大；"从$_2$、自$_2$、打$_2$、由$_1$"是表示动作经由地点的，其中"从$_2$"是典型代表，多用于书面语，"自$_2$、打$_2$、由$_1$"多用于口语，所以互换也不是很自由；"朝$_1$、向$_1$、往、对着、冲$_1$"是表示动作的朝向的。它们之间的互换也是比较局限的，因为它们后面所加的成分类别不同。其中"向$_1$、往"的使用较多，其他的用量都比较少；"沿、顺"是表示动作经由路线的，两者的用法大致相同，只是"顺"可与抽象名词构成介词短语，而"沿"不可以；"离$_2$"是表示距离的，它在表义上与"从……到……"相同。这些空间介词都以家族像似性的方式联系在一起，替换关系互有交叉，不能简单随意互换。

（一）通过三种语料中空间介词的使用频率考察发现，外国学生的使用频率远低于汉语母语者和对外汉语教材，说明外国学生空间介词的使用不足，学生有回避使用的倾向。但各语义类中的典型介词"在$_2$、从$_2$、向$_1$、往"在三种语料中的使用频率都排在前列，说明各语义类的典型空间介词的相关性比较大。

在详细分析初、中、高三个学习阶段空间介词使用情况的基础上，通过初现率、正确率和使用频率的综合考察，我们发现中介语中空间介词的难度等级和习得顺序为：

（1）难度最低，在初级阶段习得的空间介词有：在$_2$、自$_2$、往、离$_2$。

（2）难度中等，在中级阶段习得的空间介词有：从$_2$、朝$_1$、向$_1$、对着、沿、顺。

（3）难度很高，学生未习得的空间介词有：打$_2$（去除"位于、生于"等格式化用法）、于$_2$、由$_1$、冲$_1$。

（二）在习得过程中，空间介词所表现出来的偏误规律也很明显：①遗漏也是空间介词最典型的偏误，占了空间介词偏误总数的一半以上，而且在三个学习阶段中所占的比例是逐级升高的。出现此类偏误的介词主要集中在"在$_2$"和"从$_2$"以及其他有介词框架用法的空间介词上，所以在教学中要特别注意介词框架的构成规则教学。②错序偏误从总量上看占第二位。不过错序只在初级阶段所占比例比较高，中、高级阶段下降很快。初级阶段的错序也多出现在"在$_2$"和"从$_2$"两个介词的用例中。③误加和误代数量都不多，所占比例也比较低，不是空间介词的典型偏误形式。但它们所覆盖的介词范围都比较大，所以在教学中也不能忽视。

（三）外国学生三个学习阶段空间介词的使用情况考察所得出的难度等级和习得顺序基本可作为教学顺序安排的参考。不过"从$_2$"虽然在中级阶段才习得，但它在日常交际中需求量较大，在实际教学中应该放在初级阶段教授。另外，像"位于、生于"这样格式化的用法，交际中有需求且难度不高，也应该考虑提前教学。因此，遵循"急用先学"的原则，结合习得过程中的偏误分析的结果，我们对空间介词作出如下教学建议，供大纲的制定、教材的编写和课堂教学参考：

（1）初级阶段可以教授"在$_2$、自、从$_2$、往、离$_2$"等5个空间介词及"位于、生于"等格式化的"于$_2$"用法。要注意"在$_2$"、"从$_2$"的错序和遗漏偏误，为中、高级阶段的学习打下基础。

（2）中级阶段可以教授"向$_1$、于$_2$（除去'位于、生于'格式化用法以外的其他用法）、朝$_1$、对着、沿、顺"等6个空间介词。要注意"在$_2$"、"从$_2$"的遗漏偏误。

（3）空间介词"打$_2$、由$_1$、冲$_1$"的句法、语义功能没有独特之处，学生的使用量也极低，可作为扩展内容教学，或让学生在交际中自然习得。

三、综合学者们的研究及语料的考察，我们认为对象介词主要有"对、向、冲$_2$、朝$_2$、于、对于、关于、至于、给、为$_1$、替、跟、和、同、与、随、比、由$_2$"等18个。有些对象介词还有多个用法，加起来一共40个，它们是"对$_{(1-3)}$、向$_2$、向$_3$、冲$_2$、朝$_2$、于$_3$、于$_4$、对于、关于、至于、给$_{(1-3)}$、为$_1$、替、跟$_{(1-6)}$、和$_{(1-5)}$、同$_{(1-4)}$、与$_{(1-5)}$、随、比、由$_2$"。它们之间的替换关系是最复杂的，往往是介词用法之间有互换关系，介词之间没有对等的互换关系。所以，在教学中应以介词用法为单位进行教学，这样才能有效避免外国学生对象介词之间的误代偏误。

（一）从三种语料使用频率对比上看，汉语母语者、外国学生及对外汉语教材对象介词的出现频率是差不多的，给人一种外国学生对象介词使用情况良好的假象。仔细分析一下具体对象介词用法的使用情况就会发现，不同对象介词用法之间差别很大。在中介语中有四分之三强的对象介词用法是使用不足的，但它们的数量都比较少。只有四分之一的对象介词用法"对$_2$、对$_3$、关于、跟$_1$、跟$_2$、跟$_3$、跟$_4$、比"的使用是超量的，但它们所占的数量都非常多，这是外国学生总体使用频率与汉语母语者差不多的主要原因。在所有的对象介词中只有一个介词"向$_3$"的使用情况在三种语料中差不多，这说明外国学生对对象介词的使用存在较大问题。

在详细分析初、中、高三个学习阶段对象介词使用情况的基础上，通过初现率、正确率和使用频率的综合考察，我们发现中介语中 40 个对象介词用法的难度等级和习得顺序为：

（1）难度较低，在初级阶段就已习得的有：向$_3$、给$_1$、给$_2$、替、跟$_1$、跟$_4$、跟$_6$、和$_4$、与$_2$、与$_4$。

（2）难度中等，在中级阶段习得的有：对$_2$、对$_3$、于$_3$、于$_4$、冲$_2$、至于、为$_1$、跟$_2$、跟$_3$、跟$_5$、和$_1$、和$_2$、与$_1$、与$_3$、随、比、由$_2$。

（3）难度较高，甚至高级阶段都未习得的有：对$_1$、朝$_2$、向$_2$、对于、关于、给$_3$、和$_3$、和$_5$、同$_{(1-4)}$、与$_5$。

（二）在习得过程中，对象介词的偏误呈现很强的规律性：① 误代偏误的数量和比例是最高的，覆盖的介词范围也非常广，在初级阶段"对$_1$、对于、跟$_5$、比"的误代偏误比较典型，在中级阶段"对$_1$、对$_3$、向$_2$、给$_3$、跟$_5$、比"的误代偏误比较典型，在高级阶段"对$_1$、对于、给$_3$、跟$_4$、跟$_5$、比"的误代偏误比较典型。可见，越往高年级出现误代的介词会越多。学生产生误代偏误的主要原因是对近义介词之间的用法区别理解不透彻。② 遗漏偏误的数量和比例都占第二位，覆盖的介词范围也比较广，在初级阶段"对$_2$、对$_3$、向$_2$、关于、跟$_1$、跟$_2$、跟$_3$、和$_3$"的遗漏偏误比较典型，在中级阶段"对$_2$、对$_3$、跟$_1$、跟$_2$、跟$_3$、跟$_4$"的遗漏偏误比较典型,在高级阶段"对$_2$、对$_3$、向$_2$、给$_1$、为$_1$、跟$_2$、跟$_3$"的遗漏偏误比较典型。学生纠正的情况一直不理想。③ 误加作为与遗漏相反的一种偏误形式,本应该跟遗漏在数量上差别比较大。但在对象介词中误加偏误的数量跟遗漏偏误差不多。这说明外国学生对对象介词的使用规则掌握得很不好。在初级阶段"对$_1$、对$_2$、对于、关于、为$_1$"的误加偏误比较典型,在中级阶段"对$_1$、对$_2$、向$_2$、对于、关于、跟$_5$"的误加偏误比较典型,在高级阶段"对$_1$、对$_2$、向$_2$、关于"的误加偏误比较典型。"对$_1$、对$_2$、向$_2$、关于"误加偏误的纠正很不理想。④ 错序在各学习阶段出现的数量都比较少,而且递减的幅度也比较大。初级阶段出现比较多,中、高级阶段改善不少,不是很难纠正的偏误。

（三）中介语中对象介词的难度等级和习得顺序基本可作为教学顺序的参考。但考虑到一些介词,比如"对$_1$、对$_2$、对$_3$、向$_2$"等虽然习得较晚,有的甚至没有习得,但是它们在日常交际中的需求较大,因此遵循"急用先学"的原则,它们应该适当提前教授。结合习得过程中的偏误分析的结果,我们对对象介词的教学顺序提出以下建议,供大纲制定、教材编写与课堂教学参考：

（1）初级阶段可以教授：向$_3$、给$_1$、给$_2$、替、跟$_1$、跟$_4$、跟$_6$、和$_4$、与$_2$、与$_4$、对$_1$、向$_2$、对于、关于。各对象介词的句法规则是教学的重点,以避免学生错序等偏误的产生。

（2）中级阶段可以教授：对$_2$、对$_3$、于$_3$、于$_4$、冲$_2$、至于、为$_1$、跟$_2$、跟$_3$、跟$_5$、和$_1$、和$_2$、与$_1$、与$_3$、随、比、由$_2$、给$_3$。各近义用法的区别教学是本阶段的重点,以避免学生误代等偏误的产生。

（3）"朝$_2$、和$_3$、和$_5$、同$_{(1-4)}$、与$_5$"在用法上没有独特之处,使用量也比较少,可作为扩展知识教授,或让学生在交际中自然习得。

四、综合学者们的研究及语料的考察,我们认为依据介词主要有"按、照、按照、依、据、依据、依照、根据、以、凭、论、在$_3$、随着"等13个。但是中介语中"依据"、"依照"的出现频率非常低。说明这两个依据介词在日常交际中的需求量非常低,而且它们与"根据"没有语义和句法上的区别，完全可以用"根据"来替代。所以，习得考察时只考察了"按、照、按照、依、据、根据、以、凭、论、在$_3$、随着"等11个。"按、照、按照"以及"依、据、根据"的使用受到介词单双音节的影响较大，虽然表义类似，但互换也并不自由。

（一）从三种语料中依据介词的使用频率考察可以看出，外国学生依据介词的使用大部分是不足的，使用超量只是个别现象。而且教材中的大量输入没有对学生使用产生太大的促进作用，原因就是其编排与学生的习得规律不一致。

在详细分析初、中、高三个学习阶段依据介词使用情况的基础上，通过初现率、正确率和使用频率的综合考察，我们发现中介语中11个依据介词的难度等级和习得顺序大致为：

（1）难度最低，在初级阶段习得的依据介词有：按、按照、在$_3$、随着。

（2）难度中等，在中级阶段习得的依据介词有：照、根据、以。

（3）难度较高，在高级阶段才习得的依据介词有：据。

（4）难度很高，未习得的依据介词有：依、凭、论。

（二）通过偏误分析可以了解到，学生依据介词的偏误用例并不太多，但是由于依据介词本身的使用量就少，所以很少的偏误用例就会导致学生的正确率不高，这是导致从正确率角度分析依据介词难度较大的一个主要原因。加之外国学生的使用量的确比汉语母语者和教材的出现频率低，这更能说明外国学生对依据掌握得不好。依据介词的偏误规律为：① 出现最多的是误代偏误。覆盖的介词也比较多，而且中高级阶段的误代比初级阶段还多，说明外国学生对各依据介词之间，甚至依据介词与其他介词之间的区别不是十分清楚，这提示我们在教学中要注意各介词之间的区别教学。② 误加的数量占第二位，不过一半以上出现在初级阶段，"以、据、随着"的误加偏误比较典型。③ 遗漏的数量占第三位，中级阶段出现的遗漏最多，主要是"随着"遗漏偏误的猛增所致。④ 错序只在初级阶段出现，中、高级阶段就消失了。

（三）中介语中依据介词的难度等级和习得顺序基本可作为教学顺序的参考。可是像"凭、论"这样的介词，用法比较独特，没有其他的介词可以替代,而且在交际中也有需求。所以,虽然难度较高也应该教授。结合习得过程中的偏误分析的结果,我们对依据介词的教学编排提出以下建议,供大纲制定、教材编写与课堂教学参考:

(1) 在初级阶段,先教授"按、按照、随着、在$_3$"等4个依据介词。各介词句法构成教学很重要,尤其是"随着"用法的教学。

(2) 在中级阶段,可以教授"照、以、根据"等3个依据介词。注意讲解各介词之间的用法区别,避免误代偏误的产生。

(3) 在高级阶段,再教授依据介词"据、凭、论"。

(4) 至于"依、依据、依照"等介词,因其在日常交际中用量很少,而且有其他介词可以替代,完全可作为扩展内容教授,或让学生在交际中自然习得。

五、综合学者们的研究及语料的考察,我们认为缘由介词主要有"为$_2$、为了、为着、因、因为、由于、以、由"等8个,但"以、由、为着"在中介语中几乎没有出现用例。所以,习得考察时只考察了"为$_2$、为了、因、因为、由于"等5个缘由介词。其中"为$_2$"既可表原因,又可表目的。"为了"单表目的。"因、因为、由于"都表原因,但它们用法各异,不可无条件互换。

(一) 通过三种语料中缘由介词的使用频率考察发现,外国学生的使用频率几乎是教材和汉语母语者使用频率之和,这说明外国学生缘由介词的使用是超量的。外国学生缘由介词之所以使用得比汉语母语者和教材都多,主要原因是外国学生为了表达的准确,在所有表达因果关系的句式中都使用缘由介词。而汉语母语者往往根据语境省略缘由介词。在缘由介词中,"为了"在三种语料中的使用频率都最高,证明无论是汉语母语者还是外国学生都在实际运用中倾向于用表目的的介词"为了"。对于表原因的"因、因为、由于",外国学生倾向于使用"由于",而汉语母语者倾向于使用"因为"。

在详细分析初、中、高三个学习阶段缘由介词使用情况的基础上,通过初现率、正确率和使用频率的综合考察,我们发现中介语中5个缘由介词的难度等级和习得顺序大致为:

(1) 难度最低,在初级阶段习得的缘由介词有:为了、因为。

(2) 难度中等,在中级阶段习得的缘由介词有:为$_2$、因。

(3) 难度较高，高级阶段才习得的缘由介词有：由于。

（二）在习得过程中，缘由介词所表现出来的偏误规律为：① 各缘由介词的典型偏误都是误代，而且都是以介词的误代为主，说明学生对缘由介词的表义和用法掌握得不好。在教学中应该注意这方面的教授，让学生理清各缘由介词之间的联系与区别。② 错序的数量占第二位，基本都是介词短语的错序，几乎所有缘由介词都出现了此类偏误。所以缘由介词短语的顺序教学也很重要。③ 误加偏误主要出现在"为了、由于"的用例中，其他缘由介词较少出现误加偏误。④ 遗漏一半是出现在初级阶段，主要出现在"为$_2$、为了、因为"的用例中。

（三）中介语中缘由介词的难度等级和习得顺序基本可作为教学顺序的参考。结合习得过程中的偏误分析的结果，我们对缘由介词的教学编排提出以下建议，供大纲制定、教材编写与课堂教学参考：

(1) 在初级阶段，先后教授缘由介词"为了、因为"。要注意它们构成的介词短语的句法位置教学。

(2) 在中级阶段，再教授缘由介词"为$_2$、因"。并讲解它们与"为了、因为"的区别。同时加强介词短语的句法位置教学。

(3) 在高级阶段，再教授缘由介词"由于"。

(4) "为着、以、由"三个缘由介词没有必要在课堂教学中教授，以减轻学生的负担。

六、教学和考试大纲对现代汉语介词的设置与教材中介词的设置不一致。对比教材中介词的出现情况和中介语中介词的出现情况，发现教材中的介词输入频率没有对外国学生介词的习得起到很好的促进作用。这说明教材和大纲对现代汉语介词的设置存在一些问题，而汉语中介语语料库所反映出来的外国学生的介词习得状况，对促进教学安排、大纲设置以及教材编写都是很有帮助的。

综合以上各章的讨论，我们认为在对外汉语教学中可以列入典型介词（用法）进行教授的有"当、在$_1$、在$_2$、在$_3$、从$_1$、从$_2$、离$_1$、离$_2$、于$_1$、于$_2$、于$_3$、于$_4$、自$_1$（置于动词之后的用法）、自$_2$、向$_1$、向$_2$、向$_3$、给$_1$、给$_2$、给$_3$、跟$_1$、跟$_2$、跟$_3$、跟$_4$、跟$_5$、跟$_6$、和$_1$、和$_2$、和$_4$、与$_1$、与$_2$、与$_3$、对$_1$、对$_2$、对$_3$、为$_1$、为$_2$、临、趁、往、随、对着、沿、顺、比、替、至于、对于、关于、按、按照、随着、以、照、据、根据、凭、论、为了、因为、由于、因、朝$_1$、冲$_2$、由$_2$"等66个。而"自$_1$（置于动词前的用法）、自从、打$_1$、打$_2$、由$_1$、冲$_1$、朝$_2$、和$_3$、和$_5$、同$_{(1-4)}$、与$_5$、依、依据、依照"等17个，在日常交际中用量很少，而且多有其他介词可以替代，完全可作为扩展内容教授，或让学生在交际中自然习得。

它们的教学安排顺序建议请见表7.1：

表 7.1

学习等级		编排内容
初级	时间介词	当、在$_1$、从$_1$、临、离$_1$、趁及"自$_1$"置于动词之后的用法
	空间介词	在$_2$、自$_2$、从$_2$、往、离$_2$、于$_2$（"位于、生于"等格式化用法）
	对象介词	向$_3$、给$_1$、给$_2$、替、跟$_1$、跟$_4$、跟$_6$、和$_4$、与$_2$、与$_4$、对$_1$、向$_2$、对于、关于
	依据介词	按、按照、随着、在$_3$
	缘由介词	为了、因为
中级	时间介词	于$_1$
	空间介词	向$_1$、于$_2$（格式化用法以外的用法）、朝$_1$、对着、沿、顺
	对象介词	对$_2$、对$_3$、于$_3$、于$_4$、冲$_2$、至于、为$_1$、跟$_2$、跟$_3$、跟$_5$、和$_1$、和$_2$、与$_1$、与$_3$、随、比、由$_2$、给$_3$
	依据介词	照、以、根据
	缘由介词	为$_2$、因
高级	依据介词	据、凭、论
	缘由介词	由于
拓展	时间介词	自$_1$（置于动词之前的用法）、自从、打$_1$
	空间介词	打$_2$、由$_1$、冲$_1$
	对象介词	朝$_2$、和$_3$、和$_5$、同$_{(1-4)}$、与$_5$
	依据介词	依、依据、依照
	缘由介词	为着、以、由

附 录

一、对外汉语大纲现代汉语介词的收录情况表：

HSK 大纲		长期进修		专业大纲	
甲级	把、被、比、朝、从、当、对、给、跟、和、叫、通过、往、向、在	一年级上	把、被、比、从（从……到）、当、对、给、跟、和、经过、离、让、往、为、向、在	一年级上	把、被、比、朝、除了……以外、从$_1$、从$_2$、当、对、给、跟、和、叫、经过、离、让、通过、往$_1$、往$_2$、为（wèi）、为……所、为了、为、向、在
		一年级下	朝、叫、趁、就$_1$、距离、随、替、沿、以、由、由于、与、照、自、自从	一年级下	按、按照、趁、对于、关于$_1$、关于$_2$、将、就$_1$、就$_2$、距离、顺、随、替、同、沿、以、由$_1$、由$_2$、由$_3$、由于、与、照、自、自从
乙级	按、按照、趁、对于、关于、将、较、就、距离、顺、随、同、沿、以、由、由于、于、与、自、自从	二年级	按、将、顺、于、打、依照、据、凭、代、依据、随着、应	二年级	于、冲$_1$、打、管、据、凭、走
丙级	除、打、距、任、依照	三年级	本着、赶、就、依	三年级	本着、冲$_2$、赶、鉴于、就$_3$、随着

注：表中的大纲分别是国家对外汉语教学领导小组办公室编的《高等学校外国留学生汉语言专业教学大纲》（2001）、《高等学校外国留学生汉语教学大纲（长期进修）》（2002）和《HSK 中国汉语水平考试大纲》（2001）。

二、对外汉语教材生词表介词收录情况表：

《汉语教程》	《桥梁》	《高级汉语教程》
在、给、跟、替、对、从、离、往、为、自、向、把、被、叫、让、对于、为了、朝、由于、冲、自从、按照、通过、作为、趁、关于、沿、以	按、冲、据、凭、随着、由、距	冲、望、趁、乘、赶、为、鉴于、凭、顺、沿、照、因

注：表中的教材分别是杨寄洲主编的一年级教材《汉语教程》（1999）、陈灼主编的二年级教材《桥梁——实用中级汉语教程》（1996）和姜梧德主编的三年级教材《高级汉语教程》（1990）。

参 考 文 献

B

白　荃，1992，论作主语的介词结构"从……到……"，《汉语学习》第1期。

白　荃，1995，外国学生使用介词"从"的错误类型及其分析，《北京师范大学学报》第6期。

白　荃，1998，试论在句首的"由+施事"结构的句法功能及其相关问题，《北京师范大学学报（社会科学版）》第6期。

白　荃、岑玉珍，2007，母语为英语的学生使用汉语介词"对"的偏误分析，《语言文字应用》第2期。

北京大学中文系1955、1957年语言班编，1982，《现代汉语虚词例释》，北京：商务印书馆。

北京语言学院句型研究小组，1989，现代汉语基本句型，《世界汉语教学》第1期。

北京语言学院句型研究小组，1989，现代汉语基本句型（续一），《世界汉语教学》第3期。

北京语言学院句型研究小组，1989，现代汉语基本句型（续二），《世界汉语教学》第4期。

北京语言学院句型研究小组，1990，现代汉语基本句型（续三），《世界汉语教学》第1期。

C

陈昌来，2002，《介词与介引功能》，合肥：安徽教育出版社。

陈昌来，2003，现代汉语介词框架的考察，《中国语言学报》（第十一期），北京：商务印书馆。

陈常青、杨炳钧、李新春，2001，汉语介词兼类与英译，《外语教学》第5期。

陈　军，2004，试析"跟/向/对+N+V/VP"组合时的相同和相异现象，《语言文字应用》第4期。

陈前瑞、赵葵欣，1996，汉语第二语言习得研究述评，《汉语学习》第5期。

陈文运，1997，"为之 X"句式探略，《汉字文化》第 1 期。

陈伟琳，1999a，试论介词"为"引进与事——从"我为祖国献石油"是否规范谈起，《山东师大学报（社会科学版）》第 1 期。

陈伟琳，1999b，由介词"为"的兼容用法引发的思考，《华中师范大学学报（人文社会科学版）》第 5 期。

陈信春，2001，《介词运用的隐现问题》，开封：河南大学出版社。

程克江，1989，汉语介词研究综述，《新疆大学学报》第 2 期。

储诚志，1991，连词与介词的区分——以"跟"为例，《汉语学习》第 5 期。

储泽祥，1996，"在"的涵盖义与句首处所前"在"的隐现，《汉语学习》第 4 期。

储泽祥，1997，现代汉语的命名性处所词，《中国语文》第 5 期。

崔立斌，2006，韩国学生汉语介词学习错误分析，《语言文字应用》S2 期。

崔希亮，1996，"在"字结构解析——从动词的语义、配价及论元之关系考察，《世界汉语教学》第 3 期。

崔希亮，2002，空间关系的类型学研究，《汉语学习》第 1 期。

崔希亮，2003，日朝韩学生汉语介词结构的中介语分析，《中国语言学报》第十一期，北京：商务印书馆。

崔希亮，2005，欧美学生汉语介词习得的特点及偏误分析，《世界汉语教学》第 3 期。

崔应贤，1981，也谈"从……到……"结构，《郑州大学学报（哲学社会科学版）》第 3 期。

程美珍，1997，《汉语病句辨析九百例》，北京：华语教学出版社。

岑玉珍，1998，"对于"与"对"，《学汉语》第 3 期。

D

戴炜栋、束定芳，1994，对比分析、错误分析和中介语研究中的若干问题，《外国语》第 5 期。

戴炜栋、周大军，2005，中国的二语习得研究：回顾、现状与前瞻，《外国语》第 6 期。

邓永红，1998，"在 X 上"格式的多角度考察，《湖南师范大学教育科学学报》第 6 期。

丁安琪、沈兰，2001，韩国留学生口语中使用介词"在"的调查分析，《语言教学与研究》第 6 期。

丁声树等，1961，《现代汉语语法讲话》，北京：商务印书馆。

董付兰，2001，关于"NA 给 NBV（O）"结构及其教学，《湛江师范学院学报》第 5 期。

段佳佳，2007，"在 N 的 V 下"介词框架考察，上海师范大学硕士学位论文。
F
范干良，1990，"向、往、朝"及其相关的介词，《烟台大学学报（哲学社会科学版）》第 4 期。
范继淹，1986，论介词短语"在 + 处所"，载《范继淹语言学论文集》，北京：语文出版社。
范　晓，1987，介词短语"给 N"的语法意义，《汉语学习》第 4 期。
范　晓，1996，《三个平面的语法观》，北京：北京语言学院出版社。
范　晓，2001，《汉语的句子类型》，太原：山西书海出版社。
方绪军，2004，"V 向……"和"V 往……"，《语言教学与研究》第 2 期。
冯志纯，1986，论介宾短语作主语，《语言教学与研究》第 4 期。
付　琨，2004，介词框架"PpAu 来说"研究，上海师范大学博士学位论文。
傅雨贤，1981，"对于"句与"主谓宾"句的转换及其条件，《中山大学学报（哲学社会科学版）》第 4 期。
傅雨贤、周小兵，1997，《现代汉语介词研究》，广州：中山大学出版社。
G
高名凯，1948，《汉语语法论》，上海：开明书店。
郭翼舟，1957，《副词、介词、连词》，上海：新知识出版社。
郭　锐，2002，《现代汉语词类研究》，北京：商务印书馆。
郭　熙，1986a，汉语介词研究述评，《徐州师范学院学报》第 1 期。
郭　熙，1986b，"放到桌子上""放在桌子上""放桌子上"，《中国语文》第 1 期。
郭　熙，1994，论"'一样'+形容词"，邵敬敏主编《语法研究与语法应用》北京：北京语言学院出版社。
国家对外汉语教学领导小组办公室编，2001，《高等学校外国留学生汉语言专业教学大纲》，北京：北京语言文化大学出版社。
国家对外汉语教学领导小组办公室编，2002，《高等学校外国留学生汉语教学大纲（长期进修）》，北京：北京语言文化大学出版社。
国家汉语水平考试委员会办公室考试中心，2001，《HSK 中国汉语水平考试大纲（初、中等）》，北京：现代出版社。
H
海常慧，2007，介词框架"在 X 里"研究，北京师范大学硕士学位论文。
［韩］韩容洙，1998，对韩汉语教学中的介词教学，《汉语学习》第 6 期。
何　薇，2004，汉语常用对象类介词的分析与教学，苏州大学硕士学位论文。
何　薇、杨晶淑，2006，对象类介词"跟"与其韩语对译词的对比，《苏州教育学院学报》第 23 卷第 4 期。

贺　阳，2004，从现代汉语介词中的欧化现象看间接语言接触，《语言文字应用》第 4 期。

胡彩敏，2007，介词"从"与"从"字结构研究综述，《现代语文》第 10 期。

胡明扬，1995，现代汉语词类问题考察，《中国语文》第 5 期。

胡裕树主编，1981，《现代汉语》，上海：上海教育出版社。

黄伯荣、廖序东主编，1981，《现代汉语》，兰州：甘肃人民出版社。

黄瓒辉，2001，介词"给""为""替"用法补议，《暨南大学华文学院学报》第 1 期。

J

吉庆波，2007，介词"对/向"+O+V 的替换研究，沈阳师范大学硕士学位论文

江　新，1999，第二语言习得的研究方法，《语言文字应用》第 2 期。

金昌吉，1995，动词后的介词短语及介词的虚化，《河南师范大学学报》第 3 期。

金昌吉，1995，往 朝 向，《咬文嚼字》第 12 期。

金昌吉，1996a，谈动词向介词的虚化，《汉语学习》第 2 期。

金昌吉，1996b，《汉语介词和介词短语》，天津：南开大学出版社。

L

黎锦熙，1924，《新著国语文法》（2001 年版），北京：商务印书馆。

黎锦熙、刘世儒，1957，《汉语介词的新体系》，《中国语文》2 月号。

李大忠，1996，《外国人学汉语语法偏误分析》，北京：北京语言文化大学出版社。

李芳杰，1983，说"从……到……"，《武汉大学学报（社会科学版）》第 1 期。

李建慧，2001，越南留学生常用介词偏误分析，广西师范大学硕士学位论文。

李晋荃，1982，固定格式"从 A 到 B"的意义、功能和结构，《苏州大学学报（哲学社会科学版）》第 1 期。

李临定，1986，《现代汉语句型》，北京：商务印书馆。

李琳莹，1999，介词"对"的意义和用法考察，《天津师大学报（社会科学版）》第 4 期。

［美］李　纳、Thompson，1983，《Mandarin Chinese》，黄宣范译，台湾：台湾文鹤出版有限公司。

李文莉，2004，从原型范畴看"V+P+N"中 P 的演化，《汉语学习》，第 2 期。

李　遐，2006，维吾尔学生介词学习研究，华东师范大学博士学位论文。

李晓琪，1994，介词"给、为、替"——兼论对外汉语虚词教学，见《语法研究与语法应用》，北京：北京语言学院出版社。
李晓琪，1998，论对外汉语虚词教学，《世界汉语教学》第3期。
李晓琪主编，1999，《新汉语教程》，北京：北京大学出版社。
李晓琪，2003，关于建立词汇——语法教学模式的思考，见国家汉办教学处编《对外汉语教学语法探索》，北京：中国社会科学出版社。
李晓琪、章欣，2006，"据……看/说"及其相关句式，《语言文字应用》第1期。
李宗宏，2007，汉语介词框架"在/当X时/时候"共时、历时考察，上海师范大学硕士学位论文。
林齐倩、[韩]金明淑，2007，韩国留学生介词"向、往"使用情况的考察，《暨南大学华文学院学报》第2期。
李卫中，2000，"由"字句的句法、语义、语用分析，《汉语学习》第4期。
蔺璜，1997，现代汉语介词的语法作用，《语文研究》第2期。
刘兵，2003，现代汉语介词标识功能研究，山东大学博士学位论文。
刘兵，2005，汉语介词的隐现与论元标识功能的转换，《云南师范大学学报》第4期。
刘丹青，2001，汉语给予类双及物结构的类型学考察，《中国语文》第5期。
刘丹青，2002，汉语中的框式介词，《当代语言学》第4期。
刘丹青，2003，语序类型学与介词理论，北京：商务印书馆。
刘大为，1997，介词"为"为什么容易被误用，《语文建设》第10期。
刘海燕、朱霖，2004，试论"为了"及与"为了"有关的结构，《西南民族大学学报（人文社科版）》第6期。
刘金雨，2008，介词"对"和"对于"的异同，《语文学刊》第9期。
刘培玉，2007，介词"向""往""朝"的功能差异及解释，《汉语学习》第3期。
刘润清，1993，第二语言习得中课堂教学的作用，《语言教学与研究》第1期。
刘顺，1998，"对"字短语作定语的歧义问题，《汉语学习》第6期。
刘月华等，2001，《实用现代汉语语法（增订本）》，北京：商务印书馆。
卢福波，2003，《对外汉语教学语法研究》，北京：北京语言大学出版社。
鲁川，1987，介词是汉语句子语义成分的重要标志，《语言教学与研究》第2期。
鲁健骥，1984，中介语理论与外国人学习汉语的语音偏误分析，《语言教学与研究》第3期。
陆俭明、马真，1999，《现代汉语虚词散论》，北京：语文出版社。

吕必松，1993，论汉语中介语的研究，《语言文字应用》第2期。
吕叔湘，1941，《中国文法要略》（1982年版），北京：商务印书馆。
吕叔湘，1979，《汉语语法分析问题》，北京：商务印书馆。
吕叔湘主编，1980，《现代汉语八百词》（1999年增订本），北京：商务印书馆。
吕叔湘、朱德熙，1951，《语法修辞讲话》，北京：中国青年出版社。
吕文华，1985，"由"字句——兼及"被"字句，《语言教学与研究》第2期。

M

马贝加，1999，处所介词"向"的产生及其发展，《语文研究》第1期。
马贝加，2003，在汉语历时分析中如何区分动词和介词，《中国语文》第1期。
马贝加、徐晓萍，2002，时处介词"从"的产生及其发展，《温州师范学院学报（哲学社会科学版）》第5期。
马建忠，1898，《马氏文通》（1983年版），商务印书馆。
马　忠，1960，"对"和"对于"的用法，《中国语文》11月号。
孟庆海，1983，介词短语"'向'+名"，《汉语学习》第6期。
梅立崇，1981，朝 向 往，《语言教学与研究》第3期。

N

聂鸿英，2007，"由"字句"被"字句之比较，《延边大学学报（社会科学版）》第4期。

O

欧慧英，2005，介词"从"和"由"，《湘潭师范学院学报（社会科学版）》第27卷第1期。

Q

齐春红，2003，谈动词到介词的虚化和介宾短语入句的位置，《云南师范大学学报》第2期。
齐沪扬，1995，有关介词"给"的支配成分省略的问题，《上海师范大学学报》第4期。
齐沪扬，1998，《现代汉语空间问题研究》，上海：学林出版社。
齐沪扬主编，2006，《对外汉语教学语法》，上海：复旦大学出版社。
齐沪扬，2007，作为第二语言的汉语语法应该研究什么，《世界汉语教学》第3期。

R

任志萍，2001，"把+N1+V1+给+N2+V2"句式语义句法分析，《暨南大学华文学院学报》第3期。

S

沈家煊，1984，英汉介词对比，《外语教学与研究》第 2 期。
沈家煊，1999，《不对称和标记论》，南昌：江西教育出版社。
沈家煊，1999，"在"字句和"给"字句，《中国语文》第 2 期。
尚　平，2005，"介词＋着"现象考察，《语言文字应用》第 3 期。
盛　言，1990，《语言教学原理》，重庆：重庆出版社。
石毓智，1995，时间的一维性对介词衍生的影响，《中国语文》第 1 期。
施关淦，1981，"给"的词性及与此相关的某些语法现象，《语文研究》第 2 辑。
施家炜，1998，外国留学生 22 类现代汉语句式的习得顺序研究，《世界汉语教学》第 4 期。
施家炜，2006，国内汉语第二语言习得研究二十年，《语言教学与研究》第 1 期。
史冬青，2007，汉语介词研究评述，《东岳论丛》第 6 期。
宋秀令，1980，现代汉语中的"从……到……"结构，《山西大学学报（哲学社会科学版）》第 2 期。
孙德金，1998，现代书面汉语中的"Va 为 b"结构，《世界汉语教学》第 3 期。
孙　剑，2007，进行介词框架"在 X 前"的考察，上海师范大学硕士学位论文。
孙剑艺，1998，"为"并没有被误用——刘大为先生商榷，《语文建设》第 12 期。
孙　蕾，2007，关于"对"字句几个句法和语义问题的研究，天津师范大学硕士学位论文。
孙玉新，2007，常用对象类介词"给、为、替"对比研究，内蒙古师范大学硕士学位论文

T

陶伏平，2007，汉语介词、连词划界研究述评，《湖南文理学院学报（社会科学版）》第 3 期。
佟慧君，1986，《外国人学汉语病句分析》，北京：北京语言学院出版社。

W

万　莹，2006，析介词"朝"和"朝着"，《汉语学报》第 2 期。
汪灵灵，2005，日本学生学习汉语介词"对"、"给"的偏误，《零陵学院学报》第 1 期。
汪寿顺，1990，从母语影响看朝鲜学生在动词、介词使用中的问题，《天津师大学报》第 1 期。

汪树福，1984，介词结构是全能结构，《安徽师大学报》第4期。
王艾录，1982，"动词+在+方位结构"刍议，《语文研究》第2期。
王灿龙，2008，试论"在"字方所短语的句法分布，《世界汉语教学》第1期。
王凤敏，2005，包含"给"的四种相关句式比较研究，《河南师范大学学报（哲学社会科学版）》第32卷第3期。
王　还，1957，说"在"，《中国语文》第2期。
王　还，1980，再说说"在"，《语言教学与研究》第3期。
王建华，2006，英汉语介词教学探析，《焦作大学学报》第2期。
王建勤，1992，介词"对于"的话语功能，《语言教学与研究》第1期。
王建勤主编，1997，《汉语作为第二语言的习得研究》，北京：北京语言文化大学出版社。
王　珏，2004，《汉语生命范畴初论》，上海：华东师范大出版社。
王　力，1943，《中国现代语法》（1985年版），北京：商务印书馆。
王　蕊，2004，"对于、关于、至于"的话题标记功能和篇章衔接功能，《暨南大学华文学院学报》第3期。
王西亚，2002，汉语常用同义介词比较研究——兼论对外汉语介词教学，广西师范大学硕士学位论文。
王元祥，1991，也谈"从……到……"结构，《贵州师范大学学报（社会科学版）》第3期。
王一平，1999，介词短语"在+处所"前置、中置和后置的条件和限制，《语文建设》第5期。
［韩］吴成焕，2006，韩国留学生习得汉语介词偏误分析，吉林大学硕士学位论文。
吴福祥，2003，汉语伴随介词语法化的类型学研究——兼论SVO型语言中伴随介词的两种演化模式，《中国语文》第1期。
吴门吉、周小兵，2004，"被"字句与"叫、让"被动句在教学语法中的分离，《云南师范大学学报》第2卷第4期。
芜　崧，2002，也谈现代汉语中"以"的用法，《安庆师范学院学报（社会科学版）》第9期。
武和平，2004，二语习得中"逻辑问题"的逻辑与普遍语法可及性假说，《外语学刊》第3期。

X

向　若，1957，介词跟动词、连词的关系，《语文学习》第5期。
肖任飞、陈青松，2006，介词"向""往""朝"的句法语义模式分析，《湖南科技学院学报》第7期。

肖奚强，2000，韩国学生汉语语法偏误分析，《世界汉语教学》第2期。
肖奚强，2001，略论偏误分析的基本原则，《语言文字应用》第1期。
肖奚强，2002，《现代汉语语法与对外汉语教学》，上海：学林出版社。
肖奚强，2005，外国学生"除了"句式使用情况的考察，《语言教学与研究》第2期。
肖奚强、郑巧斐，2006，"A跟B（不）一样（X）"中"X"的隐现及其教学，《世界汉语教学》第3期。
肖奚强等，2008，《汉语中介语法问题研究》，北京：商务印书馆。
肖奚强等，2009，《外国学生汉语句式学习难度及分级排序研究》，北京：高等教育出版社。
肖云南、戴曼纯，2004，二语习得研究成果在课堂教学中的应用问题，《外语界》第3期。
肖治野，2003，"到"字结构中"从"的隐现之管见，《河北大学学报》第6期。
邢福义，1980，关于"从……到……"结构，《中国语文》第5期。
邢福义，1995，小句中枢说，《中国语文》第6期。
邢福义，1997，V为双音节的"V在了N"格式———一种曾经被语法学家怀疑的格式，《语言文字应用》第4期。
邢意和，2005，对外汉语教学中的介词教学，天津大学硕士学位论文。
许国萍，2004，"对……而言/来说"与"就……而言/来说"之比较，《修辞学习》第4期。
徐 敏，1999，由介词·介词结构引起的组合歧义，《齐齐哈尔大学学报（哲学社会科学版）》第4期。
徐 枢，1984，"对"字句的几种主要格式，《汉语学习》第3期。
徐 枢，1997，谈谈《现代汉语词典》（修订本）对虚词条目的处理，《中国人民大学报刊复印资料》第7期。

Y

延俊荣，2004，NP3对"NP1＋给＋NP2＋NP3"合格度的制约，《语文研究》第2期。
杨炳钧，2001，介词的功能语言学解释，《外国语》第1期。
杨丹毅，2007，"对于"类介词框架及相关研究，上海师范大学硕士学位论文。
杨寄洲主编，1999a，《汉语教程》，北京：北京大学出版社。
杨寄洲主编，1999b，《对外汉语教学初级阶段教学大纲》，北京：北京语言文化大学出版社。
杨丽姣，2005，现代汉语介词功能研究，北京师范大学博士学位论文。

杨　玲、沛　如，2001，关于"NP1＋VP＋NP3＋给＋NP2"句式，《成都大学学报（哲学社会科学版）》第4期。
杨欣安，1982，关于介词的几个问题，《西南师范学院学报》第2期。
杨　永，2007，留学生介词"给"偏误研究，暨南大学硕士学位论文。
姚　红，2006，现代汉语介词的隐现问题研究，南京师范大学硕士学位论文。
尹孟良，1981，试谈一些介词演变为后缀的情况，《西华师范大学学报（哲学社会科学版）》第4期。
俞咏梅，1999，论"在＋处所"的语义功能和语序制约原则，《中国语文》第1期。
玉　柱，1988，关于介词和连词的区分问题，《汉语学习》第6期。

Z

张爱民，1982，"从＋处所词"的语义功能，《徐州师范学院学报（哲学社会科学版）》第4期。
张斌主编，2001，《现代汉语虚词词典》，北京：商务印书馆。
张　赪，1997，论决定"在L＋VP"或"VP＋在L"的因素，《语言教学与研究》第2期。
张　赪，2001，现代汉语介词词组"在L"与动词宾语的词序规律，《中国语文》第1期。
张　赪，2002，《汉语介词词组语序的演变》，北京：北京语言文化大学出版社。
张宏胜，1996，汉语介词"在"位于句首时的隐现形式描写，《新疆教育学院学报》第3期。
张静静，2008，跟介词"从"有关的偏误分析，《云南师范大学学报（对外汉语教学与研究版）》第6卷第2期。
张静主编，1988，《现代汉语》，高等教育出版社。
张　俐，2001，介词"向、往、朝"功能比较，《河南大学学报》第3期。
章士钊，1907，《中等国文典》，北京：商务印书馆。
张世才，2000，谈谈"关于"与"对于"，《新疆教育学院学报》第16卷第1期。
张双亭，1999，"打从"和"从打"，《语文建设》第3期。
张先亮，1990，关于介词短语作主语问题——兼谈介词短语的语法功能，《浙江师范大学学报》第1期。
张旺熹，2004，汉语介词衍生的语义机制，《汉语学习》第1期。
张燕吟，2003，准确率标准和初现率标准略谈，《世界汉语教学》第3期。
张谊生，1996，交互类短语与连介兼类词的分化，《中国语文》第5期
张谊生，2000，《现代汉语虚词》，上海：华东师范大学出版社。
张豫峰，2006，"对于"句的语义和语用分析，《中国语言学报》第12期。

张志公，1956，《语法和语法教学——介绍"暂拟汉语教学语法系统"》，北京：人民教育出版社。
赵宝珍，1997，介词短语作主语宾语，《锦州师范学院学报》第2期。
赵德麟，1985，外籍学生学习华语句法之困难研究，载《第一届世界华文教学研讨会论文集》（台北）世界华文教育协进会。
赵金铭，1992，"我唱歌给你听"及相关句式，《中国语文》第1期。
赵金铭，2002a，对外汉语教学语法与语法教学，《语言文字应用》第1期。
赵金铭，2002b，外国人语法偏误句子的等级序列，《语言教学与研究》第2期。
赵葵欣，2000，留学生学习和使用汉语介词的调查，《世界汉语教学》第2期。
赵淑华，1996，介词和介词分类，胡明扬主编《词类问题考察》，北京语言学院出版社。
赵元任，1979，《汉语口语语法》，北京：商务印书馆。
赵玉娟，2007，现代汉语"对"字句研究，山西大学硕士学位论文。
郑　重，1986，介词"由于"和连词"由于"，《语文知识》第7期。
周长银，2000，现代汉语"给"字句的生成句法研究，《当代语言学》第3期。
周　芍、邵敬敏，2006，试探介词"对"的语法化过程，《语文研究》第1期。
周文华，2009，韩国学生"给"字句习得研究，《第九届世界汉语教学研讨会论文集》，北京：高等教育出版社。
周文华、肖奚强，2006，外国学生"让"字句习得研究，（韩）《中国语文学志》第22辑。
周文华、肖奚强，2009，基于语料库的外国学生"被"字句习得研究，《暨南大学华文学院学报》第2期。
周小兵，1983，关于"从"字句的两个问题，《汉语学习》第1期。
周小兵，1986，"自从"和"从"，《汉语学习》第6期。
周小兵，1997，介词的语法性质和介词研究的系统方法，《中山大学学报》第3期。
周小兵，2004，学习难度的测定和考察，《世界汉语教学》第1期。
周晓林，2001，介词"对"与"向"之异同，《汉字文化》第2期
朱德熙，1979，与动词"给"相关的句法问题，《方言》第2期。
朱德熙，1981，"在黑板上写字"及相关句式，《语言教学与研究》第1期。
朱德熙，1982，《语法讲义》，北京：商务印书馆。
朱德熙，1983，包含动词"给"的复杂句式，《中国语文》第3期。
朱　峰，2006，介词框架"除了……以外"考察，上海师范大学硕士学位论文。
朱其智，2002，"由"字句的语篇分析，《语言研究》第4期。
朱其智，2006，"由"字句的句型研究，《海外华文教育》第4期。

Cook, V. 1993: *Linguistics and Second Language Acquisition*. New York: St. Martin's Press.

Corder, S. Pit, 1967: The Significance of Learner's Errors. *International Review of Applied Linguistics*. V. No. 4.

Corder, P. 1981: *Error Analysis and Interlanguage*, Oxford: Oxford University Press.

Bailey, N.; C, Madden & S, Krashen. 1974: Is there a "natural sequence" in adult second language learning. In Betty W. Robinett & J. Sehachter (eds), 1983. *Second language learning*. The University of Michigan Press.

Diane Larsen-Freeman & Michael H. Long. 1991: *An Introduction to Second Language Acquisition Research*, 北京: 外语教学与研究出版社, 2000.

Dulay, H, and M. Burt. 1974: Natural sequences in child second language acquisition. *Language Learning*. 24.

Ellis. 1985: Sources of variability in interlanguage. *Applied Linguistics*, 6.

Elllis, R. 1994: *The Study of Second Language Acquisition*. Oxford, England: Oxford University Press.

Hatch, E. 1983: *A Second Language Perspective*. Rowlry, Mass: Newbury House.

Hyltenstem, K. 1987: Markedness, language universals, language typology, and second language acquisition. In C. Pfaff (ed.) *First and Second Language Acquisition Processes* (PP. 55–78). Cambridge: Newbury House Pubishers.

Kellerman, E. 1983: New you see it, now you don't. In *Language Transfer in Language Learning*. Ed. S. Gass and L. Selinker. Rowley, Mass: Newbury House.

Lord, Carol 1993: Historical Change in Serial Verb Constructions, Amsterdam/ Philadephia John Benjam ins Publishing Company.

Pienemann, M. 1985: Learnability and syllabus construction, In Hyltenstam and Pienemann (eds.), *Modelling and Assessing Second Language Acquisition*, Clevedon, Avon: Multilingual Mutters.

Pienemann, M. 1998: *Language Processing and Second Language Development: Processability Theory*. Amsterdam: Benjamins.

Schachter, J. 1974: An error in error analysis. *Language Learning*, 24.

White, L. 1987: Markedness and second language acquisition: the question of transfer. *Studies in Second Language Acquisition*, 9.

White, L. 1990: Second language acquisition and universal grammar. *Studies in Second Language Acquisition*, 12.

后 记

我于2004年从东海高级中学辞职,考取了南京师范大学的硕士研究生。没想到从此就与师大结下了良缘:先在师大文学院攻读了语言学及应用语言学硕士学位,后在师大国际文化教育学院攻读了对外汉语博士学位,毕业后又留在师大国际文化教育学院工作。我经历了整整六年实现了人生中又一次重大的转变!

本书是在我博士学位论文的基础上修改而成的,从论文选题、开题、写作到杀青和答辩,再到本书的出版,经历了整整四年时间。回想起来,感慨万分。我要感谢这些年来所有支持、鼓励、帮助过我的良师、益友和亲朋。

特别要感谢导师肖奚强教授在学习上给予我的指导与帮助,在我求学的六年时间里,他一直不断地给予我耐心的指导和帮助,使我少走了不少弯路。恩师严谨治学的风范、渊博的学识、孜孜不倦的工作精神、高瞻远瞩的创新意识以及待人处事的态度使我终生受益。导师和师母对我生活上的关心亦让我备感温暖。

从硕士到博士,我从师大国教院的段业辉教授、钱玉莲教授、朱敏副教授和文学院的李葆嘉教授、陈小荷教授以及王政红教授等诸位老师身上吸取了很多精准的专业知识。他们给予我的知识就是我学术成长的营养。在博士论文的答辩过程中还得到了北京师范大学的陈绂教授、中国人民大学的李泉教授和徐州师范大学的杨亦鸣教授的指导和帮助,他们给我提出了许多宝贵的意见,同时也鼓励我在学术的道路上继续走下去。在六年的学习生活中,还得到了梁世红、金柳廷、朴惠京、徐开妍、黄自然、王小龙、傅成宏、柏晓鹏等学友及其他同专业同学的帮助,使我多有获益。在此,谨向以上指导、帮助和关心过我的老师、同学一并致以诚挚的感谢!

我还要感谢我的家人,尤其是我的妻子刘灿和儿子周奕衡。他们不仅陪着我度过了六年清贫的日子而毫无怨言,还一直默默地支持着我的学业。没有他们的支持就不会有本书的面世。

  本书的出版也得到了"江苏高校优势学科建设工程资助项目"和"南京师范大学青年人才科研培育项目"（10QNPY02）的资助，在此谨致谢忱！

  最后，还要特别感谢南京师范大学语言科技研究所所长李葆嘉教授、北京世界图书出版公司总编郭力女士的鼎力支持以及责任编辑陈晓辉的细致工作。

周文华
2011 年 7 月于清竹园